LE MONDE EN 2025

NICOLE GNESOTTO ET GIOVANNI GREVI

LE MONDE EN 2025

Traduit de l'anglais par Béatrice Bocard

ROBERT LAFFONT

ISBN 978-2-221-10896-3

Préface

par Pascal Lamy

L'échec de la ratification de la Constitution européenne fut une surprise dans le monde. Interprété comme la résultante d'une frilosité des Européens face aux défis du futur, il a projeté l'image d'une Europe tournée sur elle-même. Il est vrai que pour une fraction importante de l'opinion publique, et notamment en France, la mondialisation reste perçue comme une menace et le futur comme une régression. À ce titre, le travail de prospective mené par l'Institut d'études de sécurité sur l'avenir de l'Europe dans le monde de 2025 tombe à point nommé. Il relance la réflexion des Européens sur leur place dans le monde et les défis à relever. Surtout, il propose à l'Union de penser son avenir en tant qu'entité réagissant aux secousses venues de l'extérieur.

Ce travail de prospective, modelé sur les travaux du National Intelligence Council aux États-Unis, est une première en Europe. Cette ambition mérite à plusieurs égards d'être saluée.

Pour la visibilité des deux prochaines décennies qu'elle offre. L'anticipation est un préalable à l'action et, par ce travail, l'Europe se dote d'un outil pour anticiper les évolutions plutôt que de les subir. Car refuser de penser l'avenir, c'est se condamner à être spectateur d'une évolution sur laquelle l'action publique n'aurait aucune prise. La nature des enjeux à venir exige tout particulièrement ce traitement en amont. Parce que la mondialisation accélère le rythme, l'étendue et la portée des mutations. Au niveau politique, elle entraîne des bouleversements des équilibres du monde (émergence de la Chine et de l'Inde, migrations, dissémination nucléaire) imposant aux acteurs de se préparer aux mutations. Au niveau économique, l'intégration mondiale des marchés impose une concurrence accrue entre ensembles régionaux qui tentent de se doter d'un temps d'avance. La surpopulation, le réchauffement climatique ou la dépendance énergétique ont pour particularité de pouvoir être au moins partiellement maîtrisés. En ce sens, la prévision n'est pas un luxe, elle est une obligation de notre temps.

Pour l'ouverture sur le monde qu'elle porte. Elle annonce une rupture qualitative en posant comme postulat que faire l'Europe ne peut plus se concevoir sans comprendre le monde. Car, si l'Union européenne s'est construite et se pense en priorité autour de problématiques internes comme l'intégration des marchés, la solidarité entre régions ou l'émergence d'une citoyenneté européenne, elle est devenue un acteur international potentiel majeur. Et, pourtant, elle donne parfois l'impression d'un îlot introverti de prospérité et de paix. La critique souvent entendue d'une Europe incarnation politique de Vénus, peu encline à endosser des responsabilités mondiales, pour être excessive, n'en reste pas moins partiellement fondée. Que cette étude émane de surcroît d'un institut de réflexion adossé au haut-représentant pour la Politique extérieure et de sécurité commune n'est pas anodin. L'action extérieure doit désormais devenir une préoccupation commune à tous les responsables européens.

Pour l'approche inclusive des questions de sécurité et de stabilité qu'elle promeut. Il est clair, au travers des choix mis en avant, que l'objectif de sécurité et de stabilité dépasse le seul cénacle des questions militaires. Préserver la sécurité internationale nécessite de prévenir les sources potentielles d'instabilité. Ainsi la lutte contre le réchauffement climatique par exemple, au-delà de ses implications écologiques, comporte une dimension sécuritaire pertinente. Les effets du réchauffement de l'atmosphère risquent en effet d'engendrer des gagnants et des perdants, produisant un bouleversement de l'équilibre des intérêts qui porterait en elle les germes de conflits à venir. La préservation de la sécurité passe donc par une action inscrite dans une coopération multilatérale. L'interdépendance, qui ne fera que s'accroître à l'horizon 2025, aura pour effet mécanique de relier les problèmes les uns aux autres. Or seul le cadre multilatéral apparaît à ce jour légitime et efficace pour traiter ensemble de questions communes.

Par-delà ces remarques, je retiens trois idées qui me paraissent essentielles. En premier lieu, l'affirmation que la mondialisation avec ses bienfaits et ses méfaits est avant tout un processus qui ne peut être stoppé, mais dont la direction dépend en partie de l'action politique qui sera menée pour la maîtriser. En second lieu, l'émergence quasi certaine d'un monde multipolaire dans lequel trois blocs principaux autour des États-Unis, de l'Union européenne et de l'Asie seront en concurrence. Enfin, la certitude que seule une Europe forte peut peser. Unie, l'Europe sera un acteur majeur et pourra avoir une influence sur les cours du monde, mais divisée, elle sera marginalisée.

Vue de l'extérieur et avec le recul qui est le mien aujourd'hui, cette étude porte pourtant bien les couleurs d'une vision européenne de la mondialisation et de l'avenir. Elle en épouse les traits les plus saillants. Si l'on fait l'exercice d'une comparaison avec le rapport du National Intelligence Council de la CIA sur le monde en 2020, trois différences peuvent être soulignées. La menace du terrorisme, accrue par la prolifération des armes de destruction massive, fait l'objet d'une attention qui n'est ici qu'esquissée. Les risques de la mondialisation identifiés mettent en exergue les risques de repli identitaire et religieux qui constitueraient un terreau propice aux extrémismes à l'endroit où la perspective européenne souligne l'augmentation potentielle des conflits liés aux ressources ou à l'accroissement des inégalités. Enfin, à l'objectif envisagé de perpétuer la prééminence américaine fait écho la volonté européenne de faire émerger un modèle multilatéral de gouvernance autour du droit.

Ces prévisions se complètent plus qu'elles ne s'opposent. Elles sont le reflet légitime de présupposés, de priorités politiques et de visions du monde somme toute différentes. Loin d'être un défaut, cette diversité de points de vue sera un atout pour les décideurs désormais liés dans leurs actions par l'interdépendance. Pour l'Europe bien sûr, dans le but de faire émerger des intérêts communs qui définissent la raison d'être du projet européen pour les décennies à venir. Pour le monde aussi, afin de mettre en exergue – telles qu'elles apparaissent dans le prisme européen – les questions qui appellent une action collective à l'échelon global. En ce sens, ce projet remarquable démontrera sa pertinence bien au-delà des seules capitales européennes.

Avant-propos

À la fin de 2005, l'Agence européenne de défense proposa à l'Institut d'études de sécurité de l'Union européenne de participer à l'élaboration d'une vision à long terme des besoins européens dans le domaine de la politique européenne de sécurité et de défense (PESD). Il ne s'agissait pas pour nous de prédire l'avenir, mais de déterminer, à partir des sources d'information disponibles, les évolutions qui avaient le plus de chance d'intervenir au cours des deux prochaines décennies. En mars 2006, l'Institut a remis à l'Agence son « Étude sur le contexte mondial ». L'Agence a ensuite élaboré une vision à long terme sur les besoins futurs de la PESD dont le résultat final fut présenté aux 27 États membres de l'Union en octobre 2006.

À partir de sa contribution initiale, l'Institut décida d'approfondir et de prolonger sa réflexion sur les acteurs et les facteurs qui façonnent le contexte mondial. Ce texte ne représente en aucun cas une position officielle de l'Union européenne. Il n'invite pas non plus les États membres à approuver ses analyses et ses conclusions. L'Institut, agence de réflexion indépendante au service de la politique étrangère et de sécurité commune (PESC) de l'Union, est l'unique responsable du contenu du présent ouvrage. Notre ambition n'est autre que d'aider les citoyens et les décideurs européens à mieux comprendre les variables qui conditionnent l'évolution du système international dans lequel l'Union européenne (UE) sera amenée à agir.

L'intégration européenne est trop souvent considérée comme un processus étriqué qui progresse ou s'enlise uniquement au gré de variables endogènes, intra-européennes. L'UE et ses États membres, accaparés par d'interminables débats sur la réforme de leurs structures politiques, économiques et sociales, risquent de perdre de vue les mutations qui s'opèrent au-delà de leurs frontières – mais qui concernent aussi leur propre avenir. Le présent texte plaide pour que le débat sur l'intégration européenne se déroule à la fois dans le contexte de l'Europe et dans une perspective mondiale.

Le futur de l'Union est incertain : combien d'États auront rejoint ses rangs en 2025 ? Où en seront la coopération et l'intégration européennes ? Dans quels domaines s'exerceront-elles ? Les réponses à ces questions sont fondamentales si l'Europe veut être en mesure de relever les défis qui l'attendent dans les domaines de la politique, de l'économie, de la démographie, de l'énergie et de la sécurité. Or l'analyse des événements mondiaux modifie les perspectives et apporte de nouveaux éclairages. C'est précisément notre volonté : ouvrir, amplifier la réflexion à l'échelle mondiale pour contribuer à l'élaboration des priorités stratégiques de l'Europe.

L'équipe de l'Institut a consulté plusieurs centaines de documents, notamment les rapports spécialisés, études, essais et articles émanant d'organisations internationales, du secteur privé, du milieu universitaire, de groupes de réflexion et d'organisations non gouvernementales (voir bibliographie). Nous avons également sollicité l'avis de plusieurs experts sur des thèmes et des pays particuliers. Après avoir recoupé les sources pertinentes, repéré et rectifié les éventuelles incohérences, puis dégagé les questions essentielles, nous présentons ici une extrapolation des tendances actuelles à l'horizon 2025.

Le principe de continuité adopté dans ce rapport est délibéré. Il va sans dire qu'on ne peut écarter l'éventualité de bouleversements qui modifieraient le cours de l'histoire. Le « facteur surprise », qu'il s'agisse d'une pandémie mondiale, d'attentats terroristes de grande ampleur ou de catastrophes naturelles, doit être intégré dans toute prospective stratégique. Le processus même de la mondialisation – cette tendance générale qui domine presque toutes les autres – pourrait bien connaître des revers. Il nous a semblé toutefois que, dans le cadre de cet exercice, le postulat de continuité était le seul possible.

Nous avons donc choisi de ne pas présenter d'autres « scénarios », mais nous n'avons pas pour autant minimisé les incertitudes. Pour un certain nombre de questions, nous reconnaissons que des écarts sont possibles par rapport aux prévisions établies. En menant notre étude, nous avons gardé fermement à l'esprit certains principes de précaution, afin d'éviter de tomber dans le déterminisme. Toutes les variables sont en effet si étroitement liées que, lorsque des événements imprévus surviennent dans un domaine, ils ont d'inévitables répercussions sur les autres. L'évolution de la plupart des tendances est également tributaire de décisions politiques capables de les inverser (comme par exemple le déclin de l'énergie nucléaire en Europe). Dernier point, mais non le moindre, il se peut que des solutions à certaines de nos questions majeures soient fournies par des innovations révolutionnaires dont il est encore impossible de mesurer entièrement les effets (entre autres les biotechnologies appliquées à la santé, ou de nouvelles applications pour les sources d'énergie renouvelable).

À cela s'ajoutent les difficultés particulières à chacune des questions traitées. Dans certains cas, les prévisions sont calculées à partir d'hypothèses et de données contestées ou très difficiles à recueillir (concernant notamment les réserves énergétiques ou les flux migratoires), voire les deux. D'autres projections s'appuient sur des modèles qui font l'objet de controverses scientifiques (tel le réchauffement climatique). Les chiffres avancés pour les mêmes tendances peuvent donc varier considérablement selon les sources (la hausse prévue des températures dans le monde, par exemple).

Tout en étant conscients des nombreux soubresauts qui pourraient remettre en cause l'évolution linéaire du contexte international, nous pensons dresser ici un tableau solide et complet (bien que non exhaustif) des facteurs qui détermineront le monde futur, de la position qu'y tiendront les grands pays et régions de la planète d'ici à deux décennies et des défis majeurs que l'ensemble des acteurs mondiaux devront affronter.

L'analyse de nombreux documents traitant de questions aussi diverses que le réchauffement climatique, les investissements directs étrangers, les réserves de pétrole, la propagation de maladies contagieuses ou les conflits régionaux a posé indiscutablement de grandes difficultés. Mais ce fut aussi un exercice fructueux dans la mesure où cette vision large nous a contraints à relativiser les priorités et enjeux immédiats de la politique extérieure de l'Union. À l'heure où les axes du débat sur l'avenir de l'Europe sont flous et contradictoires, une réflexion sur l'état du monde futur et le rôle qu'y jouera l'UE ne peut être superflue.

Nous sommes convaincus que l'UE aurait tout intérêt à instaurer un dispositif commun aux différentes institutions, dont la mission serait de surveiller systématiquement les évolutions du monde et d'élaborer régulièrement une vision approfondie des dynamiques mondiales à long terme, dans une perspective de vingt à trente ans. Une telle analyse commune du contexte international futur, effectuée tous les cinq ans, au début de chaque nouvelle « législature » européenne, permettrait à toutes les institutions de l'UE d'agir avec davantage de cohérence. Cette synergie est indispensable si l'Union veut pouvoir assumer ses responsabilités croissantes d'acteur mondial, dans un climat international difficile.

I

LES TENDANCES

1

La démographie

Au cours du XXIe siècle, la croissance démographique mondiale devrait progressivement ralentir et changer dans sa structure : à des taux de natalité et de mortalité élevés et à une espérance de vie relativement courte vont succéder des taux de natalité et de mortalité faibles, assortis d'une espérance de vie plus élevée. Le taux de croissance de la population devrait ainsi chuter de 1,2 en 2007 à environ 0,7 en 2030. Cette transition se fera toutefois progressivement et variera dans son rythme selon les régions du monde. Si cette évolution en est déjà à un stade avancé dans les pays industrialisés, la plupart des pays en développement ne sont encore qu'en début de phase de transition démographique, affichant des taux de natalité et de croissance démographique nettement plus élevés. De ce fait, dans vingt ans, 97 % de la croissance de la population se produira dans les pays en voie de développement et neuf personnes sur dix vivront dans un pays en développement – contre huit sur dix aujourd'hui[1].

TENDANCES GÉNÉRALES

- **La population de la planète devrait passer de 6,4 milliards d'individus en 2007 à 7,9 milliards en 2025** (+ 23,4 %). La croissance démographique sera particulièrement marquée dans les pays en développement d'Afrique subsaharienne (de + 43 à + 48,4 %), du Moyen-Orient et d'Afrique du Nord (+ 38 %), ainsi qu'en Amérique latine (+ 24 %) et en Asie (+ 21 %).

- **La population de l'ensemble des pays développés ne connaîtra qu'une croissance marginale** (40 millions de personnes), mais les tendances démographiques varieront considérablement entre les États-Unis (+ 17,4 %), l'Union européenne (+ 2 %), le Japon (– 2,6 %) et la Russie (– 10,8 %). En 2025, l'Union à 27 ne représentera qu'approximativement 6 % des habitants du globe et la population de l'ensemble des pays développés pas plus de 15 %.

- **Le vieillissement sera la principale caractéristique démographique du monde développé, mais également celle de la Chine.** Dans nombre d'États membres de l'UE, et plus encore au Japon, cette tendance aura d'importantes répercussions sur la composition de la population active ; le rapport de dépendance économique des personnes âgées connaîtra une croissance exponentielle. En revanche, dans beaucoup de pays en développement, la population restera relativement jeune et le nombre d'actifs augmentera, créant des tensions sur les marchés du travail.

- **Si les effectifs de migrants se seront légèrement infléchis, la proportion des migrants internationaux à destination des pays développés sera en hausse.** Les taux migratoires vers l'Europe devraient rester stables, mais la situation économique des régions limitrophes et les politiques migratoires européennes seront déterminantes à cet égard.

- **En dépit de la progression des techniques médicales, les populations seront soumises à de nouvelles contraintes de santé,** aussi bien dans les pays développés, du fait de la pollution et du vieillissement de la population, que dans le monde en développement, également du fait de la pollution mais aussi d'une urbanisation rapide et souvent anarchique. Dans certaines régions, des maladies risquent d'avoir de lourdes conséquences sur la pyramide des âges même si, de manière générale, ces pathologies ne devraient pas altérer en profondeur la croissance démographique. Les migrations et la mobilité accrue des populations faciliteront probablement la propagation des épidémies.

Vieillissement démographique des pays développés

En 2025, les plus de 60 ans représenteront environ 1,2 milliard de personnes. En termes absolus, la majorité des personnes âgées vivra dans les pays en développement, mais leur proportion par rapport à l'ensemble de la population sera beaucoup plus élevée dans le monde développé (30 % contre 13 % dans les pays en développement). À long terme, le vieillissement démographique créera un déficit de main-d'œuvre dans maints pays industrialisés. Cette tendance ne se répercutera toutefois pleinement qu'à partir de 2030.

Jusqu'en 2025, l'ajustement technologique, la hausse des taux de participation de la population active et l'immigration permettront probablement de conserver une main-d'œuvre assez importante. En revanche, le ratio de dépendance des personnes âgées (c'est-à-dire le rapport entre le nombre d'inactifs de plus de 65 ans et celui des actifs de 15 à 64 ans) s'envolera, en particulier en Europe et au Japon. La plupart des pays en développement éprouveront quant à eux des difficultés à offrir suffisamment d'emplois à leurs réserves de main-d'œuvre.

Progression des flux migratoires

En raison des nombreuses variables qui influent sur les migrations, l'évolution des flux migratoires ne peut donner lieu qu'à des estimations larges[2]. Globalement, les migrations internationales ont décru au cours des dernières années, et des contraintes d'ordre sociétal et économique vont probablement freiner les flux de grande ampleur. En proportion, toutefois, le nombre de migrants en provenance des pays en développement vers les pays développés progresse : on estime qu'ils seront quelque 2 millions par an, mais seul 10 % d'entre eux proviendraient des régions les moins avancées. Le stock de migrants internationaux présents en Europe (hors Biélorussie, Russie et Ukraine) s'élèverait à 44 millions de personnes, se situant au même niveau que les États-Unis mais derrière l'Asie (53 millions). Ces dernières années, les migrations nettes vers l'UE se sont situées dans une fourchette de 1,5 et 1,7 million de personnes par an, en comptant les régularisations pratiquées, entre autres, par l'Italie et l'Espagne.

Les estimations des taux de migration nette vers l'UE dans un avenir prévisible ne peuvent être très précises ; elles s'étalonneraient entre 600 000 et 1 million de personnes par an. Ce chiffre est sensiblement plus élevé pour les États-Unis (1,2 million de personnes). S'il y a tout lieu de croire que l'importance de la population immigrée et le rythme des flux migratoires vers les États-Unis y maintiendront une forte croissance démographique et un vivier de main-d'œuvre suffisant, cela ne sera probablement pas le cas en Europe[3]. Selon les Nations unies, l'Europe vieillissante aurait besoin d'environ 1,6 million d'immigrés par an – soit le taux moyen actuel – au cours des prochaines décennies pour que sa population active demeure à son niveau actuel. Compte tenu du taux de fertilité très bas enregistré par la plupart des pays européens, le nombre d'immigrés nécessaires pour que le rapport potentiel actifs/inactifs (c'est-à-dire le rapport entre les 15-64 ans et les plus de 65 ans) reste inchangé devrait être largement supérieur.

Il est également impossible d'anticiper les migrations forcées (provoquées par des catastrophes naturelles, des conflits armés, etc.). Ce type de migration, souvent brutal et peu encadré, est susceptible d'avoir des conséquences dévastatrices dans les régions qu'elle touche. Le Haut-Commissariat des Nations unies pour les réfugiés (UNHCR) a fait état d'un déclin régulier du nombre de réfugiés dans le monde : il est tombé de 12 millions en 2000 à 8,4 millions en 2005 – soit son niveau le plus bas depuis 1980[4]. À l'inverse, depuis 2003, le nombre des personnes déplacées à l'intérieur de leur propre pays n'a cessé de progresser (de 4,3 millions à 6,6 millions en 2005). Les populations considérées « vulnérables » par le HCR croissent également (20,8 millions en 2005). Cette hausse est essentiellement due aux situations de crise en Irak et en Somalie, mais aussi en Colombie, où l'on compte 2 millions de personnes déplacées[5].

Risques sanitaires dans les pays en développement

En 2030, plus de 60 % de la population de la planète sera citadine. Les taux d'urbanisation seront plus importants dans les pays industrialisés (81,7 %) que dans les pays en développement (57 %). L'urbanisation posera toutefois plus de problèmes dans ces derniers, car le passage des sociétés rurales à des sociétés urbanisées risque de se faire de façon chaotique et déséquilibrée.

L'explosion démographique et urbaine, conjuguée à la dégradation de l'environnement, est également susceptible d'aggraver les problèmes sanitaires des pays en voie de développement. L'Afrique et l'Asie sont particulièrement concernées – la première par le sida, le paludisme et la dengue ; la seconde par la tuberculose et les infections respiratoires. La dengue est actuellement la maladie à vecteur qui se propage le plus rapidement, mais la recrudescence de souches virales résistantes aux traitements existants, telles que le bacille de Koch (tuberculose), constituera un autre danger. Au cours des dix dernières années, les cas de tuberculose ont progressé de 20 % à travers le monde. La maladie a tué entre 1,7 million et 2 millions de personnes en 2004, et 8,8 millions d'individus sont infectés chaque année. Si cette tendance se confirmait, certains experts estiment que 35 millions de personnes pourraient y succomber avant 2025[6].

Le paludisme et le VIH – qui resteront probablement les infections les plus meurtrières – tuent, en combinaison, 6 millions de personnes chaque année[7]. Ces maladies, ainsi que la dengue, les fièvres, les infections diarrhéiques et respiratoires, entravent l'essor économique de régions entières. L'Organisation mondiale de la santé (OMS) estime à 1,3 % le recul de la croissance dans les zones endémiques du paludisme d'Afrique subsaharienne ; la tuberculose y aurait entraîné une baisse du produit intérieur brut (PIB) de 4 % à 7 %. Les chances de parvenir à inverser ces tendances sont incertaines ; elles dépendent autant du développement des futurs vaccins et de la mise en place de traitements prophylactiques adaptés que du développement social et économique des régions concernées.

Parallèlement, le réchauffement climatique, l'augmentation des concentrations humaines, les carences sanitaires et la modification des écosystèmes risquent de provoquer l'éclosion de « nouvelles » maladies (en fait, de nouvelles souches virales ou des agents infectieux endémiques nouvellement identifiés) et la migration d'espèces vectrices d'agents infectieux qui sont susceptibles d'élargir les zones touchées par des pathologies (paludisme, fièvre jaune, etc.) jusqu'alors circonscrites à certaines régions[8]. Les « nouveaux » agents pathogènes représentent une autre forme de menace. Un à deux d'entre eux sont identifiés chaque année et certains présentent des risques de mutation difficiles à anticiper (grippe aviaire et SRAS par exemple[9]). Outre les risques sanitaires directs, ces agents pathogènes, de même que les souches résistantes, peuvent impliquer des risques épidémiologiques susceptibles d'avoir des répercussions économiques directes sur l'agriculture, le commerce et les migrations.

La croissance démographique dans les principaux pays et régions par tranche d'âge

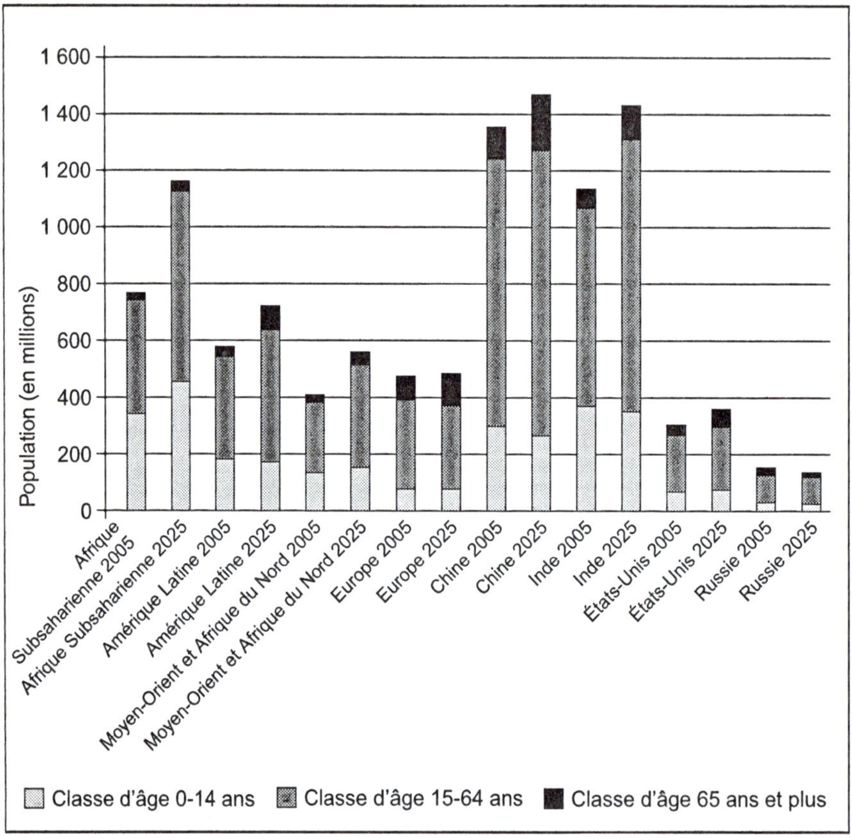

Source : Département des affaires économiques et sociales (division de la population) des Nations unies. Données accessibles sur http://esa.un.org/unpp.

LES DIFFÉRENCES RÉGIONALES

Le monde développé

La plupart des pays développés verront leur taux de croissance démographique chuter (certains deviendront même négatifs) et la part de la population âgée s'accroître. Dans ces régions, l'âge médian devrait passer de 38,6 ans actuellement à 43,1 ans en 2025 (de 28,1 à 32,8 ans au niveau mondial[10]). Il existe toutefois des différences importantes entre les pays, dues notamment à la diversité des taux de fertilité. Les nations les plus touchées par la baisse et le vieillissement de la population seront en compétition pour attirer la main-d'œuvre spécialisée étrangère.

L'Union européenne

Les effets conjugués de l'immigration et du vieillissement devraient entraîner un accroissement de la population de l'Europe – de 458 millions de personnes en 2005 à 470 millions en 2025 –, suivi d'un déclin. Les tendances démographiques ne seront pas uniformes (croissance constante en France et au Royaume-Uni jusqu'en 2025, déclin rapide en Allemagne, Italie et Espagne, entre autres). Mais, dans tous les États membres, des taux de fertilité faibles (1,5 en moyenne dans l'UE) et une espérance de vie élevée se traduiront par le vieillissement de la population (plus de 37,4 % auront entre 65 et 79 ans, avec un âge médian de 44,5 ans en Europe, atteignant même 50,5 en Italie). Depuis la fin des années 1980, la croissance démographique des pays de l'Union est davantage imputable à l'immigration qu'à un accroissement naturel.

Jusqu'en 2025, en tenant compte de l'apport de l'immigration, les taux de participation plus élevés des personnes âgées et des femmes suffiront sans doute à maintenir un volume d'actifs assez important, mais le recrutement de la main-d'œuvre qualifiée et hautement spécialisée sera probablement de plus en plus difficile. Après 2030, la population en âge de travailler commencera à diminuer. Dans vingt ans, le rapport réel de dépendance économique des personnes âgées s'accentuera rapidement, passant de 37 % à 48 % – impliquant un alourdissement des régimes de retraites[11].

De fait, afin de soulager les marchés du travail européens soumis à des pressions grandissantes, la majorité des États membres devront sans doute recourir de façon croissante à une immigration contrôlée, assortie d'incitations auprès des travailleurs étrangers qualifiés. Le nombre annuel d'immigrants vers l'UE devrait s'échelonner entre 600 000 et 1 million, principalement à destination de l'Europe de l'Ouest et plus particulièrement des pays du sud du continent tels que l'Italie et l'Espagne ; l'Europe de l'Est devrait en revanche s'appauvrir de quelque

75 000 immigrants par an. On estime généralement que cet apport de population ne pourra guère qu'atténuer les conséquences économiques du déclin et du vieillissement de la population en Europe.

Les États-Unis

La population des États-Unis devrait passer de 296,4 millions en 2005 à plus de 364 millions en 2030. Cette hausse est imputable à un taux de fertilité proche du taux de renouvellement des générations (2,1 enfants par femme), mais plus encore à une espérance de vie allongée et à l'immigration. La part de la population en âge de travailler (dans le cas présent de 20 à 64 ans) accusera un léger fléchissement, passant de 59 % à 55,2 %, mais l'immigration et des taux accrus de participation à la vie active (personnes âgées, femmes) pourraient suffire à compenser cette tendance.

Selon les statistiques officielles américaines, la composition raciale et ethnique du pays devrait considérablement évoluer. D'ici à 2030, la part de la population blanche (hors Hispaniques) devrait être ramenée à 57,5 % (contre 69,4 % en 2000). La proportion d'Afro-Américains restera stable (13,9 %), alors que celle des Asiatiques et des Hispaniques devrait plus que doubler, atteignant respectivement 6,2 % et 20,1 % de l'ensemble de la population.

L'immigration, qu'elle soit légale ou illégale, a toujours été un élément déterminant de la croissance démographique américaine. Selon les estimations des Nations unies, l'immigration nette vers les États-Unis devrait atteindre une moyenne de 1,1 million de personnes par an au cours des prochaines décennies. En 2004, quelque 800 000 personnes auraient pénétré clandestinement aux États-Unis (dont 57 % en provenance du Mexique), portant à 10,3 millions le nombre d'immigrés en situation irrégulière[12]. La pression qu'exerce l'immigration, notamment en provenance du Mexique et d'autres pays d'Amérique latine, se maintiendra, ce qui aura d'importantes répercussions sur la politique et la culture américaines. Mais des questions de sécurité pourraient conduire à une politique d'immigration plus rigoureuse, réduisant l'immigration régulière et irrégulière.

Le Japon

Le Japon risque de subir au fil du siècle un véritable effondrement démographique. La population totale devrait chuter de 128 millions de personnes aujourd'hui à 124,8 millions en 2025, l'âge médian passant de 42,9 à 50 ans. Le vieillissement accroîtra considérablement le rapport de dépendance économique des personnes âgées et entraînera un net recul des actifs. L'immigration peinera à enrayer cette évolution, en raison d'importantes barrières culturelles. Parmi les immigrés réguliers (343 000 en 2002) (123 000), les ingénieurs et les travailleurs spécialisés ne comptent que pour une part infime de l'ensemble (respectivement 2 800 et 1 800). En 2002, 1,8 million de ressortissants étrangers séjournaient légalement au Japon, les immigrés illégaux étant évalués à 250 000 personnes[13].

La Russie

Comme dans la majorité des anciennes républiques de l'Union soviétique, la population russe est en proie à un fort déclin. Les taux de croissance démographique sont négatifs en Russie depuis le milieu des années 1990 (– 0,02 % en 1995) et devraient tomber à – 0,58 % par an entre 2020 et 2025. Malgré un léger apport migratoire et une hausse marginale du taux de fertilité (de 1,40 à 1,58), il est prévu que la population russe chute de 143,2 millions à 129,2 millions dans les vingt années à venir. L'accroissement du nombre de personnes âgées de plus de 60 ans (qui passeront de 17,1 % à 24,3 % de la population en 2025) et la stagnation de la proportion de jeunes (aux alentours de 16 %) pourraient entraîner de graves problèmes sociaux, si des mesures budgétaires appropriées n'étaient pas rapidement adoptées. Parallèlement, le pays connaît l'un des taux d'infection à VIH les plus élevés du monde, ce qui n'est pas sans conséquences en termes économiques et sociaux. Les hypothèses les plus pessimistes prévoient 11 millions de cas d'infection à VIH et 8,7 millions de décès liés au VIH/sida avant 2025[14].

Le monde en développement

Au cours des prochaines décennies, nombre de pays en développement continueront à connaître des taux de natalité et de croissance démographique relativement élevés. La population demeurera assez jeune (l'âge médian passant de 25,6 ans en 2005 à 30,8 ans en 2025) et la population en âge de travailler gagnera en importance. Ces tendances démographiques font basculer le centre de gravité démographique mondial du Nord vers le Sud.

Le nombre d'habitants des agglomérations urbaines des pays en développement pourrait quasiment être multiplié par deux, passant de 2,2 milliards aujourd'hui à 3,9 milliards en 2030. Quinze des vingt-deux mégapoles (villes de plus de 10 millions d'habitants) de la planète seront situées dans ces pays. Dans de nombreuses régions, en particulier en Afrique et en Inde, les économies rurales coexisteront ainsi avec des centres urbains fortement peuplés.

L'émigration des pays du Sud vers les pays du Nord se poursuivra, mais elle ne devrait pas connaître un accroissement démesuré. C'est l'Asie qui devrait subir les flux les plus intenses (1,2 million de personnes par an), suivie par l'Amérique latine et les Caraïbes (570 000), puis l'Afrique (330 000). Toutefois, notamment dans le cas des petits États, ces taux d'émigration risquent d'entraîner une importante « fuite des cerveaux » et la perte des éléments les plus innovants de la population active, ce qui pourrait freiner en retour le développement économique de ces pays[15].

L'Afrique subsaharienne

En raison de taux de fertilité élevés (de 4,7 enfants par femme en 2005 à 3,5 en 2025), la population de l'Afrique subsaharienne passera de 731,5 millions actuellement à 1,04 milliard en 2025 (+ 43 %). Toutefois, à l'exception notable du Nigeria, qui comptabilisera 190 millions d'habitants (131 millions en 2005), aucune puissance démographique majeure ne se dégagera. L'espérance de vie devrait passer de 45,8 ans en 2005 à 52,3 en 2025, mais elle pourrait être largement inférieure en Afrique australe, région la plus touchée par le sida[16]. La proportion de jeunes restera importante (59 % de moins de 24 ans d'ici à 2025) et l'âge médian peu élevé (20,6 ans). Des tendances très diverses se dessinent à l'échelle régionale : une croissance démographique quasiment nulle au sud du continent (+ 0,2 %, 55 millions d'habitants en 2025), mais élevée à l'Ouest (+ 52 %, 401 millions de personnes) et dans l'Est (+ 55 %, 447 millions), et très marquée dans le Centre (+ 68 %, 184 millions de personnes).

Cela étant, les tendances démographiques de l'Afrique subsaharienne sont fortement tributaires des progrès accomplis dans le domaine médical. La mise au point de vaccins contre le paludisme et le sida pourrait notamment avoir une incidence considérable. Actuellement, 9 % de la population africaine adulte (soit 29,4 millions de personnes) est infectée par le VIH. Le continent, qui n'abrite que 11,4 % de la population mondiale, concentre 70 % de toutes les infections à VIH et 77 % des décès liés au sida. Le bilan mortel de 1980 à 2025 devrait se situer entre 67 et 83 millions[17]. On s'attend parallèlement à une recrudescence des cas de paludisme et de dengue. Chaque année, 900 000 Africains meurent de paludisme (90 % des victimes mondiales) et 587 000 sont morts de la tuberculose en 2004[18]. La propagation d'autres souches infectieuses résistantes telles que le choléra, ajoutée aux conséquences néfastes de la pollution d'origine humaine, pourrait encore accroître les taux de mortalité.

En 2025, l'Afrique restera un continent relativement vide, à faible densité démographique et encore relativement peu urbanisé (50 % de ruraux). Le taux d'urbanisation y sera inférieur à ceux d'Asie ou d'Europe, mais le taux de croissance annuel d'urbanisation devrait par contre être plus soutenu (Lagos : + 4,51 %, Kinshasa : + 4,03 %, etc.). À l'horizon 2020, l'Afrique comptera 11 grandes villes de plus de 5 millions d'habitants et plus de 700 villes dépassant 100 000 habitants. Combinée à l'exode rural, la croissance démographique pourrait avoir de graves conséquences sur la stabilité de certaines sociétés africaines, notamment à cause de l'insuffisance des infrastructures[19].

Le Moyen-Orient et l'Afrique du Nord

Les taux de fertilité devraient poursuivre leur déclin, tombant de 2,91 à 2,38 en Afrique du Nord et de 3,11 à 2,52 au Moyen-Orient (Turquie et Iran inclus). Les taux de croissance démographique de l'ensemble de la région s'en trouveront ralentis (1,3 % en 2025 contre 3,4 % en 1985 et 2 %

aujourd'hui). D'ici à 2025, la population devrait néanmoins croître de 38 % (de 388 à 537 millions).

La population d'âge actif progressera particulièrement vite (+ 40 % en Afrique du Nord, près de 50 % au Moyen-Orient). L'absence de perspectives socio-économiques dans nombre de pays du Moyen-Orient et d'Afrique du Nord poussera probablement une partie de la main-d'œuvre à émigrer. Si les tendances actuelles se confirment, l'Europe devrait rester la principale destination des migrants en provenance d'Afrique du Nord. Cette dynamique pourrait se renforcer si les pays d'accueil traditionnels de la région – les membres du Conseil de coopération du Golfe (CCG : l'Arabie saoudite, le Bahreïn, le Koweït, Oman, le Qatar et les Émirats arabes unis) – continuent à freiner l'immigration étrangère pour protéger leurs marchés du travail et garantir un accès à l'emploi à leurs propres populations. Le nombre de ressortissants étrangers parmi la main-d'œuvre frôle actuellement les 90 % dans les Émirats arabes unis (EAU) et au Qatar ; il est de 60 % en Arabie saoudite et à Bahreïn. Les étrangers représentent 38,5 % de l'ensemble de la population des pays du CCG, avec des pourcentages variant de 26 % jusqu'à 80 %. Épisodiquement, les pays du CCG renvoient massivement leurs travailleurs étrangers, en particulier ceux provenant d'Inde, du Pakistan, d'Égypte et du Yémen[20]. Les pays d'origine de ces travailleurs se voient par contrecoup privés des transferts de salaires qui constituent pour eux une importante source de revenus.

Par ailleurs, bien que nombre de pays de la zone soient amenés à connaître un net fléchissement des taux de fertilité, l'accroissement rapide des populations risque de poser de lourdes contraintes sur leurs infrastructures et leurs économies. La poursuite de leur modernisation sociétale et, par conséquent, l'accélération de la transition démographique, représentent ainsi un véritable enjeu de sécurité. À titre d'exemple, l'Égypte prévoyait en 1991 d'abaisser le taux de fertilité à son taux de remplacement (2,1 enfants par femme) dès 2016, limitant la croissance de la population à 96 millions de personnes en 2030 (contre 72,8 millions de personnes en 2005). L'incapacité du gouvernement égyptien à maintenir cet objectif projettera la population égyptienne à 104 millions de personnes à cette date, alors qu'un renoncement à toute politique de planning familial et une modification du statut de la femme, tels que souhaités par certaines forces politiques fondamentalistes, pourraient propulser la population à 112 millions de personnes. L'incapacité éventuelle de l'État égyptien à garantir le développement et l'accès aux ressources à des volumes toujours croissants de populations représente un risque évident pour la stabilité du pays[21].

L'Asie

L'Asie restera le continent le plus peuplé (3,9 milliards d'habitants aujourd'hui contre 4,7 milliards en 2025) et doté d'une population encore relativement jeune (âge médian 27,7 ans actuellement, 33,7 en 2025). Les tendances varient toutefois considérablement suivant les États : la population du Pakistan, par exemple, passera de 158 millions à 229 millions, avec un taux de fertilité d'environ 2,6. En Indonésie, le nombre d'habitants augmentera de 222 à 267 millions, mais le taux de fertilité tombera à 1,85. Quel que soit le taux de fertilité, l'ensemble de la région subira néanmoins une forte pression démographique, qui pèsera davantage sur les pays affichant des taux de croissance économique relativement faibles, comme le Pakistan et le Bangladesh (186 millions d'habitants en 2025).

Les mouvements migratoires à l'intérieur et vers l'extérieur de l'Asie devraient rester importants et jouer un rôle notable dans l'économie des nations les moins avancées du continent (dont les populations sont tributaires des transferts de salaires[22]). Selon les estimations de l'ONU, les principaux pays d'émigration seront la Chine (avec une émigration nette de 327 000 habitants par an), l'Inde (241 000), les Philippines (180 000), l'Indonésie (164 000) et le Pakistan (154 000). Les États membres du Conseil de coopération du Golfe, le Japon, l'Australie et quelques pays riches d'Asie du Sud-Est sont les principales destinations de ces flux.

Dans la mesure où l'apparition de nouvelles infections virales semble de plus en plus liée à la promiscuité entre les hommes et certaines espèces animales, la forte densité de populations animale et humaine coexistant dans les grandes villes asiatiques risque de constituer une menace sanitaire grandissante. De plus, l'Asie, en particulier le sud du continent, est exposée à une forte recrudescence de la contamination par le VIH[23].

La Chine. D'ici à 2025, la population chinoise devrait passer de 1,31 milliard à 1,44 milliard d'habitants. La part de la population d'âge actif sera encore élevée (68,4 % de la population), mais l'effet de deux décennies de politique de l'enfant unique pèsera de plus en plus sur la pyramide des âges. L'âge médian en Chine passera de 32,6 actuellement à 39,5 en 2025 (et 43 en 2035).

À partir de 2015, en raison du vieillissement de la population, le nombre de personnes âgées croîtra rapidement (de 7 % de la population totale aujourd'hui à 20 % en 2025) et le rapport de dépendance augmentera régulièrement (40 en 2015, 50 en 2030). En 2015, le rapport de dépendance des jeunes sera de 26 et celui des personnes âgées de 13 ; en 2030, ces chiffres seront respectivement d'environ 25 et 24 ; la nette progression du rapport de dépendance des personnes âgées devrait se traduire par une hausse des budgets de santé et de retraite. La vitesse à laquelle cette mutation s'opérera risque de provoquer des problèmes sociaux de grande ampleur et pourrait freiner la croissance économique chinoise[24]. Toutefois, l'immense réservoir de travailleurs du secteur primaire offre à l'industrie chinoise un large potentiel de ressources encore inexploité, pour autant que les industries et les services soient à même de s'installer auprès de ces réservoirs de populations (centre du pays) et que les flux migratoires internes soient suffisamment structurés. Par ailleurs, d'ici à une dizaine d'années, le système éducatif devrait être en mesure de former environ 5 millions d'étudiants de niveau licence par an, facilitant l'intégration de ces populations dans l'économie[25]. Les disparités grandissantes de niveaux de vie entre les zones rurales et les grandes villes devraient stimuler des flux migratoires en direction des zones urbaines, en particulier les régions côtières. Le taux d'urbanisation passerait en conséquence de 41 % aujourd'hui à 57 % en 2025 (soit 824 millions de citadins), 85 % de la population étant concentrée au centre et à l'est du pays[26].

L'Inde. L'essor démographique de l'Inde restera vif. D'ici à 2030, le pays connaîtra ainsi un apport de population particulièrement important (320 millions de personnes), loin devant la Chine (170 millions) et équivalant à l'ensemble de l'Afrique subsaharienne. Le taux de fertilité demeurera supérieur au niveau de renouvellement des générations (2,76 en 2005, 2,11 en 2025) et l'espérance de vie augmentera (de 65 ans en 2005 à 70 ans en 2025). D'ici à 2025, la population totale de l'Inde se rapprochera de celle de la Chine (1,39 contre 1,44 milliard d'habitants), mais restera beaucoup plus jeune (l'âge médian sera de 30,4 en 2025 et de 33,9 en 2035). Le rapport de dépendance économique des personnes âgées se maintiendra également à un niveau très bas ; le nombre de personnes âgées de plus de 65 ans devrait doubler (environ 80 millions en 2025, soit seulement 6 % de la population).

La répartition démographique restera très inégale. En 2025, l'Inde sera toujours un pays essentiellement rural, avec 62 % des habitants vivant dans les campagnes (contre 71,3 % aujourd'hui). Cependant, la densité urbaine demeurera très forte (425 habitants/km^2 en 2025, contre 336 aujourd'hui). En outre, la croissance démographique, renforcée par les migrations intérieures, touchera avant tout les grandes agglomérations urbaines (soit 60 à 70 villes de plus de un million d'habitants), faisant peser une tension croissante sur des infrastructures urbaines déjà saturées (à titre d'exemple, seuls 30 % de la population ont aujourd'hui accès à des systèmes sanitaires modernes). Certains experts craignent que l'Inde soit confrontée à une épidémie de sida dans les années à venir. Jusqu'à 25 millions de cas pourraient se déclarer en Inde avant 2010. Entre 2000 et 2015, les décès liés au sida pourraient s'élever à 12,3 millions, et 49,5 millions entre 2015 et 2050[27].

2

L'économie

La croissance économique est indissociable d'autres variables fondamentales telles que l'environnement politique, la sécurité, les contraintes démographiques, les progrès technologiques et le coût des énergies. Divers indicateurs comme la productivité, l'investissement, le commerce et les flux financiers permettent de mesurer les résultats économiques. Si la multiplicité de ces facteurs rend les tendances économiques futures particulièrement difficiles à prévoir, certaines grandes orientations se dégagent malgré tout.

TENDANCES GÉNÉRALES

- **La mondialisation économique va se poursuivre et s'accentuer.** Malgré des poussées protectionnistes, les échanges internationaux sont appelés à progresser dans le monde entier.

- **Une plus grande ouverture et l'arrivée de nouvelles puissances commerciales vont accroître la concurrence et contraindre les systèmes socio-économiques à s'adapter,** ce qui soulèvera des problèmes différents aux pays développés et aux pays en développement. Les pays et régions incapables de s'adapter risquent d'être marginalisés.

- **La « triade » – États-Unis, UE, Japon – continuera probablement à dominer les marchés à haute valeur ajoutée,** mais poursuivra également la délocalisation de ses outils de production à forte main-d'œuvre et certains services aux entreprises.

• **Un certain nombre de pays bénéficiaires de ces activités délocalisées deviendront de nouvelles puissances économiques.** Les économies asiatiques en particulier continueront à se développer, déplaçant le centre de gravité de l'économie mondiale vers cette région.

• **Les économies émergentes d'Asie devraient afficher les taux de croissance les plus élevés, et les PIB de la Chine et de l'Inde tripler d'ici à 2025.** Cependant, en termes de PIB par habitant, elles resteront loin derrière les pays de l'OCDE. La répartition des richesses restera donc fort inégale. La « soutenabilité » de la croissance de ces deux pays dépendra des réformes intérieures, de la régularité de leur approvisionnement énergétique et du développement de leurs infrastructures.

Une croissance mondiale plus soutenue

Au cours des vingt prochaines années, la mondialisation économique continuera selon toute vraisemblance à stimuler la croissance mondiale. Cette dernière devrait être plus soutenue sur la période 2006-2030 que dans la période 1985-2006, essentiellement à cause de l'accélération de croissance des économies en voie de développement. En 2020, on s'attend que le PIB mondial dépasse des deux tiers celui de 2005 (44,4 trillions de dollars) pour atteindre environ 72 trillions. La croissance annuelle moyenne du PIB devrait être plus soutenue dans les pays en développement (4,2 % en moyenne annuelle) que dans les pays développés (2,5 %)[28].

À moins d'événements majeurs imprévus, le commerce, l'investissement et les mouvements de capitaux internationaux devraient connaître une croissance continue dans le monde entier, entraînant une intégration accrue des marchés. Le commerce de biens et services devrait progresser plus vite que le PIB et plus que tripler d'ici à 2030, pour atteindre 27 trillions de dollars[29].

Simultanément, ces flux internationaux poursuivront leur diversification géographique vers les marchés émergents. Il s'ensuit que la mondialisation aura des répercussions de grande portée, et parfois contradictoires. Une plus grande ouverture et une concurrence accrue imposeront des ajustements structurels à tous les pays et mettront sous tension leurs modèles économiques et sociaux, ce qui pourrait avoir des implications sérieuses au niveau national.

De nouvelles puissances économiques ont émergé sur le marché international, concurrençant les économies développées et les économies en développement dans un éventail de domaines industriels toujours plus vaste. Grâce à des niveaux croissants d'éducation et d'investissements, la Chine et l'Inde commencent à diversifier leurs économies vers des secteurs à plus forte valeur ajoutée technologique. Dans l'ensemble, les avancées technologiques stimuleront largement la mondialisation. Dans les secteurs à haute technologie, l'innovation va de pair avec des changements radicaux dans les méthodes et l'organisation de la production (structures plus flexibles, sous-traitance et alliances transnationales). Les entreprises seront de plus en plus à même de confier une part de leur production au sous-traitant le plus efficace au niveau mondial[30].

L'externalisation des services en est encore à ses débuts, mais elle prend rapidement de l'ampleur ; il est en effet prévu que l'externalisation vers l'étranger des services aux entreprises passe de 1,3 milliard de dollars en 2002 à 24 milliards en 2007[31]. Les nouvelles technologies de l'information et de la communication ont élargi les possibilités d'échange de services axés sur l'information. Les entreprises délocaliseront de plus en plus ces activités à l'étranger, soit par l'investissement direct soit par la sous-traitance[32].

Diversification des routes commerciales

Parallèlement, les investissements directs étrangers (IDE) et les échanges commerciaux vont prendre de l'ampleur et de nouvelles orientations. En particulier, les pays développés ne seront plus les seuls grands investisseurs. Au cours des quinze dernières années, les sorties d'IDE des pays en développement ont augmenté plus rapidement que celles des pays développés (bien que les premiers soient partis d'un niveau quasi nul au début des années 1990). En 2005, ils représentaient un dixième des stocks mondiaux d'IDE (1,2 trillion) mais déjà 17 % des flux mondiaux d'IDE. Toutefois les pays asiatiques concentraient 62 % de ce total (contre 23 % en 1980), traduisant le dynamisme des économies asiatiques par rapport aux autres économies en développement. D'autre part, les investissements directs étrangers entre pays en développement se multiplient plus rapidement que les investissements des pays en développement vers les pays développés. En 2000, ce type d'investissement représentait plus de 30 % des entrées d'IDE signalées par les pays en développement. On note, dans les pays en voie de développement comme ailleurs, un accroissement tendanciel du nombre d'accords internationaux destinés à faciliter les IDE[33].

La diversification des courants d'échanges est un phénomène déjà prononcé et se poursuivra vraisemblablement à un rythme accéléré. La consolidation de zones d'intégration économique régionale constitue l'une des principales tendances du commerce international. L'Asie de l'Est s'impose en particulier comme une zone commerciale de premier plan. Entre 1984 et 2004, la part de l'Asie en développement dans les exportations mondiales a presque doublé, pour atteindre 21,3 %. La part des courants d'échanges intrarégionaux est passée de 22 % des exportations globales de l'Asie en développement en 1984, à environ 40 % en 2004 (54 % avec le Japon) – contre 46 % en Amérique du Nord et 64 % dans l'UE[34]. En parallèle, les routes commerciales se sont réorientées, suivant la nouvelle division régionale et internationale du travail. Les exportations chinoises de produits finis vers les États-Unis et l'UE augmentent rapidement. D'autres pays industrialisés d'Asie y ont perdu des parts de marché, mais ils accroissent leurs exportations de produits intermédiaires et de biens d'équipement vers la Chine.

L'Asie est toujours tributaire des marchés occidentaux – et en particulier des États-Unis – pour l'exportation de produits finis. Cependant, l'expansion rapide des classes moyennes des nations émergentes d'Asie et la demande grandissante qui l'accompagne entraîneront probablement des changements dans la structure des échanges et créeront de nouveaux débouchés à l'exportation pour les économies développées. La classe moyenne (définie comme réunissant les individus dont le revenu est supérieur à 3 000 dollars annuels) des quatre plus grandes économies émergentes (la Chine, l'Inde, le Brésil et aussi la Russie, dont l'économie semble sur la voie de la reprise) pourrait englober 800 millions de personnes dans moins de dix ans. Si la croissance devait demeurer aussi soutenue que prévu, ces pays pourraient compter, en 2025, 200 millions de personnes supplémentaires disposant d'un revenu annuel supérieur à 15 000 dollars[35]. L'accroissement des revenus devrait avoir un impact direct sur les marchés intérieurs des pays asiatiques et l'Asie pourrait devenir le plus gros marché automobile mondial dès la prochaine décennie[36]. Par ailleurs, l'impact de ce phénomène ne se limitera pas aux stricts aspects économiques mais devrait également induire des effets internes en termes d'amélioration de la gouvernance et de demande de transparence politique et économique.

Multiplication des accords commerciaux préférentiels

Un autre aspect important des échanges internationaux est la multiplication d'accords commerciaux préférentiels, en particulier des accords bilatéraux de libre-échange[37]. Par rapport à la libéralisation multilatérale prônée par l'Organisation mondiale du commerce (OMC) lors du cycle de Doha, les accords préférentiels peuvent porter sur un éventail plus large de domaines – par exemple, les normes en matière d'investissement, de concurrence, d'environnement et d'emploi – et favoriser une coopération économique plus poussée entre les pays signataires. Le réseau complexe d'accords régionaux et bilatéraux qui se chevauchent pourrait néanmoins engendrer des conflits autour des normes réglementaires et ainsi nuire à la transparence et à la prévisibilité des échanges. L'incapacité du cycle de Doha à faire avancer la libéralisation multilatérale du commerce risque d'amplifier cette tendance.

L'émiettement qui pourrait s'ensuivre profiterait davantage aux grandes puissances économiques et commerciales, telles que l'UE et les États-Unis. La complexité croissante des prises de décision à l'échelle planétaire risque de favoriser la passation d'accords bilatéraux et régionaux, au détriment des accords de portée universelle. La Chine, l'Inde et d'autres nations remettent effectivement en question la domination traditionnelle des États-Unis, du Japon et de l'Europe au sein d'institutions internationales de premier plan (OMC, Banque mondiale, FMI). L'action de régulation de ces grands organismes internationaux est également susceptible de voir son efficacité entravée par une approche plus « nationaliste » de l'économie, autant dans certains pays développés, dont les États-Unis, que dans les pays en voie de développement. Les économies émergentes (Chine et Inde) pourraient également être tentées de s'appuyer sur leur puissance économique grandissante pour redéfinir les priorités économiques internationales en fonction de leurs propres intérêts[38]. Une telle fragmentation ne devrait cependant pas inverser la tendance générale de la mondialisation.

Le fossé se creuse entre l'Afrique subsaharienne et le reste du monde

La mondialisation des échanges et des investissements profite à un nombre grandissant de pays, mais pas à tous. Les pays qui sont exclus des courants d'échanges et des flux d'investissements internationaux risquent de se trouver encore plus marginalisés. Dans le monde entier, les inégalités de revenus entre les pays se réduisent. Il est vrai que les progrès accomplis en ce sens viennent en grande partie de la croissance économique des pays fortement peuplés d'Asie du Sud et de l'Est, en particulier de la Chine et de l'Inde. En revanche, le fossé existant entre les pays développés (et émergents) et l'Afrique subsaharienne s'élargit. Pour être en mesure de contrebalancer cette tendance, les nations d'Afrique subsaharienne, comme d'autres pays moins avancés, devraient atteindre et maintenir des taux de croissance bien supérieurs à la moyenne mondiale.

De même, si l'extrême pauvreté recule dans le monde, cette tendance n'est pas perceptible de manière uniforme. Suivant la définition de la Banque mondiale, le nombre de personnes vivant dans des conditions d'extrême pauvreté – moins de un dollar par jour – a diminué[39]. En 2001, 400 millions d'individus sont ainsi sortis de la misère par rapport à 1981. En Asie, les taux de croissance élevés ont permis de réduire la pauvreté – surtout dans des pays comme la Chine, l'Inde et le Bangladesh. À l'opposé, le nombre de personnes vivant dans la misère a augmenté en Afrique, passant de 160 millions en 1981 à 303 millions aujourd'hui[40]. Si la croissance actuelle se poursuit, l'objectif du millénaire pour le développement (OMD) – qui vise à diviser par deux le nombre de personnes vivant avec moins de un dollar par jour à l'horizon 2015 (de 1,218 milliard en 1990 à 617 millions selon les prévisions) – sera atteint, mais uniquement parce que le développement de l'Asie compensera la dégradation observable en Afrique subsaharienne. Dans cette région, le nombre de personnes vivant sous le seuil d'extrême pauvreté devrait atteindre 336 millions de personnes (soit 38 % de la population africaine en 2015).

De surcroît, si l'extrême pauvreté recule, le reflux de la pauvreté est quant à lui plus lent. Le nombre de personnes vivant avec moins de deux dollars par jour n'a que légèrement baissé depuis 1990, passant de 2,65 milliards à 2,61 milliards, malgré le déclin rapide de ces populations en Chine (de 825 millions à 533 millions). La diminution prévue – de 2,61 à 1,99 milliard d'individus d'ici à 2015 – sera là encore provoquée par l'essor de la région Asie-Pacifique, et plus particulièrement par celui de la Chine[41]. Le rythme de réduction de la pauvreté variera donc fortement suivant la région concernée et le critère adopté.

Un nouveau partage des richesses

Il ne fait aucun doute que des disparités considérables persisteront entre les États, qui seront confrontés à des défis distincts au cours du processus de la mondialisation. Une différence fondamentale séparera pays développés et pays en développement. Les premiers devront adapter leurs économies à une concurrence accrue et favoriser le passage d'activités non compétitives vers des secteurs où elles disposent d'un avantage comparatif. Cette évolution, conjuguée à la délocalisation d'une partie (restreinte) de leur appareil industriel et des services aux entreprises, risque fort de provoquer des tensions sociales accrues, qui pourraient raviver des réflexes protectionnistes. D'un autre côté, les effets pervers de la mondialisation sur les sociétés des pays développés ne doivent pas être surévalués. Si les coûts d'ajustement peuvent être importants pour certaines régions industrielles ou catégories de travailleurs soumis à une concurrence mondialisée, le bénéfice global de la mondialisation pour les sociétés développées devrait induire le maintien de dynamiques de libéralisation plutôt que l'adoption de postures ouvertement protectionnistes[42].

De leur côté, les pays en développement devront nécessairement mettre à niveau leurs infrastructures, développer leur capital humain, améliorer les structures de gouvernance et les normes encadrant l'investissement. La croissance des pays les moins avancés pourra se heurter à un autre obstacle important. Bien que leur essor soit tributaire – au moins en partie – de la libéralisation du commerce, la baisse des recettes provenant des taxes à l'importation qui s'ensuivra, ainsi que l'érosion des préférences commerciales avantageant les puissances émergentes pourront à terme gravement entraver leur croissance. L'émergence de nouvelles puissances économiques (Inde et Chine), fortement consommatrices de matières premières pourrait néanmoins atténuer ces effets pour certains d'entre eux.

Compte tenu des tendances actuelles et des changements majeurs qu'elles entraîneront, les pays développés verront leur part dans les richesses, le commerce et les investissements directs étrangers mondiaux, diminuer en valeur relative, en faveur des nations émergentes. À l'horizon 2025, il faut s'attendre que l'Asie devienne l'un des pivots de l'économie mondiale. La part du PIB global produite par les pays de l'OCDE chutera, passant, en parité de pouvoir d'achat (PPA), d'environ 55 % en 2000 à 40 % en 2030, tandis que la part de l'Asie passera de 24 % à 38 % sur la même période.[43] Selon certaines prévisions, les PIB cumulés du Brésil, de la Russie, de la Chine et de l'Inde pourraient représenter la moitié de la somme des PIB des six plus grands pays industrialisés actuels (États-Unis, Japon, Allemagne, Royaume-Uni, France et Italie) en 2025 et la dépasser en 2040. En termes de PIB national, les États-Unis, la Chine (qui devrait dépasser le Japon en 2016), le Japon, l'Inde et l'Allemagne représenteront les cinq nations les plus riches en 2025[44].

Croissance prévue du PIB (en milliards de dollars)

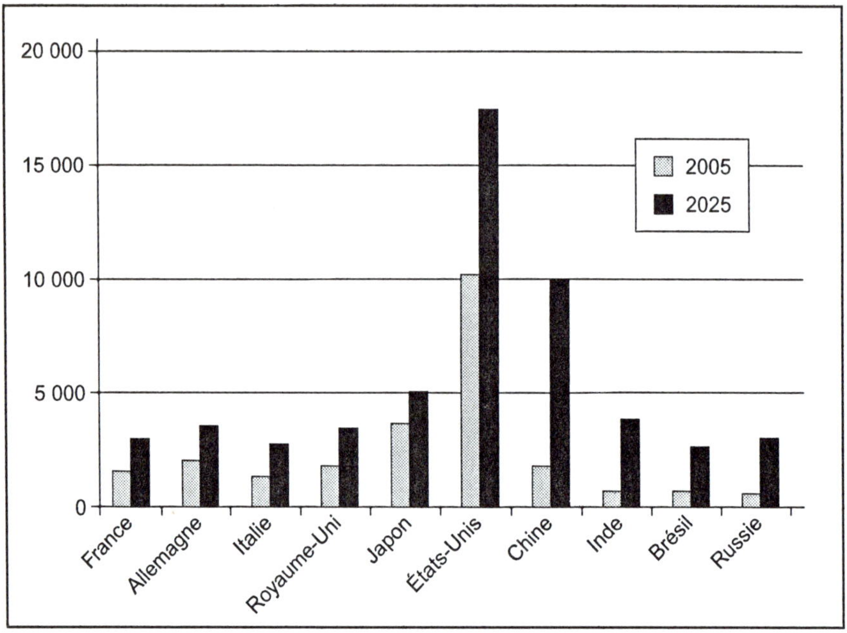

Source : Dominic Wilson et Roopa Purushothaman, Dreaming with BRICS : The Path to 2050, *Global Economics Paper, n° 99, 1er octobre 2003.*

Le bilan sera toutefois très différent si l'on examine le revenu par habitant. La Chine, partant d'un PIB par habitant actuel de 6 300 dollars en PPA (15 % de celui des États-Unis), pourrait se hisser à 24 % du niveau des États-Unis en 2020 (soit un niveau supérieur au niveau brésilien actuel). L'Inde, avec un PIB par habitant de 3 400 dollars en PPA en 2005 (8 % de celui des États-Unis), ne devrait atteindre que 12 % du niveau américain en 2020, se rapprochant du niveau actuel de la Thaïlande. Ainsi, si la croissance du revenu par habitant des pays en voie de développement devrait s'accélérer, passant en moyenne annuelle de 3,1 % sur la période à venir, contre 2,1 % sur les vingt-cinq dernières années, il faudra plusieurs décennies aux pays émergents pour combler le fossé qui les sépare des pays riches[45].

PIB par habitant en parité de pouvoir d'achat (États-Unis = 100)

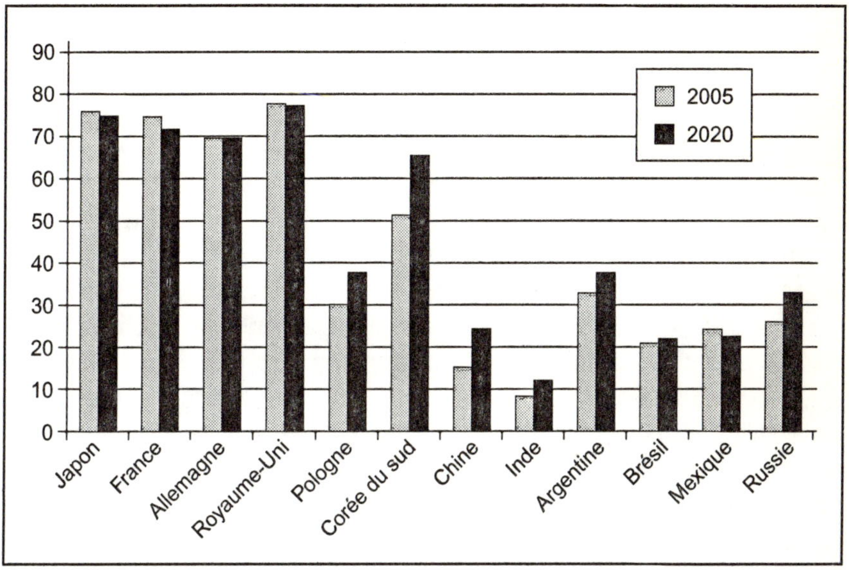

Source : *Foresight 2020 :* Economic, Industry and Corporate Trends, *Economist Intelligence Unit, mars 2006.*

LES DIFFÉRENCES RÉGIONALES

La triade dominante

Les trois blocs économiques qui prédominent actuellement devront faire face à la concurrence croissante des économies émergentes et continueront à délocaliser leurs activités à forte intensité de main-d'œuvre. Ils devraient cependant maintenir le cœur de leurs activités industrielles sur leurs territoires, en particulier dans les secteurs à forte intensité de capital et de recherche, mais aussi dans les secteurs où le rapport entre coûts de transport et valeur du produit est élevé. Simultanément, la réciprocité des flux financiers et des flux d'investissement entre pays développés et émergents s'intensifiera, les pays émergents investissant dans l'appareil de production des pays développés et détenant leurs dettes extérieures.

Les États-Unis

En 2025, les États-Unis devraient rester la première puissance économique mondiale, enregistrant le plus haut niveau de PIB global et par habitant. Plusieurs facteurs structurels permettront sans doute au pays de maintenir sa position actuelle : une croissance démographique continue conjuguée à un capital humain de grande qualité, à une importante flexibilité du marché du travail et à une main-d'œuvre à forte productivité ; une culture de l'innovation dynamique, combinant de lourds investissements de recherche dans des secteurs stratégiques d'avenir (informatique, biotechnologies et nanotechnologies), une capacité à traduire rapidement l'innovation technologique en produits commerciaux, et l'existence d'un vaste marché intérieur, à un accès facilité au capital-risque, etc. Les États-Unis devraient rester au premier rang mondial dans le domaine des services professionnels et des services aux entreprises, en particulier dans le secteur des technologies de l'information et des communications. Les services devraient également contribuer de manière positive à la balance commerciale, alors que les échanges de biens devraient rester déficitaires[46].

Entre 1997 et 2004, les États-Unis ont représenté 46,6 % de la hausse cumulée de la demande mondiale. Mais des incertitudes existent sur leur capacité à demeurer cette locomotive de l'économie mondiale. Les déficits élevés du budget et du compte courant représentent l'un des principaux facteurs d'incertitude quant à la soutenabilité de la demande intérieure américaine. Le déficit actuel de la balance courante avoisine les 800 milliards de dollars, soit 6,4 % du PIB (financé par les excédents des pays de l'Asie de l'Est et des pays producteurs de pétrole) alors que le déficit budgétaire est passé d'un excédent de 1,3 % du PIB en 2000 à un déficit de 4,1 % en 2005 (partiellement dû à la hausse des dépenses militaires). Si les tendances actuelles se confirment, tant dans l'absolu que par rapport au PIB, ces deux déficits devraient encore se creuser. Dans les prochaines décennies, le vieillissement de la population et la hausse rapide des dépenses de santé feront peser une lourde charge sur le budget : les dépenses fédérales pour la sécurité sociale, l'aide médicale (Medicare) aux personnes âgées et aux personnes à faibles revenus (Medicaid) passeront de 8 % du PIB en 2005 à près de 15 % en 2030[47].

Le double déficit des États-Unis est aussi une source majeure des déséquilibres financiers et commerciaux mondiaux et l'un des principaux risques financiers pour l'économie mondiale. Les États-Unis doivent importer environ 1 000 milliards de capitaux étrangers chaque année pour financer leur déficit et leurs propres IDE. La part des détenteurs étrangers dans la dette américaine (en particulier le Japon et la Chine) s'est ainsi encore accrue. Il est généralement admis que ces déséquilibres sont délicats à entretenir et qu'ils pourraient notamment provoquer une brusque dépréciation du dollar. L'atténuation du risque d'un ajustement brutal exigerait de l'administration américaine qu'elle stimule l'épargne des ménages et réduise le déficit public, mais supposerait également que les pays avec lesquels les États-Unis ont un déficit commercial prononcé augmentent leurs investissements et encouragent les dépenses intérieures[48]. En outre, un réalignement des taux de change serait également souhaitable.

L'Union européenne

Le PIB de l'Union européenne devrait en principe connaître une croissance plus lente que celui des États-Unis. Dans de nombreux États membres, la démographie constituera un frein majeur à la croissance économique, et le vieillissement de la population pèsera lourdement sur les systèmes socio-économiques.

Jusqu'en 2025, les taux de participation plus élevés (des personnes âgées et des femmes), les gains de productivité et l'immigration parviendront sans doute à maintenir une main-d'œuvre suffisante mais, selon la Commission européenne, d'ici à 2030, la diminution de la population en âge de travailler (de 6,8 %) aggravera les pénuries de travailleurs qualifiés, déjà perceptibles dans de nombreux États membres. De plus, la proportion de personnes âgées par rapport à la population active devrait augmenter brutalement et exiger des arbitrages complexes dans les domaines des retraites et des soins de santé[49].

La délocalisation de la production et des services aux entreprises continuera à amoindrir l'appareil industriel européen, entraînant des pertes d'emploi, en particulier dans les secteurs à forte intensité de main-d'œuvre. Cela étant, la délocalisation ne se fera pas seulement vers les pays extérieurs à l'Union, mais aussi vers les nouveaux États membres du centre et de l'est de l'Europe. Ces derniers présentent en effet plusieurs avantages pour les investisseurs : de bas salaires, la proximité géographique et un environnement institutionnel stable et sain. Cependant, le noyau dur industriel (les télécommunications, l'ingénierie mécanique, automobile ou aviation civile) devrait rester compétitif et innovant. Des investissements en recherche relativement faibles et une surrégulation peuvent toutefois limiter l'accès de l'Europe à de futurs secteurs technologiques stratégiques y compris face à certaines économies émergentes, telle que la Chine et l'Inde[50].

Le modèle de spécialisation de l'Union européenne a déjà évolué. Les pays de l'UE conservent une position forte dans le domaine des produits de haute qualité, mais tendent à perdre des marchés sur les produits de basse qualité. L'Union a également perdu du terrain dans le domaine des hautes technologies depuis la fin des années 1990, quand elle a été frappée de plein fouet – au même titre que les États-Unis et le Japon – par la concurrence chinoise. Les innovations technologiques peuvent cependant fournir de nouveaux débouchés à l'industrie européenne. Dans des secteurs clefs comme les industries chimiques ou pharmaceutiques, où l'UE reste forte, l'innovation technologique peut profondément modifier la hiérarchie des marchés. Toutefois, l'UE ne demeurera compétitive dans ces domaines que si elle est capable de réformer et de restructurer ses marchés, afin de stimuler la compétitivité et l'innovation[51]. L'accent mis sur l'innovation technologique et la réforme économique dans le discours européen souligne l'importance du processus et des objectifs de Lisbonne pour l'avenir de l'économie européenne. La capacité de l'UE à concevoir et à produire des biens de haute technologie et de grande qualité, à forte intensité de R & D (recherche et développement) et requérant une main-d'œuvre qualifiée sera déterminante pour ses perspectives de croissance. Parallèlement, l'investissement dans les technologies de l'information et des communications à destination des services – actuellement assez peu élevé – devra être augmenté si l'Union entend enclencher un cycle économique vertueux par l'amélioration de la productivité des services, comme cela a été le cas aux États-Unis.

Pour autant, les objectifs de Lisbonne sont désormais considérés comme « souhaitables » plus que « réalisables ». Les dépenses européennes en R & D sont équivalentes aux deux tiers de celles des États-Unis. En 2004, l'Union n'a consacré que 1,93 % de son PIB en R & D (contre 2,59 % pour les États-Unis, 3,15 % pour le Japon et 1,31 % pour la Chine), soit une hausse de 0,7 % par an entre 2000 et 2003. À ce rythme, cette part atteindra 2,2 % en 2010, loin de l'objectif de Lisbonne, de 3 %. Ce décalage s'explique par les faibles niveaux de financements privés en R & D, ces taux atteignant 73,9 % au Japon, 63,1 % aux États-Unis mais seulement 55,6 % en Europe. Des partenariats européens entre les secteurs public et privé sont d'ailleurs envisagés pour permettre des investissements de recherche de long terme dans certains secteurs stratégiques (piles à combustible, nanoélectronique, pharmacie, systèmes informatiques incorporés, aéronautique et transport aérien, surveillance de l'environnement[52]). Enfin il est probable que l'Europe n'exploite pas suffisamment son potentiel scientifique : avec 38,3 % des publications scientifiques mondiales, l'UE est le numéro un mondial en contributions scientifiques, mais accuse néanmoins un retard sensible sur le Japon et les États-Unis dans le domaine du dépôt de brevets[53].

Le Japon

Après dix ans de stagnation (1,4 % de croissance moyenne dans les années 1990, et 0,4 % entre 2001 et 2003), le Japon connaît des taux de croissance relativement soutenus (2,3 % en 2005, contre 2,6 % en 2004). Ses perspectives de croissance pour les décennies à venir sont cependant les moins optimistes de tous les pays industrialisés. La faiblesse récurrente du taux de fertilité, obstinément bas (actuellement de 1,3 seulement par femme), entraînera une diminution d'un cinquième de la population en âge de travailler dans les vingt-cinq prochaines années. De fait, plus encore que l'économie européenne, l'économie du Japon devrait pâtir du déclin démographique. La contraction de la part de la population active et des marchés de la consommation d'une part, et la charge des opérations de transfert d'autre part risquent de freiner le taux de croissance réel du PIB 40 (les estimations vont de 0,7 % à 1,1 % par an pour la période 2006-2020[54]). Cette tendance négative pourrait être atténuée par des mesures visant à accroître le taux d'activité des femmes et des seniors, ainsi que par des investissements en vue d'augmenter la productivité.

Le vieillissement rapide de la population rend plus aigus les défis auquel le Japon sera confronté dans les décennies à venir : maîtriser son déficit fiscal et faire face à sa colossale dette publique brute (actuellement supérieure à 170 % du PIB). Le gouvernement prévoit d'atteindre l'équilibre budgétaire en 2011 (de 6,7 % du PIB en 2002, le déficit a été ramené à 4 % en 2006[55]).

L'intégration du Japon dans l'économie mondiale et ses relations avec les États voisins sont en évolution rapide, ne serait-ce que parce que la Chine devance désormais le Japon en tant que première puissance commerciale de la région. Les échanges commerciaux japonais ont en grande partie basculé des États-Unis vers la Chine et la tendance devrait s'accentuer. Si le Japon a longtemps été le premier fournisseur de la Chine, l'année 2004 a marqué un tournant décisif : pour la première fois, la Chine est devenue le premier fournisseur du Japon. Depuis de nombreuses années en effet, les entreprises japonaises délocalisent leur production vers les pays asiatiques en développement, en particulier la Chine, induisant une nouvelle division régionale du travail.

Parmi les pays de l'OCDE, le Japon affiche les niveaux les plus bas d'entrées d'IDE, de pénétration des importations et de participation de main-d'œuvre étrangère dans la production nationale[56]. Des mesures visant à ouvrir l'économie sont cependant engagées. Dans cette perspective, le gouvernement a pour objectif de multiplier par deux son stock d'IDE par rapport au PIB d'ici à 2010.

Les nouvelles grandes puissances

La Chine et l'Inde devraient en principe poursuivre leur ascension économique dans les vingt prochaines années. Elles vont dans un premier temps accentuer leurs rôles respectifs d'« atelier » et de « fournisseur de services » du monde industriel. De surcroît, elles seront probablement en mesure de poursuivre la diversification de leurs économies, l'Inde élargissant la base de son industrie manufacturière et la Chine orientant sa production vers des biens à plus fort coefficient de connaissance et vers les services. Enfin, comme il a été souligné plus haut, les deux pays diversifieront sans doute leurs modèles commerciaux actuels pour les adapter à une demande asiatique en plein essor[57]. Ces deux nations devraient rattraper une part considérable de leur retard sur le monde développé, mais elles resteront à bien des égards des pays en développement (en ce qui concerne le PIB par habitant, le système de sécurité sociale, etc.). Elles devront parallèlement investir massivement dans leurs infrastructures énergétiques et de transport pour maintenir leurs taux de croissance actuels.

La Chine

La croissance économique de la Chine semble devoir se poursuivre au cours de la vingtaine d'années à venir, mais à un rythme ralenti. Son PIB devrait tripler d'ici à 2025, ce qui la hisserait au deuxième rang derrière les États-Unis. Le PIB par habitant, en revanche, restera très inférieur (près du quart de celui des États-Unis en PPA en 2020[58]).

La production industrielle restera le moteur essentiel de la croissance du PIB chinois. On assistera à une évolution progressive de la production, d'articles simples et bon marché vers des produits de meilleure qualité. Il reste toutefois probable que les entreprises chinoises peinent à se maintenir au niveau de la concurrence étrangère dans la production de la plupart des biens d'équipement de haut niveau et des produits à fort contenu en connaissances. Cela n'exclut pas pour autant que la Chine ne puisse rattraper partiellement son retard dans certains secteurs stratégiques tels que les technologies de l'information, les biotechnologies et l'aérospatial, que Pékin a définis comme des priorités de recherche[59].

En 2025, la Chine sera à la fois le plus grand exportateur et le plus grand importateur mondial. Les échanges commerciaux chinois croissent à une allure vertigineuse (+ 35 % par an entre 2003 et 2005). Ses exportations ont été particulièrement dynamiques vers les pays tels que les États-Unis, l'Allemagne et les Pays-Bas (respectivement + 30 %, + 37 % et + 40 % de croissance en 2005). Les deux tiers des importations chinoises proviennent d'Asie et la moitié des exportations sont destinées à cette région. La Chine tend ainsi à devenir le poumon d'une région asiatique prospère et toujours plus intégrée. Parallèlement, des investissements massifs dans les transports maritime et aérien ainsi que dans les infrastructures connexes, conjugués à une libéralisation accrue du commerce extérieur, feront du pays la première nation commerçante de la planète.

Revers de la médaille de cette explosion industrielle, le secteur primaire a été ouvertement négligé. Si la plupart des habitants des provinces, majoritairement rurales, restent dépendants du secteur agricole, la production nationale ne suffit pas, dans nombre de régions, à nourrir la population locale. De plus, 200 000 hectares de terres agricoles sont perdus chaque année du fait de la désertification, du remembrement agricole ou de l'extension urbaine. La République populaire sera, par conséquent, probablement de plus en plus tributaire des importations agricoles.

En outre, le maintien de la croissance des secteurs industriels appelle à des investissements colossaux pour assurer les approvisionnements en énergies primaires et la distribution de l'électricité. Le climat financier malsain (créances douteuses du secteur bancaire, faillite de certains gouvernements locaux, corruption, népotisme) représente un autre volet du problème, malheureusement consubstantiel à l'interpénétration de l'État et de l'économie[60]. Enfin l'écart entre le faible niveau de vie des zones rurales pauvres et celui, considérablement plus élevé, des zones urbaines côtières en plein essor, devrait se creuser et pourrait aggraver les tensions sociales.

Il faut s'attendre que les tendances démographiques accentuent encore ces problèmes : à partir de 2015, le vieillissement de la population se soldera par l'augmentation brutale du nombre de retraités, qui représenteront en 2025 20 % de la population (7 % aujourd'hui), soit 300 millions d'individus. Des ressources considérables devront être consacrées à la mise en place d'un système de retraites satisfaisant pour une population âgée, dépourvue d'assurance-vieillesse et de sécurité sociale. La dégradation de l'environnement représente une menace supplémentaire puisque, à l'horizon 2030, l'impact direct de la pollution sur la santé pourrait coûter à lui seul 15 % du PIB chinois[61].

L'Inde

D'ici à 2025, l'Inde devrait normalement maintenir son taux de croissance actuel, oscillant entre 6 % et 8 % par an, ce qui pourrait faire d'elle la troisième ou quatrième puissance économique mondiale, en rivalité avec le Japon. Cette tendance est soutenue par une démographie favorable, des investissements croissants – même s'ils sont encore insuffisants – dans l'éducation et les infrastructures, ainsi qu'une meilleure intégration dans l'économie mondiale[62]. Le PIB par habitant restera malgré tout modeste (à 12 % du niveau de celui des États-Unis – en PPA – en 2020). De fait, environ un tiers de la population indienne, soit 360 millions d'individus, vit toujours dans des conditions d'extrême pauvreté – avec moins d'un dollar par jour –, même si cette proportion ne cesse de se réduire depuis plusieurs décennies. Ces chiffres relativisent les remarquables progrès accomplis par le pays dans certains secteurs économiques et font ressortir les difficultés qui se poseront à l'avenir en termes de développement et d'emploi. Dans ce contexte, il convient également de remarquer que l'Inde, grâce à son importante communauté installée aux États-Unis et dans la région du Golfe, figure parmi les premiers bénéficiaires de transferts de salaires parmi les pays en voie de développement, avec 21,7 milliards de dollars en 2003, soit 3,6 % du PIB[63].

Grâce à sa population jeune et en pleine expansion, l'Inde disposera de quelque 15 millions de travailleurs supplémentaires chaque année pendant les vingt années à venir. Le pays peut puiser dans un vivier sans cesse croissant de scientifiques, de spécialistes des technologies de l'information, de techniciens et d'ingénieurs. Bien qu'inégalement qualifiés (seule une minorité d'entre eux est concurrentielle sur les marchés internationaux), ces travailleurs, tous anglophones, seront le moteur de la croissance indienne.

L'Inde est devenue le numéro un mondial pour la sous-traitance internationale des activités de service liées aux technologies de l'information, concentrant 25 % des activités délocalisées de ce type dans le monde. Dans la mesure où de nombreux pays commencent à peine à délocaliser une partie de leurs services à l'étranger[64], ce secteur est encore appelé à se développer même si son importance ne doit pas être surestimée : il ne recouvre que 3 millions d'emplois et touche avant tout les *softwares*, la maintenance et le traitement de données. De surcroît, le développement technologique du secteur dépend avant tout de l'importation de technologies plutôt que d'innovations issues de la R & D indienne, alors qu'une concurrence croissante est à attendre de la Chine mais également de pays tels la Russie, le Brésil ou les pays d'Europe de l'Est. À l'inverse, le secteur pharmaceutique connaît une croissance continue, fondée sur une capacité de développement de plus en plus autonome. L'Inde réalise 16 % des 48 milliards de dollars produits par le secteur des médicaments génériques et compte le plus grand nombre d'usines pharmaceutiques agréées par la US Food and Drug Administration hors du territoire américain. Les coûts de développement de nouveaux produits génériques, qui peuvent être jusqu'à dix fois inférieurs à ceux atteints aux États-Unis, devraient confirmer la domination de l'Inde dans ce secteur[65].

Malgré tout, l'Inde ne pourra fournir suffisamment d'emplois aux jeunes et réduire sa dépendance vis-à-vis de l'agriculture (22 % du PIB et 55 % de la main-d'œuvre) que si elle parvient à mettre en place un socle industriel solide. Les secteurs les plus prometteurs semblent être l'industrie textile et vestimentaire, la pharmacie, l'aviation civile et les biotechnologies. L'essor du secteur industriel requiert néanmoins l'amélioration préalable des infrastructures du pays, globalement insuffisantes. Les investissements à réaliser dans les infrastructures de transports sont estimés entre 150 milliards et 200 milliards de dollars pour les dix à quinze prochaines années ; les dépenses nécessaires à l'amélioration de l'ensemble des infrastructures pourraient toutefois être beaucoup plus importantes (jusqu'à 100 milliards annuellement d'ici à 2010). Le déficit budgétaire étant déjà élevé, des investissements privés, notamment étrangers, seront indispensables pour financer les grands projets d'infrastructures[66]. Or, dans ce domaine, avec presque 7 milliards d'investissements étrangers en 2025, l'attractivité de l'Inde reste très inférieure à celle de la Chine (72 milliards) et à peine supérieure à celle de l'Indonésie (5 milliards).

L'Inde s'intègre de plus en plus dans les systèmes d'échanges régionaux. En 2004, les nations de l'ASEAN + 3 (la Chine, le Japon, la Corée du Sud) sont devenues, conjointement, les premiers partenaires commerciaux de l'Inde, dont elles représentent 20 % des échanges. L'Union européenne suit de près, à 19 %, tandis que les États-Unis demeurent le premier pays partenaire avec 11 % en 2004-2005 ; la Chine vient en deuxième position, suite à un bond de 80 % du volume d'échanges entre les deux pays sur la même période.

Les autres régions du monde

D'autres pays d'Asie, en particulier la Malaisie, la Thaïlande, l'Indonésie et la Corée du Sud devraient en principe enregistrer des taux de croissance élevés de leur PIB. Une forte croissance est également attendue pour certains États d'Amérique latine tels que le Mexique, le Chili, l'Argentine et le Brésil. En revanche, la plupart des autres régions vont probablement avoir de grandes difficultés à intégrer les marchés mondiaux et risquent d'être marginalisées.

L'Afrique subsaharienne

La part de l'Afrique subsaharienne dans le commerce et les investissements directs étrangers de la planète est tombée à un plancher historique de 2 %, son niveau le plus bas jamais atteint. Parallèlement, le pourcentage de la population vivant avec moins de 1 dollar par jour a atteint le niveau inégalé de 46 % de la population.

Dans la majorité des pays, les taux de croissance économique restent inférieurs à la hausse de 7 % du PIB nécessaire pour atteindre le premier objectif du millénaire fixé par les Nations unies, qui vise à diviser par deux le nombre de personnes pauvres d'ici à 2015[67]. Certes, le continent n'est pas complètement enlisé sur le plan économique. En 2005, la croissance en Afrique subsaharienne s'est hissée jusqu'à 5,2 % (contre une moyenne de 2,3 % dans les années 1990), ce qui est encourageant pour l'avenir. Mais il convient toutefois de replacer cette performance positive dans son contexte. Les effets de cette croissance seront très différents régionalement, essentiellement parce que les marchés sont morcelés et reposent sur de faibles densités de population mais également parce que, au-delà de l'Afrique du Sud et du Nigeria, qui concentrent actuellement 55 % de l'activité économique du sous-continent, les performances économiques des pays africains sont très hétérogènes. D'autre part, en raison de l'expansion démographique, le PIB par habitant en Afrique subsaharienne a en réalité décru de 1,3 % au cours des années 1980 et de 0,3 % dans les années 1990. Même si cette tendance devait s'inverser durablement, il faudra des décennies pour venir à bout de la pauvreté endémique.

En outre, la situation économique des pays riches en ressources naturelles et des pays pauvres en ressources est très différente : en 2005, les nations exportatrices de pétrole, tel le Nigeria, ont enregistré une croissance de 6,4 %, et les pays importateurs de brut de seulement 4,3 %. Nombre de pays riches en ressources naturelles demeurent fortement dépendants de l'exportation de quelques matières premières (pétrole, fer, cuivre, diamants) et ont de grandes difficultés à diversifier leur production vers des produits dynamiques en termes de marché[68]. Les pays non producteurs sont dans une situation encore plus pénalisante, puisque la hausse des cours du pétrole creuse le déficit de la balance courante, alors que le développement du continent est fortement freiné par des infrastructures logistiques insuffisamment développées qui démultiplient les coûts de transport.

L'agriculture en Afrique est fragilisée par une irrigation insuffisante, le manque d'investissements et des conditions environnementales qui se dégradent. La faible productivité des terres agricoles et l'explosion de la démographie devraient provoquer une augmentation notable des importations alimentaires. Concernant l'industrie manufacturière, des progrès sont perceptibles dans certains secteurs comme le textile, mais l'absence d'économies d'échelle et la concurrence accrue des pays émergents risque de réduire les possibilités de croissance. À ces limites s'ajoutent de faibles taux d'épargne et d'investissement et un capital humain insuffisamment exploité. De vastes réformes dans le domaine de l'économie et de la gouvernance seraient nécessaires pour améliorer la situation, mais la capacité des différents États africains à les mettre en œuvre est très variable.

L'Afrique du Sud, qui dispose d'une classe d'entrepreneurs locaux et d'infrastructures bien développées, devrait connaître un développement supérieur aux autres États subsahariens. Les retombées de la croissance sud-africaine pourraient aussi stimuler celles des pays voisins et favoriser le développement de l'ensemble de l'Afrique australe. L'économie sud-africaine est toutefois pénalisée par l'étroitesse de son marché intérieur et son éloignement géographique par rapport aux marchés internationaux. Le fort taux de sida qui touche l'ensemble de la région australe freine également l'essor de celle-ci[69].

Dans l'ensemble – en laissant de côté le problème pressant de la réduction de la pauvreté –, le développement économique de la majorité des pays d'Afrique dépendra essentiellement de leur capacité à attirer les investissements étrangers, à retenir sur place les travailleurs qualifiés, à développer des infrastructures et à recourir aux innovations technologiques. Plus le bilan en matière de gouvernance sera mauvais, plus grand sera le risque que ces pays ne se trouvent marginalisés et ne subissent les contrecoups de la mondialisation.

Toutefois, le fort accroissement de la demande de matières premières offre certaines perspectives de croissance. Dans le secteur extractif, l'Afrique se place au troisième rang mondial des investissements, essentiellement grâce au secteur pétrolier et minéral. Bien que ces chiffres soient à relativiser, puisque l'Afrique du Sud représente encore 48 % du total des investissements réalisés sur le continent dans le secteur des industries extractives, l'émergence de nouveaux investisseurs pourrait relancer les flux commerciaux entre l'Afrique et le reste du monde. L'Asie est ainsi devenue depuis quelques années l'une des principales destinations des exportations africaines (27 % du total), derrière l'Europe (32 %) et les États-Unis (29 %). La demande constante en matières premières devrait accroître ce pourcentage dans les années à venir, en particulier vers la Chine et l'Inde. Inversement, les exportations asiatiques vers l'Afrique ont augmenté de 18 % par an depuis 2001 et les investissements tendent à se diversifier[70]. Aux investissements extractifs traditionnels s'associe désormais le financement d'infrastructures locales, souvent réalisé dans un but stratégique. Ainsi, le Soudan et, à moindre égard, le Nigeria sont les principaux récipiendaires des financements chinois. L'impact de ces investissements sur le développement industriel et technologique de ces pays ne doit pas être sous-estimé, en particulier parce que la Chine tend aussi à investir dans la formation et parce que l'offre chinoise propose une alternative économique, technologique, financière et politique aux investissements occidentaux. À l'inverse, il faut également souligner que cet investissement reste encore marginal (le stock d'IDE chinois n'atteint que 1,1 milliard de dollars début 2006) par rapport à l'investissement déjà réalisé par les pays occidentaux mais également par l'Inde, investisseur traditionnel en Afrique australe. Il est à souligner que l'intérêt croissant des pays asiatiques pour l'Afrique pourrait réduire les incitations aux réformes de la gouvernance, relativisant les retombées potentielles de ces flux émergents.

Le Moyen-Orient et l'Afrique du Nord

Dans cette région très hétérogène, on observe des différences importantes, notamment entre les pays pauvres en ressources naturelles (l'Égypte, la Jordanie, le Liban, le Maroc et la Tunisie), les pays riches en main-d'œuvre et en ressources (l'Algérie, l'Iran, l'Irak, le Yémen et la Syrie) et les États du Conseil de coopération du Golfe (CCG), riches en ressources naturelles et importateurs de main-d'œuvre[71]. Dans l'ensemble, toutes les économies du Moyen-Orient et d'Afrique du Nord ont obtenu des résultats décevants au cours des dernières décennies, avec des taux de croissance du PIB, de la productivité et des investissements très inférieurs à la moyenne mondiale. Il est généralement admis que le modèle économique dominant de la région – reposant sur le secteur public, les revenus pétroliers et le rapatriement des fonds des travailleurs émigrés – n'est pas adapté aux actuels défis de la mondialisation.

Selon la Banque mondiale, la région devrait rééquilibrer ses sources de croissance : du secteur pétrolier vers les secteurs non pétroliers ; des investissements essentiellement canalisés par l'État vers des investissements privés, axés sur le marché ; et des politiques de substitution de productions nationales aux produits importés vers des activités tournées vers l'exportation[72]. Une distinction importante s'impose toutefois entre les pays riches en ressources naturelles et les pays pauvres en ressources. Les premiers ont profité de la flambée des cours du pétrole, qui représente, en moyenne, environ 40 % de leur PIB depuis 2002. Parmi eux, les pays du CCG sont parvenus dans une certaine mesure à exploiter leur rente pétrolière pour moderniser leurs économies et leurs infrastructures ; jusqu'à présent, les tentatives de diversification économique de pays tels que l'Iran et l'Algérie ont moins abouti.

Dans ce sens, les pays de la région devront probablement procéder à des réformes profondes, notamment pour que l'économie puisse répondre à une pression démographique de plus en plus forte. La croissance démographique de la région générera une augmentation considérable de main-d'œuvre, laquelle devrait compter quelque 185 millions de personnes d'ici à 2020. Dans le pire des scénarios, le nombre de chômeurs pourrait passer de 15 millions à 50 millions sur la même période, touchant plus particulièrement les jeunes et les femmes possédant un diplôme intermédiaire ou supérieur. Pour absorber cette main-d'œuvre, les économies du Moyen-Orient et d'Afrique du Nord devraient maintenir des taux d'investissement représentant 30 % du PIB et une croissance du revenu annuel de 6 à 7 % – ce qui est bien supérieur à leur récent bilan[73]. Les pays du CCG eux-mêmes, qui regorgent pourtant de ressources naturelles, pourraient éprouver de grandes difficultés à fournir suffisamment de travail aux jeunes à la recherche d'un emploi (qui constituent près de 25 % de la population).

Il sera de plus en plus difficile aux pays de la région d'accroître les échanges et d'attirer les capitaux étrangers, car ils doivent faire face à une concurrence accrue sur les marchés internationaux, tant du point de vue de la spécialisation (de la part, notamment, des pays candidats à l'UE et de l'Accord de libre-échange nord-américain, ALENA) que de la main-d'œuvre (de la part des pays à forte productivité et bas salaires comme le Bangladesh ou l'Indonésie). Les investissements directs étrangers, qui s'élevaient à 9,1 milliards en 2005 et représentaient 0,9 % des IDE mondiaux (3,8 % des IDE vers les pays en développement), concernent essentiellement le secteur énergétique[74].

La capacité des pays du Moyen-Orient et d'Afrique du Nord à relever ces défis dépendra à la fois des réformes politiques et d'évolutions socio-économiques. Dans nombre de pays, le passage de systèmes économiques protectionnistes, dominés par l'État vers des modèles économiques ouverts et axés sur le marché rencontre encore une forte résistance. Des évolutions positives sont perceptibles au Maroc et en Tunisie, ainsi que dans des États plus petits comme ceux du CCG (en particulier les Émirats arabes unis). Les pays du Golfe persique disposent toutefois d'une ouverture croissante vers l'Asie, avec laquelle le commerce a quadruplé depuis une dizaine d'années. En 2025, la Chine importera trois fois plus de pétrole du Moyen-Orient que les États-Unis, alors que Chine et Inde apparaissent comme des partenaires de sécurité émergents, essentiellement dans les domaines des ventes d'armes et du rétrofit, mais aussi dans le transfert de certaines technologies industrielles. Il demeure toutefois probable que les perspectives économiques de la région restent étroitement liées à l'évolution de la situation politique (en particulier dans le contexte du conflit israélo-palestinien, l'Irak et l'Iran).

La Russie

Entre 2003 et 2005, le taux de croissance du PIB de la Russie a oscillé entre 6,4 % et 7,3 %, le PIB lui-même atteignant 760 milliards de dollars. Les importantes réformes économiques et fiscales adoptées récemment ont permis d'améliorer la gestion des affaires publiques et visent à ouvrir la voie à une croissance durable. Selon certaines projections, le PIB pourrait conserver des taux de croissance élevés au cours des vingt prochaines années, se rapprochant du PIB de la France. La croissance économique reposera sans doute en priorité sur la hausse des prix de l'énergie, qui bénéficie à la Russie puisqu'elle est un exportateur de pétrole et de gaz majeur[75].

Trois paramètres font pourtant douter de la capacité de la région à maintenir des taux de croissance élevés sur une longue période. Premièrement, la croissance de la Russie repose pour une bonne part sur ses exportations énergétiques alors que la diversification économique reste faible et que l'État garde un contrôle total sur le secteur énergétique, ce qui risque de se traduire par une gestion médiocre dudit secteur. Deuxièmement, on estime que des investissements massifs – évalués à plus de 700 milliards d'euros entre 2003 et 2020 – seront nécessaires à l'entretien et au développement des infrastructures énergétiques, investissements qui pourraient ne pas être effectués, du fait de priorités budgétaires différentes et des limites imposées aux financements étrangers dans ce secteur[76].

Troisièmement, la conjoncture n'apparaît guère plus propice aux investissements dans un avenir prévisible. La médiocrité de l'appareil judiciaire et de l'administration publique russes, une application sélective des lois ainsi que de forts taux de criminalité et de corruption risquent de demeurer des obstacles majeurs aux investissements étrangers et à la croissance économique. Les entrées d'investissement en Russie se sont élevées à 9,4 milliards de dollars en 2004, et les stocks cumulés d'IDE par rapport au PIB ne représentent que le cinquième du niveau d'autres pays européens en transition[77]. Le pays affiche en outre l'un des taux d'infections au VIH les plus élevés du monde ; ce phénomène, qui touche en priorité la population jeune, se répercute par conséquent sur la main-d'œuvre disponible et la productivité[78].

3

L'énergie

La question énergétique est devenue depuis quelques années un enjeu majeur pour la plus grande partie des États de la planète. Dans un contexte où la demande croît plus vite que l'offre et où les cours du pétrole et du gaz tendent à être orientés à la hausse, l'accès aux ressources énergétiques donne lieu à une concurrence politique et stratégique grandissante. Des investissements massifs seront nécessaires pour entretenir et développer les infrastructures existantes. Les innovations technologiques seront capitales pour tirer le meilleur parti des énergies renouvelables et des énergies fossiles. Enfin, il devient patent que ces dernières ne sont pas inépuisables et que notre modèle de développement économique atteint les limites de la viabilité écologique.

TENDANCES GÉNÉRALES

• **D'ici à 2025, la demande mondiale d'énergie primaire devrait croître en moyenne d'environ 1,6 % par an.** À l'horizon 2030, les besoins énergétiques pourraient dépasser de plus de 50 % les besoins actuels[79].

• **Les combustibles fossiles (pétrole, gaz et charbon) resteront les principales sources d'énergie primaire de la planète, comptant pour 81 % de la demande.** Le pétrole devrait demeurer la source d'énergie la plus utilisée. Le charbon devrait demeurer la deuxième source d'énergie du fait d'un léger fléchissement de la demande prévisible de gaz. La demande en charbon et en gaz devrait connaître des croissances annuelles assez proches (1,8 % contre 2 % par an sur la période).

• **La part de l'énergie nucléaire devrait reculer dans la plupart des pays industrialisés, mais progresser dans les pays en développement et dans les économies émergentes[80].** Les énergies renouvelables (biomasse exceptée) connaîtront une croissance plus rapide que les autres sources d'énergie, notamment dans les pays de l'OCDE, mais elles ne constitueront toujours qu'une part minime de l'offre mondiale.

• **Les pays en voie de développement compteront à eux seuls pour plus des deux tiers dans l'accroissement de la demande énergétique.** Les disparités régionales demeureront néanmoins importantes, l'Asie affichant une croissance (en volume) bien supérieure à celle de l'Afrique. La demande augmentera également dans la zone OCDE, mais à un rythme inférieur. La dépendance des pays développés et émergents vis-à-vis des importations énergétiques s'intensifiera sensiblement.

• **Les ressources énergétiques seront très probablement en mesure de répondre à la croissance de la demande,** mais l'optimisation de leur exploitation est entièrement tributaire des investissements. En outre, si l'offre et la demande énergétiques sont toutes deux appelées à croître, la première pourrait progresser moins vite que la seconde, ce qui entraînerait une hausse des cours de l'énergie.

Augmentation de la demande énergétique globale

Selon le scénario de référence de l'AIE pour 2006, il est prévu que la demande énergétique mondiale augmente de 53 % d'ici à 2030, atteignant 17 milliards de tonnes équivalent pétrole (tep). Les combustibles fossiles représenteront la plus grande partie de cette hausse (83 %)[81].

L'estimation des cours du pétrole et du gaz sur un long terme reste complexe, du fait des variables techniques, de la disponibilité de ressources encore importantes mais onéreuses à exploiter, de l'appauvrissement des gisements géants capables de répondre aux pics de demande et aussi de l'incertitude de l'environnement international. Toutefois, en dépit des contraintes conjoncturelles, l'Agence internationale de l'énergie (AIE) estime qu'en dollars constants les prix évolueront peu, passant de 50,62 dollars en 2005 à 55 dollars en 2030 pour le pétrole et de 6,55 dollars à 6,92 dollars pour le gaz (moyenne des différents marchés). En valeurs courantes cependant, leur valeur pourrait doubler[82].

La viscosité croissante de l'offre et l'augmentation constante de la demande chinoise devrait conduire cette dernière à influer sur les prix, ce qui jusqu'alors n'était pas le cas. L'AIE estime qu'en 2030, une variation de 1 % de la croissance chinoise entraînerait une variation de 4 % de la demande de pétrole et de 6 % de la demande énergétique mondiale. L'élasticité des capacités de production des pays exportateurs de pétrole risque ainsi de devenir un élément géostratégique déterminant.

Enfin, si la technologie devrait permettre des gains dans le domaine de l'efficience et de l'intensité énergétique, les technologies et les carburants de substitution (biocarburant de seconde génération, cellules gaz/hydrogène, piégeage et stockage du carbone, etc.) ne devraient pas être économiquement viables avant 2020 au plus tôt[83].

Le pétrole

En 2030, la part du pétrole dans la demande énergétique globale devrait décroître très légèrement (32,6 %). Cependant, le pétrole demeurera la première source d'énergie et la croissance de la demande restera soutenue. Entre 2001 et 2005, la demande mondiale s'est accrue de 8,8 % par an, la consommation de la Chine seule faisant un bond de 46 %[84]. Entre 2004 et 2030, la consommation mondiale devrait progresser de 41 %, passant de 82,5 millions de barils/jour (mb/j) à 116,3 mb/j[85]. Les deux tiers de cette hausse concerneront le secteur des transports. Selon la plupart des estimations, le volume des réserves existantes et la découverte de nouveaux gisements permettront de faire face aux besoins pour les dix ans à venir avec une diversification croissante des sources (sables bitumeux, brut extralourd, etc.). Toutefois, en laissant de côté les tensions politiques et les éventuelles perturbations de flux qui pourraient en découler, certains experts craignent que l'offre ne puisse suivre l'accélération de la demande. La découverte de nouveaux gisements pétroliers est en régression et une grande partie de la production mondiale et de la capacité de réserve repose sur quelques gisements géants, situés notamment au Moyen-Orient[86]. Le potentiel des réserves de la Caspienne reste incertain. L'Organisation des pays producteurs de pétrole (OPEP) estime que la production des pays extérieurs à l'Organisation atteindra un palier vers 2015, à 58-59 mb/j, la plus grosse partie du surplus étant fournie par des gisements situés au large des côtes africaines et en Amérique latine[87].

Le gaz

La consommation globale de gaz naturel bondira de 68 %, passant de 2 800 à 4 700 milliards de mètres cubes (m^3) en 2030. Le marché du gaz naturel liquéfié (GNL) devrait se développer encore plus rapidement, la demande croissant de 10 % par an[88]. Les exportations de GNL devraient ainsi passer de 150 000 milliards de m^3 en 2004 à 470 000 milliards de m^3 en 2030 et contribuer à homogénéiser quelque peu un marché du gaz encore très régionalisé. La part du gaz dans la demande énergétique mondiale passera de 21 % en 2004 à 23 %. Le décalage entre la hausse croissante de la demande et l'inadaptation des infrastructures destinées à acheminer l'offre – que ce soit par voie maritime ou terrestre – risquent de provoquer des tensions sur ce marché[89]. La demande globale en gaz des pays en voie de développement et des économies en transition (essentiellement la Russie) est amenée à fortement s'accroître, pour dépasser celle des pays de l'OCDE. L'impact concurrentiel sera néanmoins relatif, puisque la demande de ces pays sera peu concentrée. Ainsi en 2030, la demande chinoise sera encore six fois inférieure à celle des États-Unis et presque cinq fois inférieure à celle de l'Union européenne. Par contre, la croissance de la demande russe et de possibles déficiences dans la progression de sa capacité de production pourraient créer des tensions dans les flux gaziers à destination de l'Europe.

Le charbon

La demande de charbon devrait connaître une forte progression dans les pays en voie de développement et les économies en transition mais également s'accroître dans les économies développées, au détriment de la demande en gaz. Actuellement, les deux tiers de la production de charbon est destinée à la production d'électricité et le charbon est à la source de 40 % de la production électrique mondiale[90]. Du fait de la croissance de la demande électrique, la demande mondiale devrait ainsi passer de 5 558 millions de tonnes (Mt) en 2004 à 8 858 Mt en 2030, et la part du charbon dans la demande mondiale d'énergie devrait progresser de 24 % à 26 % en 2030. Le charbon apparaît de plus en plus comme une solution énergétique économique, partiellement substituable au gaz et au nucléaire tant pour les pays du nord que du sud. Si le charbon demeure une source d'énergie relativement polluante, les nouvelles technologies rendent progressivement son exploitation plus écologique. Ces évolutions technologiques sont d'autant plus nécessaires qu'une part importante de la production électrique des pays en voie de développement (et plus particulièrement celles de la Chine et de l'Inde) reposera sur des centrales à charbon qui produisent environ 20 % de CO_2 de plus que les centrales occidentales pour chaque unité électrique produite[91]. Ce surplus est loin d'être négligeable : en 2005, la demande chinoise s'élevait à 36 % du volume mondial de charbon, en augmentation de 10 % par rapport à l'année précédente. En dépit du progrès technologique, l'impact environnemental de l'utilisation accrue du charbon devrait être significatif et relativiser un peu plus les objectifs du protocole de Kyoto.

Le nucléaire

La part du nucléaire dans la demande mondiale d'énergie devrait chuter de 6,3 % du total en 2004 à 5 % en 2030, avec un pic de production en 2015. La capacité installée n'augmenterait ainsi que de 308 gigawatts (GW) à 416 GW, avec un net recul en Europe (sous réserve de modification des politiques énergétiques), mais une augmentation substantielle en Asie. En 2005, l'énergie nucléaire alimentait 15 % de la production d'énergie électrique mondiale, 22 % de la production des pays de l'OCDE mais seulement 2,1 % de celle des pays en voie de développement, Chine et Inde incluses. La forte hausse de la demande d'électricité, qui pourrait s'accroître de 100 % d'ici à 2030, devrait donc être un puissant incitateur dans la demande d'équipement, d'autant que le caractère peu polluant de l'énergie nucléaire justifie son acquisition. La Chine et l'Inde, entre autres, ont prévu d'investir massivement dans l'achat de nouvelles centrales nucléaires, même si ces dernières ne couvriront qu'une infime partie de leurs besoins énergétiques (le nucléaire ne représentera que 3 % et 6 % de leur production d'électricité respective en 2030, à comparer avec une moyenne de 32 % en Corée et au Japon). La Russie a également annoncé un renouvellement complet de son parc et affirme vouloir augmenter la part d'énergie électrique d'origine nucléaire de 17 % à 22 % du total produit d'ici à 2020. Une telle augmentation induit un accroissement de la capacité de production installée de 3 GW par an et la mise en service d'un nombre de réacteurs avoisinant la centaine d'unités[92]. Même partiellement réalisé, un tel programme fera de nouveau de la Russie un acteur majeur dans le domaine du nucléaire, en particulier à l'exportation. Sur un plan plus général cependant, le nucléaire ne peut être conçu comme une alternative économiquement viable au charbon sur un moyen terme. Il ne serait compétitif avec ce dernier que si les cours du charbon s'envolaient au-delà de 70 dollars la tonne, alors que les prévisions estiment que les cours devraient plafonner à 60 dollars la tonne sur la période étudiée[93].

Dans un contexte d'incertitude sur la sécurité énergétique et sur la maîtrise des émissions de gaz à effet de serre, la Commission européenne a cherché récemment à relancer le débat sur l'investissement dans le secteur nucléaire, mais il va de soi que les décisions en la matière reviennent à chaque État membre de l'UE, dont les politiques diffèrent largement[94]. Cela étant, le souhait exprimé par les États européens de produire une énergie moins polluante et de limiter leur dépendance énergétique à l'égard des fournisseurs extérieurs implique de relancer le débat sur l'option nucléaire[95]. À cet égard, le rapport publié en 2006 par le gouvernement britannique proposant d'accompagner l'investissement dans les énergies renouvelables et d'accroître l'efficacité énergétique par la relance du programme nucléaire est révélateur[96], tout comme la récente déclaration du G-7 (Sommet de Washington, avril 2007), qui présente les énergies renouvelables, les nouvelles technologies du charbon et le nucléaire comme des solutions innovantes pour résoudre les problèmes liés à la sécurité énergétique et aux changements climatiques. Le nucléaire est cependant une option complexe, impliquant une prise de décision longue et incertaine. À titre d'exemple, en Finlande, seul pays européen à construire actuellement une centrale (EPR), onze ans auront été nécessaires pour conduire l'ensemble du processus (1999-2010)[97]. Pour avoir un impact rapide tant au niveau de l'environnement qu'au niveau de la production électrique, la relance du secteur nucléaire devrait donc se faire à brève échéance sur une vaste échelle.

Il est enfin à remarquer que des signaux contradictoires préviennent une évaluation précise du potentiel nucléaire à terme, en particulier concernant le parc dont pourraient disposer les pays en voie de développement. Si la diffusion des centrales nucléaires pourrait être grandement favorisée par un durcissement des critères de Kyoto (la capacité installée pourrait alors avoisiner 519 GW selon certains scénarios), il est aussi à envisager qu'une faillite du TNP remette en cause nombre de transactions vers des pays jugés politiquement incertains.

Les énergies renouvelables et durables

La part de la biomasse dans la demande énergétique mondiale se maintiendra aux alentours de 10 % en 2030. Dans les pays en développement, la biomasse traditionnelle – résultant de la combustion du bois ou du charbon de bois – cédera de plus en plus de terrain aux carburants commerciaux modernes comme l'éthanol, mais sa consommation en termes absolus continuera d'augmenter. Dans les pays industrialisés, la consommation de biomasse continuera à s'accroître en termes absolus même si la biomasse traditionnelle sera remplacée par une biomasse valorisée.

Le pétrole étant essentiellement utilisé dans le domaine des transports (routier, maritime et aérien), la question des biocarburants prendra une importance croissante. De fait, leur production est déjà d'actualité, puisque la production de biodiesels est estimée rentable dès lors que les cours du pétrole franchissent la barre des 60 dollars (90 dollars pour les éthanols). Des incitations fiscales et des restrictions normatives liées aux carburants, aux véhicules et à l'agriculture permettent de favoriser le développement de ce type d'énergie. À terme, la production mondiale de biocarburants (éthanols et biodiesels) devrait atteindre 145,7 millions de tep en 2030 (15,5 en 2004). À titre de comparaison, la production pétrolière devrait alors atteindre

**Demande d'énergie primaire
dans les économies émergentes et en développement
en millions de tonnes équivalent pétrole**

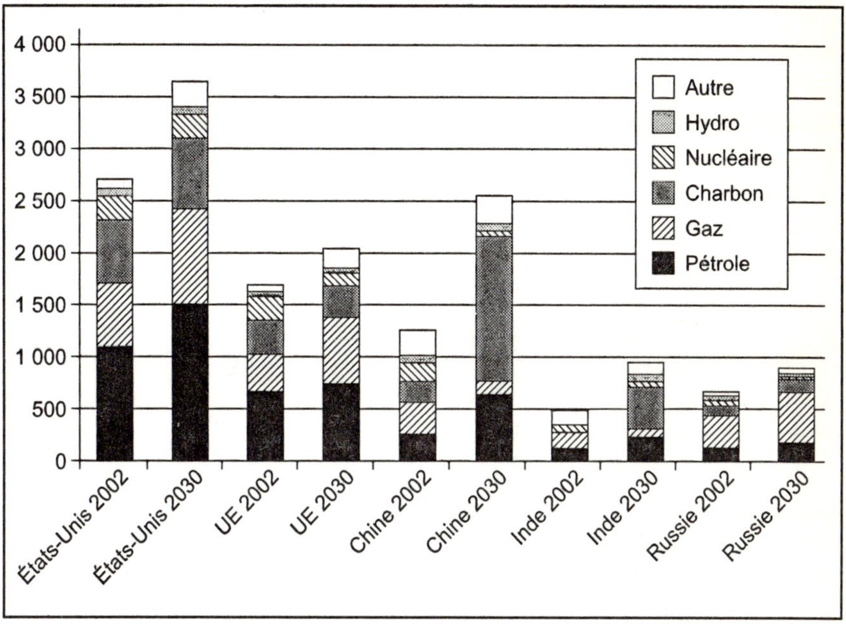

Source : Agence d'information sur l'énergie, International Energy Outlook 2006, *département américain de l'Énergie, juin 2006.*

5 575 millions de tep. Si le Brésil, les États-Unis et l'UE devraient être les principaux producteurs, les pays en voie de développement pourraient également bénéficier de l'émergence de ce marché, les pays industrialisés ne pouvant probablement pas assurer l'intégralité de la demande.

L'énergie hydraulique est la principale source de production d'électricité par énergie renouvelable. Si la capacité de production hydroélectrique de l'Union européenne et des États-Unis a pratiquement atteint son maximum, ce type d'énergie permettra à la Chine d'alimenter une part essentielle de sa production électrique, loin devant le nucléaire. L'Amérique latine, l'Inde et, dans une moindre mesure, l'Afrique recèlent un potentiel encore inexploité. Le recours au solaire et à l'éolien croîtra rapidement (+ 365 % entre 2002 et 2030), en particulier dans les pays développés, mais aussi dans les pays émergents et les pays pauvres. La part de ces énergies renouvelables dans la consommation mondiale d'énergie primaire restera toutefois modeste, à 2 % en 2030. Dans l'ensemble, biomasse exceptée, la proportion des énergies renouvelables et durables (énergie hydraulique, biocarburants, énergie solaire et éolienne, etc.) devrait représenter 8 % de la consommation énergétique de la planète. La biomasse traditionnelle comptera encore pour 6 % de la consommation énergétique totale.

La dépendance énergétique

Mus par la croissance démographique et économique, l'urbanisation et l'industrialisation, les pays en voie de développement représenteront plus des deux tiers de la hausse de la demande énergétique mondiale. Du fait de l'explosion de la demande asiatique (et plus particulièrement des demandes chinoise et indienne), la consommation en pétrole et en charbon du monde en développement devrait être multipliée quasiment par deux et sa consommation de gaz quasiment par trois. L'accroissement de la demande énergétique sera moins marquée dans la zone OCDE. Cependant, en 2030, les pays développés devraient encore consommer davantage de pétrole (55,1 contre 51,3 mb/j) et de gaz (1994 contre 1 763 milliards de m^3) que les pays en voie de développement. Cela vaut également pour l'énergie nucléaire (2 083 millions de kilowatts/heure contre 675 en 2025), malgré le recul prévu de la consommation dans la plupart des pays du nord. Seule la consommation de charbon sera supérieure dans les pays en développement (5 647 Mt contre 2 735 Mt in 2030).

L'augmentation de la production d'énergie primaire s'observera presque uniquement dans les pays non-membres de l'OCDE (le Moyen-Orient, la Russie, l'Amérique latine, l'Afrique). Aux États-Unis, la production nationale de pétrole est en recul constant (de 5,1 mb/j en 2005 à 4 mb/j en 2030[98]), mais la production de gaz devrait s'accroître, alors qu'en Europe les ressources pétrolières off shore s'épuisent rapidement. D'autres pays développés et émergents ne disposent pas de ressources substantielles (en dehors du charbon). Du fait de ces tendances et de la demande accrue d'énergie, les exportations d'hydrocarbures des pays en

Sources d'approvisionnement en pétrole pour les États-Unis, l'UE et la Chine en millions de barils par jour

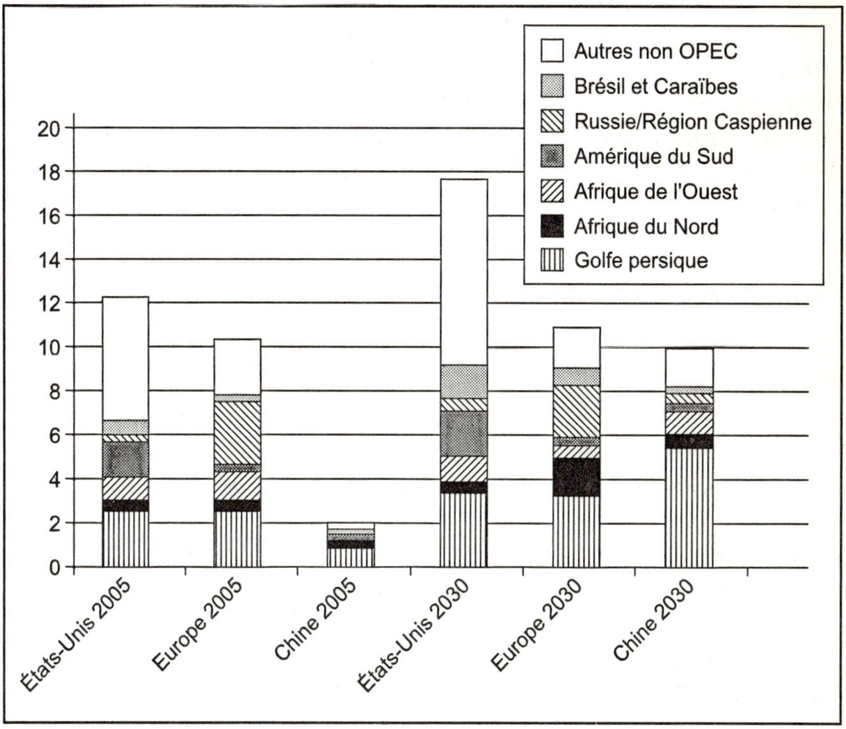

Source : Agence d'information sur l'énergie, International Energy Outlook 2006, *département de l'Énergie des États-Unis, juin 2006.*

développement vers les pays développés et émergents augmenteront sensiblement, alourdissant leur dépendance énergétique. À l'horizon 2025, l'Europe devrait être tributaire des importations pour 90 % de ses besoins en pétrole et 80 % de son gaz. Ces proportions pourraient atteindre respectivement 94 % et 84 % en 2030[99]. La dépendance sera moindre mais restera importante pour les États-Unis, qui importeront 65 % de leur pétrole en 2020 et jusqu'à 70 % en 2030 (contre 47 % en 2004). La dépendance indienne aux importations pétrolières devrait fortement s'accroître entre 2005 et 2030, passant de 69 % à 87 % et celle de la Chine de 46 % à 77 %. À l'horizon 2030, l'Inde et la Chine devront importer respectivement 40 % et 27 % de leur gaz[100].

Ces déséquilibres conduiront les pays importateurs à diversifier leurs fournisseurs, et les États exportateurs seront mieux à même de sélectionner leurs clients. Dans un cas comme dans l'autre, la réussite de ces stratégies dépendra, entre autres, des infrastructures existantes, mais, en tout état de cause, les pays importateurs souffriront d'une concurrence accrue pour garantir leurs approvisionnements. Il n'en reste pas moins que la dépendance est réciproque et que l'essor économique et la stabilité politique d'un grand nombre de pays producteurs reposent fortement sur les exportations d'énergie, induisant une relative stabilité de l'offre sur un long terme.

Des investissements insuffisants

Les investissements en infrastructures pour répondre à la demande croissante d'énergie se chiffreraient au total à 20 000 milliards de dollars jusqu'en 2030 (8 200 milliards de dollars dans le pétrole et le gaz, 800 milliards de dollars dans le charbon et 11 000 milliards de dollars dans la production d'électricité). Reste à savoir si les investissements nécessaires pourront être réalisés à temps pour éviter un goulot d'étranglement de l'approvisionnement puisque, en termes réels, les investissements réalisés en 2005 n'étaient supérieurs à ceux réalisés en 2000 que de 5 %[101]. Le remplacement des infrastructures existantes absorbera la plus grande partie des investissements prévus pour le secteur énergétique – aux alentours de 51 %. Des investissements considérables devront également être consacrés au transport maritime – qui devrait croître de plus de 93 % au cours des vingt-cinq prochaines années sur le seul plan de la capacité des pétroliers[102] – et au raffinage du pétrole, en particulier pour répondre à la demande des vastes marchés naissants. Dans le secteur du gaz, les investissements en infrastructures devraient ajouter près de un million de kilomètres au réseau de gazoducs actuel, qui s'étend sur 1,1 million de kilomètres, et la capacité des transports maritimes devrait doubler. Les investissements dans les gaz naturels liquéfiés (GNL) devraient s'accroître remarquablement et atteindre 70 milliards de dollars en 2010, doublant la capacité mondiale de production de GNL. Par rapport à ces objectifs ambitieux, le sous-investissement prévisible est susceptible d'entraîner de futures pénuries, autant dans les domaines gaziers que pétroliers[103].

Par ailleurs, le peu de progrès accomplis dans la découverte et l'exploitation de nouvelles réserves poussent certains experts à redouter un déséquilibre entre l'offre et la demande entre 2015 et 2020. Des investissements massifs seraient nécessaires dans les régions orientales et arctiques de la Sibérie mais aussi au Canada, au Venezuela et en Afrique. Étant donné l'accroissement de la demande énergétique, les investissements s'orienteront sur les projets les plus directement rentables. Les pays en développement dépourvus de ressources naturelles risquent d'être incapables d'attirer les investissements étrangers nécessaires au renouvellement de leurs propres infrastructures. Sur les 47 pays les plus pauvres du monde, 38 sont des importateurs nets de pétrole et 25 importent la totalité de leurs besoins en pétrole. Conjuguée à un risque d'instabilité politique ou à la rigidité des marchés nationaux (voire les deux), l'insuffisance des investissements risque fort d'entraîner de graves problèmes d'approvisionnement dans certains de ces pays. Selon les Nations unies, l'accès restreint à l'énergie pourrait devenir l'un des obstacles majeurs à l'essor des pays en développement[104].

Le nationalisme énergétique risque de constituer une autre forme d'obstacle à l'investissement[105]. Selon l'AIE, environ 57 % des réserves de pétrole mondiales sont inaccessibles aux entreprises étrangères, la priorité étant accordée aux sociétés nationales. Ces dernières sont en situation de monopole en Arabie saoudite, au Koweït et au Mexique, qui détiennent 35 % des réserves prouvées de pétrole. De plus, les marchés anciennement libéralisés, tels que le marché sud-américain, se voient de plus en plus souvent fermés par les pouvoirs publics ; l'État intervient ainsi de façon croissante en Russie, au Venezuela, en Bolivie et en Équateur. En Amérique latine, l'énergie est considérée comme un moyen de développement (Bolivie, Équateur et Argentine), mais aussi comme un vecteur pour faire contrepoids à la présence écrasante des États-Unis et de certaines entreprises étrangères (au Venezuela et en Bolivie notamment). Ces tendances récentes impliquent qu'une part non négligeable des investissements puisse être détournée du secteur énergétique, ce qui entraînerait un amoindrissement des capacités de production actuellement anticipées. Parallèlement, l'arrivée de nouveaux acteurs, telles les entreprises chinoises, exacerbe encore davantage la concurrence entre les compagnies énergétiques et accroît en conséquence les coûts d'accès aux nouveaux gisements de pétrole et de gaz.

Enfin, les propositions de cartellisation du marché du gaz, activement soutenues par la Russie depuis 2001, jettent une ombre sur ce marché. Les principaux pays producteurs (Russie, Iran, Qatar, Algérie, Arabie saoudite), déjà membres du Forum des pays exportateurs de gaz (qui réunit 73 % des réserves mondiales et 41 % de la production) ont fait preuve de leur intérêt. L'impact d'une telle organisation sur les cours du gaz et son rapport avec les grandes puissances consommatrices (États-Unis, UE et à moindre égard Chine) reste difficile à évaluer, autant parce que les intérêts des pays producteurs sont très divers (en terme de contrats et d'investissement mais aussi d'instrumentalisation de la ressource) que parce que les grands consommateurs pourraient interférer avec une telle tentative. Par ailleurs, la multiplication des projets d'oléoducs et de gazoducs autour de la Caspienne et de la mer Noire risque, à terme, de faire exploser le monopole gazier russe et de profiter aux pays consommateurs. Toutefois, la politique de dumping du russe Gazprom, l'absence de solidarité des pays consommateurs, l'existence d'une vaste infrastructure déjà constituée, le maintien de contrats de long terme établis entre Gazprom et les différents producteurs, et la prise de contrôle d'infrastructures en Asie centrale et en Europe orientale laissent à la Russie une confortable marge de manœuvre et lui assureront probablement le quasi-monopole du transit de la Caspienne et l'Asie centrale vers l'Europe durant plusieurs décennies.

LES DIFFÉRENCES RÉGIONALES

Les grands exportateurs d'énergie

Le Moyen-Orient et les pays de l'OPEP

Le Moyen-Orient continuera de jouer un rôle crucial dans l'offre énergétique mondiale. Les réserves de pétrole dans la région sont les plus importantes de la planète et pourraient encore durer plus de soixante-dix ans ; elles sont également de grande qualité et facilement exploitables[106]. Le Moyen-Orient produit à l'heure actuelle 28 % du pétrole mondial. Cette part devrait culminer à 38 % d'ici à 2030. À cette date, la production de pétrole dans l'ensemble de la région Moyen-Orient et Afrique du Nord (Algérie et Libye) devrait s'être accrue de 61,3 % (de 26,8 mb/j à 43,7 mb/j) et celle de gaz devrait avoir triplé pour atteindre 900 milliards de m^3. De plus, le Moyen-Orient dispose de gigantesques réserves prouvées de gaz naturel qui pourraient encore durer deux cent quarante-cinq ans au rythme d'extraction actuel[107]. Environ 50 % de la demande de pétrole de la Chine et de l'Inde est assurée par le Moyen-Orient, qui devrait également devenir un fournisseur majeur de gaz, en particulier si le projet (très controversé) de gazoduc terrestre les reliant à l'Iran à travers le Pakistan était mené à son terme. La diffusion des techniques de GNL devrait également permettre aux régions asiatiques d'importer du gaz du Moyen-Orient.

L'Arabie saoudite détient les plus importantes réserves de pétrole de la planète et en restera le plus gros exportateur. On note cependant un fléchissement entre les estimations d'accroissement de production entre 2005 et 2030, réalisées par l'AIE en 2006 (72 %) et celles réalisées en 2007 (63 %). Un fléchissement de la capacité de production saoudienne pourrait impliquer une diminution de sa capacité de réserve (actuellement de 1,2 mb/j), induisant une plus grande viscosité de l'offre, en particulier en cas de pic de demande. Les conséquences ne sont pas négligeables au niveau des cours. Il est à noter enfin que les exportations saoudiennes vont progressivement se réorienter vers l'Asie, au détriment des États-Unis et de l'Europe. En parallèle, l'Arabie saoudite devrait devenir une puissance gazière, puisqu'elle dispose des quatrièmes réserves prouvées de gaz naturel de la planète, avec 6 700 milliards de m^3 derrière la Russie (48 000 milliards de m^3), l'Iran (28 000 milliards de m^3) et le Qatar (26 000 milliards de m^3). Sa production de gaz passera probablement de 60 milliards de m^3 en 2003 à 155 milliards de m^3 en 2030.

L'Irak possède l'une des plus grandes réserves de pétrole du Moyen-Orient. L'AIE prévoit que l'Irak connaîtra « l'un des taux d'accroissement les plus rapides de la production, et la plus forte hausse en volume après l'Arabie saoudite » (+ 233 % de hausse de la production d'ici à 2030). Des études très récentes laissent présager l'existence de réserves pétrolières deux fois plus importantes que celles estimées jusqu'alors, grâce à l'identification de nouveaux gisements situés dans l'ouest du pays. La production irakienne pourrait, dans des conditions d'investissement et de sécurité améliorées, croître rapidement, jusqu'à 4 mb/j dans les cinq ans. À plus long terme, elle pourrait offrir une capacité de réserve appréciable pour l'économie mondiale. La rapidité de la reprise de la production en Irak dépend évidemment de la vitesse du processus de normalisation, qui peut difficilement être évalué dans l'état actuel des choses. Dans des conditions optimales, la production de gaz naturel devrait connaître elle aussi une remarquable progression, passant de 2 milliards de m^3 en 2003 à 32 milliards de m^3 en 2030.

L'Iran détient de gigantesques réserves de pétrole et devrait accroître sa production de 50 % d'ici à 2030. La moitié du pétrole iranien est actuellement exportée vers l'Europe, tandis que le reste est destiné à l'Asie (Corée du Sud, Japon et Chine). La production de gaz devrait augmenter régulièrement, passant de 78 milliards de m^3 en 2003 à 240 milliards de m^3 en 2030, essentiellement grâce à l'exploitation du gisement géant de South Pars. Le gaz iranien devrait être exporté vers l'Europe et l'Asie, par le biais de nouveaux gazoducs prévus ou à l'étude et du GNL.

Les autres États du Golfe, quoique plus petits, détiennent aussi d'appréciables réserves d'énergie. Le Koweït et les Émirats arabes unis (EAU) pourraient quasiment multiplier par deux leur production de pétrole, atteignant respectivement 4,9 et 5,2 mb/j. La production devrait être exportée avant tout vers la région Asie-Pacifique et le Japon. Les EAU sont également un important producteur de gaz avec 44 milliards de m^3 en 2004 et des réserves prouvées s'élevant à 6 100 milliards de m^3 (à peu près égales à celles de l'Arabie saoudite). Le Qatar dispose des troisièmes réserves de gaz du monde (26 000 milliards de m^3) et devrait accroître sa production de façon spectaculaire, passant de 41 milliards de m^3 en 2004 à 255 milliards de m^3 en 2030 (soit 30 % de la production totale du Moyen-Orient), avec une proportion croissante de GNL.

Grands producteurs mondiaux de pétrole*
et état de leurs réserves

Pays	Production 2005 (millions de barils par jour)	Production 2030 (millions de barils par jour)	Réserves en 2005 en milliards de barils et pourcentage du total mondial **
Arabie saoudite	10,6	17,3	264,2/22 %
EAU	3	5,1	97,8/8,1 %
Koweït	2,1	4	101,5/8,5
Irak	1,8	6	115/9,6 %
Iran	4,2	6,3	137,5/11,5 %
Amérique latine (non OPEP, Mexique non compris)	3.8	5,9	103,5/8,6 %
Mexique	3,3	3	13,7/1,1 %
Venezuela (OPEP)	2,1	3,9	79,7/6,6 %réserves en bitumeux et brut extralourd 270 ***
Russie	9.2	11.1	74,4/6,2 %
Asie	6,8	5,8	40,2/3,4 %
Afrique	9,6	12,2	114,3/9,5 %
États-Unis	5,1	4	29,3/2,4 %
Canada	1,4	0,8 (production de bitumeux : 3,7 mb/j ****)	16,5/1,4 %
OCDE Europe	4,8	1,5	16,2/1,3 %

Sources : * *International Energy Agency*, World Energy Outlook 2006.
** BP 2006.
*** *EIA country Analysis, Venezuela, septembre 2006.*
*****AEO 2007.*

Le Venezuela restera le premier producteur de l'OPEP en dehors du Moyen-Orient, suivi du Nigeria, de la Libye et de l'Algérie. L'évolution politique actuelle du pays limite le réinvestissement de la compagnie nationale (PdVSA) et pourrait repousser les investissements étrangers, induisant une réduction des marges de progression de la capacité de production. Il est à noter toutefois qu'en 2005 le Venezuela demeurait encore l'une des zones d'investissement international prioritaires en Amérique latine, en dépit du durcissement des relations entre le gouvernement vénézuélien et les compagnies pétrolières étrangères. Selon PdVSA, d'ici à 2010 la production du Venezuela pourrait passer de 3 à 5mb/j, si un climat favorable à l'investissement devait se rétablir. Les estimations internationales sont toutefois nettement plus mesurées puisque ce volume n'est même pas envisagé à l'horizon 2030 par l'AIE (4,3 mb/j en 2030[108]).

La production du Nigeria pourrait doubler et atteindre 4 mb/j en 2020. Les États-Unis se montrent très intéressés par le pétrole nigérian, en raison de sa qualité et de l'absence de goulot d'étranglement maritime entre les deux pays. Parallèlement, l'Angola, qui a adhéré à l'OPEP en janvier 2007, est un fournisseur important de la Chine et des États-Unis. Sauf découverte de nouvelles réserves, la production devrait atteindre un pic vers 2011 à 2,6 mb/j, quoique certaines expertises envisagent une production de 3,2 mb/j en 2020. De son côté, la Libye tend à devenir un autre fournisseur important, avec une production qui devrait monter à 3 mb/j en 2015[109]. En Algérie, la production de pétrole devrait fléchir vers 2020. À l'inverse, la production de gaz, qui est actuellement la plus importante de tous les pays de l'OPEP (88 milliards de m^3 en 2003) sera multipliée par deux, l'Europe étant sa principale destination. L'emploi du gaz naturel liquéfié et la construction d'un troisième gazoduc à destination de l'Europe devrait accroître le volume des exportations (144 milliards de m^3 en 2030). Les réserves de gaz algérien se chiffreraient à 4 600 milliards de m^3 [110].

Les pays extérieurs à l'OPEP

Russie et région Caspienne

L'offre énergétique hors OPEP devrait également poursuivre sa croissance, au moins jusqu'à 2015, la Russie et la région de la Caspienne jouant un rôle particulier. La Russie détient environ 6 % des réserves mondiales de pétrole, essentiellement en Sibérie orientale (les réserves prouvées devraient durer dix-neuf ans et les réserves recouvrables deux à trois fois plus longtemps). La production de pétrole pourrait s'accroître de 22 %, passant de 8,5 mb/j en 2003 à plus de 11 mb/j en 2030. Toutefois, en raison de son déficit d'infrastructures et d'investissements, il semble peu probable qu'elle puisse maintenir durablement de tels taux de croissance[111]. D'ailleurs, selon certaines sources officielles, le pic de production du pétrole russe pourrait être atteint beaucoup plus tôt[112]. En 2025, l'Asie du Nord-Est devrait être l'une des principales destinations du pétrole russe.

Par ailleurs, la Russie est le premier exportateur de gaz du monde, avec des réserves estimées à 48 000 milliards de m^3. La production de gaz (608 milliards m^3 en 2003) devrait doubler d'ici à 2030, et les destinations des exportations se diversifier, de l'Europe vers l'Asie. Mais l'offre ne pourra s'accroître que si des investissements suffisants sont réalisés. Trois des quatre principaux champs gaziers en activité connaissent une décroissance de production annuelle de 20 milliards de m^3 par an. Un quatrième, récemment mis en exploitation, a déjà atteint son pic de production, à 100 milliards de m^3 par an. D'autre part, l'exploitation de nouvelles zones requiert des investissements importants (17 milliards de dollars par an jusqu'à 2030) que Gazprom, tourné vers l'acquisition d'infrastructures extérieures, n'est pas en mesure de réaliser[113]. On estime que le secteur énergétique dans son ensemble – y compris l'exploration, le développement et la maintenance des infrastructures énergétiques (nucléaire, thermique, électrique, charbon, gaz et pétrole) – exigera l'investissement d'environ 715 milliards d'euros entre 2003 et 2020. La disponibilité de volumes financiers aussi substantiels dépendra fortement de l'ouverture réelle de l'économie russe dans son ensemble, de la crédibilité du gouvernement en place et de la confiance des investisseurs étrangers dans la stabilité politique et économique de la Russie[114].

Le potentiel du bassin de la Caspienne suscite de grandes espérances. Les réserves actuelles de pétrole de la région sont estimées entre 17 milliards et 44 milliards de barils (dont plus de la moitié au Kazakhstan), et celles de gaz se monteraient à 6 400 milliards de m^3 (essentiellement au Turkménistan et au Kazakhstan). Une grande partie de ces ressources n'a pas encore été exploitée, et le volume de réserves probables mais non prouvées serait relativement important. Par ailleurs, l'ouverture de l'oléoduc BTC a permis de relancer la production en offrant des débouchés à l'Azerbaïdjan et au Kazakhstan, mais le développement des capacités de production de la Caspienne reste conditionné à la modernisation des infrastructures de production et de transit ainsi qu'au maintien des investissements réalisés dans l'exploration des ressources. La production azérie devrait néanmoins rapidement atteindre un pic pour ne produire environ qu'un million de barils par jour d'ici à 2030 alors que la production kazakhe pourrait s'élever à 3,5 mb/j dès 2015[115].

L'Afrique subsaharienne

Certains pays d'Afrique accroîtront considérablement leur capacité de production. La production des pays producteurs non OPEP pourrait atteindre 4,3 mb/j en 2025, la plus grande partie de la hausse étant fournie par des gisements au large des côtes d'Afrique de l'Ouest. Les réserves prouvées de pétrole en Afrique s'élèvent à 114 milliards de barils (environ 10 % des réserves mondiales), mais tombent à environ 63 milliards si l'on exclut l'Algérie et la Libye de ce total. Les exportations de pétrole africain représentent déjà 28 % des importations chinoises et 18 % des importations américaines. Conséquence de la diversification de la demande américaine, en particulier à l'égard du Moyen-Orient, ces dernières pourraient monter jusqu'à 25 % d'ici à 2015.

La production cumulée de pétrole africain (OPEP et hors OPEP) pourrait sans problème répondre à la demande prévue du continent (environ 5 mb/j en 2030), mais la médiocrité des infrastructures de transport intercontinental et une demande extérieure pressante éloignent cette perspective. L'accès à l'énergie restera donc l'un des principaux freins au développement. De plus, la hausse du cours du pétrole aura vraisemblablement des conséquences négatives sur la croissance des pays non producteurs[116].

Le Canada et le Brésil

Ces deux pays deviendront des producteurs importants. Le Brésil devrait produire 4,6 mb/j d'ici à 2030, essentiellement pour sa consommation intérieure. Parallèlement, le maintien des cours du pétrole élevé devrait permettre au Canada de développer l'extraction de sables bitumeux et de produire entre 3,7 et 4,8 mb/j en 2030.

Les principaux importateurs d'énergie

L'Union européenne

La demande énergétique de l'Union européenne continuera à croître (d'environ 15 %) d'ici à 2030, mais à un rythme moins élevé que par le passé et moindre que celui des États-Unis[117]. La dépendance vis-à-vis des importations énergétiques s'intensifiera pourtant (passant de 50 % actuellement à 70 % en 2030). 90 % du pétrole et 80 % du gaz seront importés en 2025. L'OPEP, et en particulier l'Arabie saoudite, l'Iran, l'Irak et l'Algérie devraient continuer à fournir environ la moitié des besoins en pétrole de l'UE (actuellement 45 %), le reste provenant de Russie et de Norvège. Les importations de gaz viendront essentiellement de Russie (60 %), suivie de l'Algérie et de la Norvège. L'emploi grandissant du GNL pourrait contribuer à la diversification des importations de gaz, avec certains fournisseurs comme le Qatar et l'Égypte.

L'envolée des prix de l'énergie a modifié les projections réalisées jusqu'alors sur le futur bouquet énergétique européen. La part du pétrole dans la consommation totale d'énergie devrait ainsi décroître jusqu'à 33,8 % en 2030 (38,4 % en 2000). Fait encore plus remarquable, les tendances respectives de la consommation de gaz et de charbon – en hausse pour le gaz, à la baisse pour le charbon – pourraient s'inverser entre 2020 et 2030. Les pays membres dont la production électrique dépend encore fortement du charbon (Allemagne, Hongrie, Italie, Pays-Bas et Espagne) tendent d'ailleurs désormais à réorienter l'investissement dans ce domaine plutôt que dans le gaz. Ainsi, le charbon représentera 2/3 des futures capacités devant être créées en Allemagne[118]. La Commission européenne prévoit que, après avoir atteint son maximum en 2020, la part du gaz marquera un léger fléchissement (de 28,1 % en 2020 à 27,3 % en 2030), alors que le recours au charbon augmentera (de 13,8 % à 15,5 %). L'Union restera néanmoins le second consommateur mondial de gaz (726 milliards de m^3), à quasi-égalité avec les États-Unis, loin devant la Chine ou l'Inde. La proportion des énergies renouvelables pourrait atteindre 20 % en 2020 (5,8 % en 2000) et la production de biomasse atteindre 142 millions de tep. Quant à l'énergie nucléaire, les prévisions actuelles s'attendent encore à un recul (de 14,4 % en 2000 à 11,1 % en 2030[119]).

En 2004, la production d'électricité dans l'Union européenne a principalement fait appel au nucléaire (31 %) et au charbon (29 %), le gaz, les renouvelables et le pétrole jouant un rôle moins important, avec respectivement 19 %, 15 % et 4 %. La production d'électricité devrait croître de 51 % d'ici à 2030. Le gaz devrait représenter la majeure partie de cette progression, sa part dans la production d'électricité étant multipliée par deux. Cette tendance pourrait toutefois être moins forte si les craintes d'une trop grande dépendance énergétique à l'égard du gaz devait se confirmer, incitant les divers États membres à privilégier la filière charbon. Inversement, une plus grande rigueur dans la délivrance des certificats d'émission de CO_2 pourrait inciter l'industrie à privilégier la filière gaz, notamment si les coûts se révélaient inférieurs à ceux nécessaires à la mise en œuvre de technologies propres pour le charbon. Les énergies renouvelables pourraient représenter plus de 28 % de l'ensemble de la production d'électricité en 2030, et la part du nucléaire devrait tomber à 19 %, malgré le regain d'intérêt montré par certains États membres et la Commission européenne à son égard. Un investissement de 625 milliards d'euros sera nécessaire pour satisfaire la demande d'énergie – la moitié de ce montant pour remplacer les infrastructures existantes et le reste pour développer les énergies renouvelables. Un effort particulier sera également porté sur un renforcement de l'efficacité énergétique, afin d'économiser 20 % d'énergie d'ici à 2020[120].

Concernant les biocarburants, la Commission avait fixé à 5,75 % la part de marché des biocarburants sur le marché des carburants pour 2010 (2 % actuellement[121]). L'envolée des cours des énergies fossiles et les inquiétudes sur la sécurité énergétique de l'Union a conduit cette dernière à réévaluer ses objectifs : les conclusions de la présidence du Conseil européen de mars 2007 fixent à 10 % la part des biocarburants dans les transports, objectif conditionné au développement des carburants de seconde génération pour 2020. Toutefois, la Commission « estime [...] qu'il est peu probable que l'objectif de la directive sur les biocarburants pour 2010 soit atteint », la moyenne européenne plafonnant probablement à 4,2 %[122]. En terme agricole enfin, la Commission estime qu'entre 4 et 13 % des surfaces agricoles européennes seraient requises pour remplir les objectifs de 2030[123]. L'augmentation de la part des renouvelables pourrait permettre une réduction des émissions de gaz à effet de serre de 209 Mt équivalent CO_2. Les coûts induits de ces choix industriels restent actuellement mal chiffrés.

Dans le domaine des énergies fossiles, la question de la dépendance et de la sécurité énergétique est devenue une priorité stratégique. De fait, l'Union se propose de contrôler son environnement énergétique de façon plus ambitieuse et, par la constitution d'une politique énergétique européenne, de garantir un « approvisionnement sûr à un prix abordable », en unifiant le marché européen ainsi que la position des pays membres afin d'accroître leur poids en tant que consommateurs. L'UE propose également de stabiliser le marché « en étendant son [...] marché de l'énergie à ses voisins pour former une zone de réglementation commune ayant des règles similaires dans les domaines du commerce, du transit et de l'environnement[124] ». Dans le même temps, l'UE souhaite établir des relations bilatérales avec les producteurs, notamment la Russie, l'Algérie, la Norvège, les pays de transit et aussi la Turquie et l'Ukraine ainsi que les grands consommateurs (États-Unis, Japon, Chine et Inde). La sécurité énergétique pourrait d'ailleurs être inscrite dans la clause de solidarité d'un futur traité de réforme de l'UE.

Les États-Unis

La consommation énergétique s'accroîtra plus rapidement aux États-Unis que dans n'importe quel autre pays de l'OCDE (+ 31 % entre 2005 et 2030). La consommation de pétrole devrait augmenter de 30 % (à partir d'une production de 20,75 mb/j en 2005), et la consommation de gaz naturel de 19 % (à partir de 622,4 milliards de m^3 en 2002). Comme toutes les économies parvenues à maturité, les États-Unis devront accroître leurs importations. Au total, 32 % de la demande énergétique seront alimentés par l'importation, soit 66 % de la demande en pétrole (47 % en 2004) et environ 20 % de la demande en gaz (contre 4 % aujourd'hui). De surcroît, en raison de la baisse de la production de gaz au Mexique et au Canada, la demande des États-Unis en gaz naturel liquéfié devrait augmenter substantiellement et fortement contribuer au développement de ce marché, le volume d'importation étant multiplié par 7,5 (le

GNL couvrirait 16 % de la demande américaine, soit 127,4 milliards de m^3 en 2030).

Les importantes réserves de pétrole et de gaz dont les États-Unis disposent sur leur territoire (respectivement 21,3 milliards de barils et 17 069,4 milliards de m^3) leur offrent un avantage stratégique par rapport aux autres grands importateurs. La production pétrolière américaine devrait néanmoins décliner de 5,9 mb/j en 2005 à 5,4 mb/j en 2030 et la production gazière devrait connaître un pic de production vers 2022, à 597 milliards de m^3 avant de décliner à 583 milliards de m^3 en 2030. Enfin, la production de charbon devrait connaître une progression annuelle de 1,6 % par an et atteindre 1,7 million de tonnes en 2007. Les États-Unis seront néanmoins importateurs nets de charbon dès la prochaine décennie.

En dépit d'une dépendance croissante à l'égard des importations, une politique de diversification des approvisionnements appliquée de longue date limite cette dépendance à l'égard d'une région particulière, et notamment du Moyen-Orient (à l'heure actuelle, 33 % des importations de pétrole viennent d'Amérique latine, 23 % du Moyen-Orient, 18 % d'Afrique et 16 % du Canada). Le président américain George Bush a déclaré que les États-Unis réduiraient encore davantage leur dépendance vis-à-vis du pétrole moyen-oriental en remplaçant plus de 75 % des importations en provenance de cette région d'ici à 2025. Pour atteindre cet objectif, les États-Unis vont favoriser les énergies renouvelables (d'après les prévisions actuelles, les sources d'énergie alternatives représenteraient 14 % du bouquet énergétique en 2025, alors que le nucléaire ne représenterait plus que 9 à 10 %[125]). L'accent devrait également être mis sur la production de biofuels (avec une capacité de production de 132,5 milliards de litres en 2017, soit environ 20 % de la consommation actuelle) et une réduction de 20 % de la consommation automobile[126]. Parallèlement, les États-Unis tentent d'accentuer la diversification de leurs sources d'approvisionnement. L'importance de l'Afrique et de l'Amérique latine devrait ainsi s'accroître. En 2025, l'Afrique devrait représenter 25 % des importations américaines de pétrole. Le Nigeria, qui fournit déjà 10 % du pétrole aux États-Unis et pourrait devenir une importante source de GNL, devrait y jouer un rôle crucial. Néanmoins, les tentatives actuelles pour accroître les importations de pétrole d'Afrique placeront de plus en plus les sociétés américaines en concurrence avec des investisseurs déjà en place, tels que BP et Total (au Nigeria, au Congo, en Angola et dans le golfe de Guinée), mais aussi avec les entreprises chinoises (déjà présentes au Soudan et en Angola, et qui prospectent de façon intensive dans d'autres parties d'Afrique).

La Chine

La demande énergétique chinoise, qui compte déjà pour 12 % de la demande mondiale, connaîtra une croissance exponentielle dans les prochaines décennies[127]. Entre 2005 et 2030, la demande de pétrole devrait augmenter de 135 % (de 6,5 à 15,3 mb/j), la demande de gaz de 260 % (de 47 milliards de m^3 en 2004 à 169 milliards de m^3), et la demande de charbon de 105 % (de 1 881 Mt en 2004 à 3 867 Mt). Si les réserves nationales peuvent satisfaire les besoins en charbon, le pétrole et le gaz devront être importés. Dans cette perspective, la Chine cherche à réduire sa dépendance à l'égard du Moyen-Orient et de l'Afrique (qui fournissent actuellement plus de 50 % de ses importations de pétrole) par une diversification de ses investissements, en particulier en Iran, au Soudan, dans la région de la Caspienne et en Australie[128]. La Russie pourrait également devenir un fournisseur de gaz, bien que Chinois et Russes soient en désaccord sur les prix, retardant la mise en place du gazoduc nécessaire aux livraisons. La Chine coopère également à la création d'installations portuaires au Pakistan et au Myanmar (ex-Birmanie), qui ouvriront de nouvelles routes énergétiques et lui permettront de projeter sa puissance navale dans l'océan Indien.

Pour maintenir ses taux de croissance actuels, la Chine devra faire passer sa capacité installée électrique de 360 GW en 2002 à 1 220 GW en 2030. Les centrales alimentées au charbon resteront la principale source de production d'énergie (776 GW prévus en 2030), suivies par les centrales à gaz (111 GW). Les 333 GW restants sont censés être fournis par l'énergie hydraulique (200-240 GW), d'autres énergies renouvelables (38 GW) et le nucléaire (35 GW). Nombre d'experts considèrent toutefois que ces prévisions ne sont pas réalistes (en particulier pour l'énergie hydraulique et les renouvelables). Pour atteindre l'objectif de 1 220 GW, la République populaire devrait investir 3 000 milliards de dollars jusqu'en 2030 rien que pour la production d'électricité, ce qui représenterait 15 % du total des investissements mondiaux en énergie. Les prévisions concernant l'énergie hydraulique impliqueraient la construction de l'équivalent du barrage des Trois-Gorges tous les deux ans[129]. Les difficultés d'approvisionnement énergétique, en général, et une limitation de la capacité de production électrique, en particulier, pourraient donc freiner l'expansion économique de la Chine. En tout état de cause, la demande croissante se répercutera de plus en plus sur le prix de l'énergie. Elle pourra aussi entraîner une redistribution des alliances politiques en vue de la maîtrise de l'offre énergétique – les investissements chinois en Asie centrale, en Afrique et au Moyen-Orient bousculant les positions des États-Unis, des pays européens et de la Russie dans ces régions.

L'Inde

Il est prévu que la demande énergétique indienne augmente de 109 % entre 2006 et 2025. Sur la période 2004-2030, la consommation de pétrole va s'accroître de 107 % (à partir de 2,6 mb/j en 2004), et le gaz de 190 % (à partir de 31 milliards de m^3 en 2004). La consommation de charbon fera elle aussi un bond de 131 % (441 Mt en 2004), mais elle sera couverte presque entièrement par la production nationale (10 % des réserves mondiales de charbon se trouvent en Inde). En 2030, le charbon fournira encore 64 % de l'électricité indienne, contre 68 % aujourd'hui. Le taux de croissance de l'énergie nucléaire sera élevé (+ 164 %), et l'on prévoit une capacité de production de 1 346 milliards kWh en 2025, équivalant à une capacité installée de 68 GW (2030). Huit réacteurs nucléaires pourraient s'ajouter aux quinze actuellement en place pour assurer cette production. L'énergie hydraulique, encore largement sous-exploitée (l'Inde dispose d'une capacité installée de 33 GW, cinq fois inférieure au potentiel optimal), devra impérativement être développée pour remplir les objectifs de production à l'horizon 2030. Cela dit, intégralement exploité, le potentiel hydraulique ne contribuerait qu'à 16-19 % de la capacité envisagée en 2030, alors qu'il y contribue actuellement à hauteur de 26 %, ce qui devrait inciter l'Inde à chercher des accords avec les pays voisins, et particulièrement avec le Népal, pour renforcer ses capacités.

Des investissements majeurs en matière d'infrastructures énergétiques sont nécessaires en Inde pour répondre aux besoins prévus. La demande en électricité devrait être multipliée par cinq d'ici à 2030. Cela implique un intense développement de la capacité installée, celle-ci devant passer de 124 GW en 2005 à une fourchette comprise, selon les statistiques indiennes, entre 778 et 962 GW en 2030[130]. Rien que pour la production d'électricité, l'investissement annuel devrait largement dépasser 2 % du PIB jusqu'en 2030. Dans la mesure où la plupart de ces investissements devront venir de l'étranger, la réalisation des objectifs énergétiques (et économiques) de l'Inde dépendra fortement de la capacité du pays à attirer les investisseurs (privés) étrangers.

En tout état de cause, l'Inde dépendra énormément de l'offre énergétique extérieure. Le pétrole compte pour un tiers de la consommation énergétique totale de l'Inde. La production nationale de pétrole, qui couvrait la moitié de la consommation dans les années 1980, ne satisfera plus que 10 % de la demande dans dix ans[131], ce qui justifie une politique de plus en plus active vers l'Asie centrale et vers l'Iran. Environ 62 % des importations de pétrole de l'Inde proviennent de quatre pays : l'Arabie saoudite, le Koweït, l'Iran et le Nigeria. La découverte de nouvelles réserves pourrait permettre à l'Inde de couvrir près de la moitié de sa future demande en gaz. Pour le reste, des impératifs d'ordre politique et géographique poussent l'Inde à investir dans la filière du gaz naturel liquéfié qui, à terme, pourrait couvrir 27 % de la demande nationale. Le plus gros des importations de GNL viendra probablement du Moyen-Orient (notamment du Qatar, d'Oman et du Yémen), mais aussi d'Australie et de Malaisie. L'Inde a par ailleurs signé en 2005 un accord de grande ampleur avec l'Iran pour le gaz, aux termes duquel les importations de gaz naturel liquéfié commenceraient dès 2007 pour une période de vingt-cinq ans – et cela indépendamment du projet de gazoduc reliant l'Iran à l'Inde par le Pakistan (projet auquel les États-Unis s'opposent vigoureusement). Les importations de gaz proviendront également du Myanmar, où des sociétés indiennes ont fait des investissements considérables dans des réserves récemment découvertes, et probablement du Bangladesh, qui possède des réserves de gaz prouvées de 14 000 milliards de pieds cubes. En parallèle, et plus en amont, l'Inde mène une politique d'exploration de nouveaux gisements de pétrole et de gaz sur son propre territoire, encourageant les compagnies occidentales à intervenir ; de nouveaux investissements sont également prévus afin d'augmenter les taux de récupération de pétrole des réserves existantes et d'améliorer le rendement des centrales au charbon.

Outre des accords de diversification passés avec des fournisseurs potentiels, l'Inde mène une stratégie nationale sur plusieurs fronts pour réduire sa vulnérabilité dans le domaine de l'énergie. En premier lieu, l'Inde envisage d'intensifier la part du nucléaire dans sa production électrique. À terme, en 2050, le secteur nucléaire devrait produire entre 20 % et 25 % de l'électricité du pays, mais elle ne devrait encore atteindre que 9 % en 2030. Toutefois, l'absence de réserves nationales d'uranium confrontera l'Inde au dilemme suivant : soit dépendre du marché international pour acheter de l'uranium (les ressources actuelles du pays ne permettraient d'alimenter que dix réacteurs à eau lourde pressurisée) ; soit opter pour la surgénération et le retraitement des combustibles et, à moyen terme, pour le cycle du thorium (l'Inde dispose de 225 000 tonnes de réserves de thorium[132]).

En second lieu, des solutions alternatives sont envisagées afin de réduire les importations de combustibles fossiles : le développement massif des plantations énergétiques pour tirer l'énergie de la biomasse ou l'investissement dans la production de biocarburants, à l'instar du Brésil. L'immense superficie des terres laissées à l'abandon offre à l'Inde des perspectives exceptionnelles[133] de ce point vue. Potentiellement, les énergies renouvelables autres qu'hydrauliques pourraient produire l'équivalent de 90 GW d'ici à 2030. Toutefois, quel que soit l'effort réalisé dans ce type de production renouvelable (mais aussi dans le nucléaire), l'Inde restera extrêmement tributaire des énergies fossiles.

4

L'environnement

L'impact négatif sur l'environnement de modèle de développement industriel actuel est largement reconnu[134]. Selon le groupe d'experts intergouvernemental sur l'évolution du climat (GIEC), il est désormais admis, avec un haut degré de certitude, que depuis la révolution industrielle entamée vers 1850, les activités humaines ont favorisé le réchauffement climatique[135]. L'utilisation des énergies fossiles et les activités de mise en valeur des terres (agriculture, défrichage des forêts, etc.), émissives de gaz à effet de serre (GES), en sont tenues pour essentiellement responsables. La combustion des énergies fossiles représente environ 65 % des émissions, l'agriculture et la déforestation 32 %[136]. Cependant, la perspective d'une solution alternative durable, limitant la dégradation de l'environnement et les émissions de GES, demeure encore éloignée. Les pays développés ne pourront s'orienter que progressivement – dans le meilleur des cas – vers un modèle plus durable, au moyen d'incitations économiques et d'innovations technologiques. En outre, une réduction éventuelle de la pollution dans les pays développés sera plus que compensée par l'accroissement de la pollution dans les pays émergents (notamment l'Asie). La dégradation de l'environnement devrait par conséquent se poursuivre sur toute la planète. Mais la complexité des écosystèmes et la multiplicité des facteurs corrélés qui interagissent sur ces écosystèmes rendent la prévision de leur évolution et l'interprétation des conséquences possibles difficile. C'est notamment le cas du changement climatique et de son interaction avec la pollution.

TENDANCES GÉNÉRALES

• **Du fait du modèle de développement actuel, le réchauffement climatique demeure une tendance lourde qui pourra être atténuée mais difficilement stoppée dans un avenir prévisible.** Selon les estimations les moins pessimistes, même si le volume de gaz à effet de serre pouvait être maintenu au même niveau que celui de l'année 2000, les températures moyennes continueraient à augmenter de 0,1 °C par décennie[137]. Toutefois, si les émissions ne pouvaient être maîtrisées, une aggravation du réchauffement et des phénomènes induits serait à attendre.

• **D'ici à 2025, les températures devraient augmenter en moyenne de 0,4 °C à 1,2 °C,** induisant, selon le GIEC, une évolution des régimes de précipitations régionaux. Localement, les hausses moyennes de températures pourraient être plus importantes. Il est à noter que, quel que soit le type de scénario de croissance retenu par le GIEC, l'accroissement de températures sera sensiblement identique sur la période 2007-2030.

• **L'effet du réchauffement climatique se répercutera avec une plus grande intensité dans certaines zones arides et semi-arides d'Afrique et d'Asie,** où l'environnement a déjà souffert et où les retombées de la pollution sont particulièrement visibles. L'Arctique est également particulièrement vulnérable.

• **À court ou moyen terme, les causes les plus directes de la dégradation de l'environnement seront l'industrialisation et l'urbanisation.** Elles aggraveront la pollution et poseront de plus en plus de difficultés dans les domaines de l'approvisionnement en eau et de la sécurité alimentaire, en particulier dans les pays en développement[138].

Maîtriser les émissions de gaz à effet de serre (GES)

L'un des grands défis pour l'économie mondiale est de parvenir à limiter les émissions de gaz à effet de serre anthropogéniques (causées par l'homme). Le niveau de dioxyde de carbone (CO_2), qui était d'environ 280 parts par million en volume (ppmv) avant la révolution industrielle, est aujourd'hui de l'ordre de 430 ppmv. Selon l'Agence internationale de l'énergie (AIE), la croissance prévue de la consommation énergétique entraînera une augmentation annuelle de 1,6 % des émissions de CO_2 jusqu'en 2030. Les pays industrialisés verraient ainsi passer leurs émissions de 12,7 milliards de tonnes de CO_2 à 15,3 milliards de tonnes en 2030. À cette date, ils seront devancés par les économies en voie de développement, qui pourraient émettre de l'ordre de 18,1 milliards de tonnes de gaz carbonique.

L'adoption de mesures de contrôle environnemental strictes n'est pas sans effet. La croissance des taux de concentration de méthane et d'azote, elle aussi probablement provoquée par l'activité humaine, est stable depuis plusieurs années alors que les volumes de substances appauvrissant la couche d'ozone, contrôlées par le protocole de Montréal, ont baissé de 80 % par rapport à leur niveau de 1990. Progressivement, les États-Unis, première source d'émissions polluantes dans le monde, mettent en œuvre une politique environnementale plus rigoureuse. Parallèlement, les économies émergentes, comme la Chine et l'Inde, prévoient de faire porter leurs efforts sur une amélioration de l'efficacité énergétique de leurs industries et investissent de façon croissante dans les renouvelables. Le GIEC estime que si les politiques actuelles sont insuffisantes pour maîtriser les émissions, une politique environnementale stricte, privilégiant la maîtrise des consommations énergétiques et la taxation des émissions de carbone, pourrait permettre de plafonner les émissions aux niveaux actuels à relativement brève échéance (2030). Le GIEC chiffre le coût d'une telle politique à 3 % du PIB mondial jusqu'en 2030[139].

Le protocole de Kyoto ne règle pas la question des gaz à effet de serre, essentiellement parce que les pays en voie de développement signataires, qui ne sont pas juridiquement liés par ses clauses, produiront autant de GES que les pays développés dès le début de la prochaine décennie. Les pays européens eux-mêmes, pourtant volontaristes dans leur approche, échouent encore à respecter leurs engagements. De surcroît, la relance de la filière charbon dans l'ensemble des économies industrielles de la planète soulève des doutes sur la possibilité de répondre aux engagements minimaux de Kyoto.

Une plus grande détermination sera toutefois nécessaire pour enrayer le réchauffement de la planète. D'ici à 2100, les hypothèses les plus pessimistes prévoient une concentration de GES dans l'atmosphère d'environ 1 200 ppmv. Pour atténuer véritablement le réchauffement, ces concentrations devraient être divisées par trois. Une utilisation plus efficace de l'énergie est la condition préalable au ralentissement des émissions, mais pays développés comme pays en développement devront opérer sans tarder des choix stratégiques entre les énergies fossiles, nucléaires et renouvelables. Des possibilités d'action existent également dans les transports, qui représenteront le deuxième poste d'émission en 2050 (politique de régulation sur le nombre et le type de véhicules et innovations technologiques). Inversement, il est difficile d'influer sur des facteurs tels que l'accroissement de la population et de son niveau de vie, qui tendent à augmenter mécaniquement le volume d'émissions.

Le piégeage et le stockage du carbone (PSC) pourraient représenter une solution aux émissions dues à la combustion d'énergie fossile. La récupération et l'enfouissement du CO_2

Émissions de CO_2 liées à l'énergie en millions de tonnes de CO_2

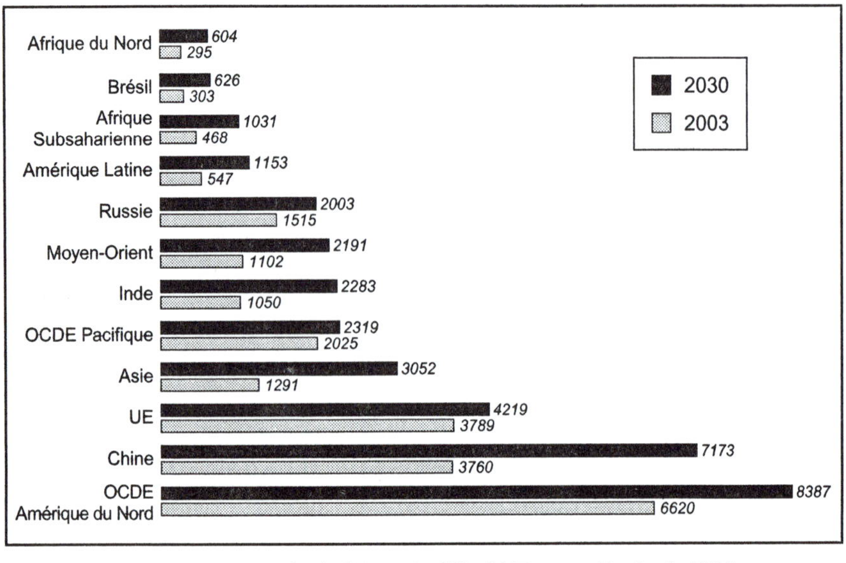

Source : *Agence internationale de l'énergie*, World Energy Outlook 2005.

dans les couches géologiques et dans les océans est une technique en développement. Elle est riche en promesses mais encore coûteuse puisqu'une centrale électrique PSC permettrait la récupération de 80 % à 90 % du carbone émis par la combustion mais consommerait entre 10 et 40 % d'énergie supplémentaire[140].

Les conséquences directes du réchauffement de la planète

Quelles que soient les initiatives politiques adoptées, la hausse des températures semble inévitable à long terme. Dans les zones arides et semi-arides (le Moyen-Orient et l'Afrique du Nord, la Corne de l'Afrique, l'Afrique du Sud, le Nord-Ouest de la Chine, l'Asie centrale), l'élévation des températures et le recul des précipitations auront des répercussions sur l'écoulement fluvial, la végétation et les sols et devraient accentuer les sécheresses et les processus de désertification. Les effets sur l'agriculture et les ressources en eau se feront cruellement sentir, même à court terme. Dans les régions tempérées (comme l'Europe de l'Ouest ou une partie de l'est des États-Unis) et les zones tropicales, les températures comme les précipitations augmenteront, ce qui pourrait accentuer les crues et les inondations mais également les vagues de chaleur. Les zones tropicales pourront en outre essuyer des tempêtes, des typhons et des ouragans[141].

Le degré d'élévation des températures est discuté. Le GIEC estime la hausse à 1,2 °C d'ici à 2030 (par rapport à 1850) alors que le rapport Stern, produit par le gouvernement britannique, est nettement plus alarmiste. Selon ses termes, « le niveau de 550 ppm éq. CO_2 pourrait être atteint dès 2035. À ce niveau-là, il y a au moins 77 % de risque – et peut-être même jusqu'à 99 % de risque, selon le modèle climatique utilisé – que la hausse de la température moyenne mondiale soit supérieure à 2 °C » par rapport à 1850. Le rapport souligne également que « la plupart des modèles climatiques montrent que le doublement des niveaux préindustriels de gaz à effet de serre provoquera très probablement une augmentation de 2 à 5 °C des températures moyennes globales. Ce niveau [...] sera probablement atteint entre 2030 et 2060[142] ». Des implications plus graves sont envisagées par les deux rapports. Selon le rapport Stern « avec un scénario d'inaction ("BAU"), le stock de gaz à effet de serre pourrait plus que tripler d'ici à la fin du siècle, donnant au moins un risque de 50 % de dépasser les 5 °C de changement de la température moyenne du globe au cours des décennies suivantes ». Les implications écologiques d'une telle hausse sont laconiquement envisagées par le GIEC[143], qui relève, sans toutefois approfondir la question, qu'une augmentation de 5 °C des températures provoquerait à terme une augmentation de 7 mètres du niveau des eaux.

Il faut s'attendre que la fonte de la calotte polaire et des glaciers amplifie le réchauffement climatique. Selon un rapport publié en 2004, l'augmentation de la température moyenne de l'Arctique a été deux fois plus forte que dans les autres régions du monde au cours des quelques décennies écoulées. On estime aujourd'hui que l'étendue des glaces marines a reculé de 8 % tous les dix ans depuis 1978. Certains scénarios n'excluent pas que la calotte glaciaire de l'Arctique disparaisse totalement en été dès la seconde partie du XXIe siècle[144]. Le réchauffement de l'Arctique et des glaciers des zones polaires (notamment ceux du Groenland) pourrait avoir des conséquences de grande ampleur, telle qu'une altération significative de la biodiversité, une montée du niveau des eaux ou des modifications régionales des climats de l'Atlantique. La désalinisation de l'Atlantique Nord, due à la fonte des glaces, pourrait en effet ralentir les échanges thermiques entre les courants chauds et les courants froids de l'Atlantique Nord, atténuant les effets du Gulf Stream. Des études récentes montrent que celui-ci aurait déjà perdu 30 % de sa puissance depuis le milieu du siècle dernier. Le GIEC estime quant à lui que le phénomène d'échanges thermiques entre les courants chauds et les courants froids de l'Atlantique s'affaiblira d'environ 25 % d'ici à 2100[145]. Si l'évaluation des modifications de ce phénomène est encore très discutée, une altération substantielle du Gulf Stream pourrait ultérieurement refroidir le climat des États-Unis et de l'ouest de l'Europe. On ignore encore la probabilité, l'intensité et la période à laquelle ce phénomène interviendrait.

Sur la période 2007-2025, l'élévation du niveau de la mer devrait être restreinte. Une accélération de la montée des eaux a été constatée depuis les années 1990, avec une augmentation annuelle moyenne de 0,3 mm par an liée à l'absorption thermique des océans (les océans absorbent 80 % du réchauffement et se seraient réchauffés sur une profondeur de 3 000 mètres) et à la fonte des glaciers. La montée des eaux pourrait toutefois entraîner une salinisation des zones côtières et des nappes phréatiques, menaçant la productivité agricole de vastes zones géographiques densément peuplées, en particulier dans les deltas (deltas du Nil ou du Niger par exemple).

Si le réchauffement climatique doit modifier l'environnement à longue échéance, l'industrialisation, la surexploitation agricole, l'urbanisation et la croissance démographique auront des incidences à court et à moyen terme. L'impact des dégradations environnementales induites sera particulièrement aigu dans les pays en développement. Dans l'ensemble, les populations démunies seront les plus exposées à la dégradation de l'environnement, tant dans les zones urbaines que rurales[146].

Pénurie d'eau

Du fait de la croissance démographique et de l'agriculture (extensive comme intensive), la consommation d'eau douce devrait croître dans des proportions considérables dans l'ensemble du monde en développement. À l'heure actuelle, plus d'un milliard d'individus n'ont pas accès à l'eau potable, alors que l'épuisement des sols, la pollution et la désertification risquent de restreindre un peu plus les ressources disponibles. Ces phénomènes menaceront plus spécialement l'approvisionnement en eau douce des zones arides et semi-arides, où près de 90 % des ressources disponibles seront probablement utilisées par l'agriculture à l'horizon 2030[147]. Selon l'ONU, « en 2025, plus de 2,8 milliards de personnes vivront dans des pays ou régions touchés par une pénurie d'eau », et disposeront de moins de 1 700 m^3 d'eau par an et par habitant[148]. Certains pays densément peuplés d'Afrique du Nord et du Moyen-Orient pourraient même ne pas atteindre la moitié de ces volumes. Une meilleure gestion de la ressource et des infrastructures de distribution permettrait cependant de réduire substantiellement ce chiffre, en particulier dans les pays en voie de développement.

La déforestation et ses conséquences

La décimation des forêts tropicales humides due à l'agriculture extensive et à la consommation de bois de chauffage devrait se poursuivre, amplifiant du même coup les émissions de gaz à effet de serre et l'érosion des sols. La déforestation compterait pour 18 % des émissions de CO_2[149]. Les forêts peuvent soit jouer le rôle de puits de carbone – en absorbant le CO_2 – soit se transformer en source majeure d'émission de gaz carbonique – lorsque les arbres sont abattus et brûlés. Dans les années 1990, sur un total de 1 950 millions d'hectares de forêts, 15,2 millions d'hectares ont disparu chaque année et environ 8 % de la superficie forestière totale a disparu ces dix dernières années. Si les forêts tempérées d'Europe et d'Amérique sont considérées comme des puits de carbone, les forêts tropicales sont devenues des productrices nettes de carbone. L'accentuation de leur destruction pourrait donc constituer une source importante d'émissions de gaz à effet de serre.

Les forêts d'Afrique, d'Asie et d'Amérique du Sud stockent au total 216 milliards de tonnes de carbone, et les forêts tropicales ont dégagé 2 à 2,4 milliards de tonnes de gaz carbonique par an dans les années 1980. L'analyse des tendances de la déforestation au cours des vingt dernières années laisse apparaître un ralentissement des pertes nettes à l'échelle mondiale, mais pas de modification fondamentale du processus de déforestation. Un véritable changement de politique serait donc nécessaire pour que les forêts tropicales jouent à nouveau leur rôle de piège à carbone. À l'horizon 2050, la restauration des forêts tropicales endommagées et une meilleure gestion du patrimoine forestier pourraient permettre une « économie » de 11,5 milliards à 28,7 milliards de tonnes de gaz carbonique – mais des pressions économiques et démographiques risquent de contrecarrer les initiatives allant dans ce sens. Par ailleurs, selon certaines hypothèses, le réchauffement climatique pourrait entraîner une réduction significative de la surface de la forêt boréale (jusqu'à 36 %), ce qui ne serait pas sans conséquences puisque cette forêt est l'un des principaux réservoirs de carbone de la planète (74 milliards de tonnes dans la végétation et 249 milliards de tonnes dans le sol[150]).

Aggravation des pollutions urbaines

Sous l'effet de l'industrialisation et de l'urbanisation, la pollution continuera de progresser. Les conséquences de la pollution industrielle sur la santé sont bien connues (allergies, infections provoquées par la contamination des ressources, etc.), mais la pollution d'origine humaine prendra de plus en plus d'importance, notamment dans les centres urbains des pays en développement. Dans ces zones, la pollution des eaux par les égouts et le déversement d'ordures est un important vecteur de maladies infectieuses (tels le choléra ou la diarrhée). Ce phénomène, qui est déjà un facteur important de mortalité, est probablement amené à s'aggraver. Certains experts estiment qu'il y aurait jusqu'à 5 millions de décès annuels dus à des maladies liées à l'eau. On estime que les affections respiratoires provoquées par la combustion de la biomasse (bois, charbon, etc.) touchent environ 3,7 milliards d'individus en 2030, en particulier dans les centres urbains des pays en développement.

DIFFÉRENCES RÉGIONALES

L'Europe

Malgré des taux élevés d'industrialisation et d'urbanisation (76 % de la population européenne sera citadine en 2030), l'Europe ne devrait pas être touchée par les formes extrêmes de la dégradation de l'environnement d'ici à 2025. Le principal risque pour la santé viendra sans doute de la pollution atmosphérique, principalement due à l'industrialisation et aux transports. Les températures en Europe devraient augmenter de 0,1 °C à 0,4 °C tous les dix ans. Les pays méditerranéens et septentrionaux (Scandinavie et Russie occidentale) sont les plus susceptibles de souffrir des variations les plus fortes. Les précipitations devraient reculer dans le sud de l'Europe (– 1 % par décennie, mais jusqu'à – 5 % l'été) mais augmenter dans les autres régions (de 1 à 2 % par décennie[151]).

Le réchauffement climatique va sans doute peser en priorité sur les ressources en eau (notamment les glaciers), en particulier dans le sud de l'Europe, où les épisodes de sécheresse seront plus fréquents et où les débits fluviaux pourraient décroître de 50 % d'ici à la fin du XXIe siècle. La sécheresse, les vagues de chaleur et le stress hydrique peuvent également influer sur la production agricole[152]. Il est probable que des rendements agricoles plus importants dans le nord de l'Europe compenseront les pertes enregistrées au sud, mais la croissance globale des rendements agricoles européens risque de faiblir. Les épisodes de chaleur et de froid risquent d'avoir des répercussions sur la santé des populations et sur les infrastructures, notamment les réseaux électriques. Dans le nord de l'Europe, les crues (provoquées par une hausse des précipitations) semblent constituer un danger réel mais surmontable[153].

Partie à l'annexe 1 du protocole de Kyoto, l'Union européenne, on l'a vu, s'est engagée à réduire ses émissions de gaz à effet de serre de 8 % avant 2010 par rapport à leur niveau de 1990[154]. Pour chacun des quinze pays de l'UE, les réductions ont été convenues au sein de l'accord de partage de la charge, qui permet à certains pays d'augmenter leurs émissions, à condition que celles-ci soient compensées par des réductions dans d'autres États membres. Toutefois, les pays membres de l'Union n'ont pas encore été capables de remplir leurs objectifs et, selon la Commission européenne, les émissions de CO_2 devraient s'accroître « de façon significative, excédant les niveaux de 1990 de 3 % en 2010 et de 5 % en 2030[155] ». Un net durcissement est cependant perceptible dans l'approche de la Commission, dont une communication, faisant directement référence au rapport Stern, estime qu'une réduction de 30 % des émissions de GES des pays développés est nécessaire d'ici à 2020 pour éviter un réchauffement des températures supérieur à 2 °C. Cela implique une réduction de 20 % des émissions européennes[156].

Pour inciter les industries et les gouvernements à entreprendre les mesures nécessaires (efficacité énergétique, modernisation des infrastructures, économies d'énergie, etc.), un mécanisme incitatif, le système communautaire d'échange de quotas d'émission (SCEQE), a été mis en place. Le SCEQE établit pour chaque pays un quota d'émissions de CO_2. Très pénalisant pour les industries dépassant leurs quotas (100 dollars d'amende par tonne d'équivalent de CO_2 émise en excès), le SCEQE permet également aux industries trop polluantes d'échanger leurs surplus de pollution avec d'autres industries déficitaires par rapport à leur quota. Une bourse d'échange (ETS) régule ce commerce entre les entreprises européennes. Le SCEQE est perçu par l'Union comme un incitateur devant favoriser la modernisation des industries, l'innovation technologique et la maîtrise des émissions. Toutefois, des quotas trop élevés ont jusqu'à présent relativisé l'impact de ces incitations. La rigueur de la politique de quota de l'Union et des pays membres sera donc un indicateur de leur volonté réelle d'atteindre leurs objectifs en matière d'émission.

Au-delà des questions climatiques globales, des retombées positives directes peuvent être attendues de la maîtrise des émissions. L'Agence californienne de protection de l'environnement estime le marché des technologies de l'environnement à 180 milliards de dollars par an, marché que l'Europe pourrait dominer. L'Union est cependant plus discrète sur les moyens éventuels de contraindre les pays en voie de développement à réduire leurs émissions, alors qu'il s'agit d'un élément critique du contrôle global des rejets[157].

Les États-Unis

Les États-Unis comptent à l'heure actuelle pour environ 25 % des émissions de gaz à effet de serre planétaires ; cette proportion devrait légèrement décroître pour atteindre 22 % en 2030. Les signes tangibles de réchauffement climatique devraient se manifester dans cette région du monde avant 2020. Parmi les phénomènes les plus probables figurent une sécheresse accrue dans l'ouest du pays, des précipitations plus importantes dans les régions tempérées, des hivers plus chauds dans le Nord, mais aussi la migration d'espèces porteuses de maladies (en particulier de la Floride) vers le nord. Le nombre de tempêtes tropicales et de cyclones dans le golfe de Floride est probablement appelé à s'accroître, l'augmentation relevée ces dernières années étant directement mise en relation avec l'augmentation des températures océaniques dans la mer des Caraïbes[158]. Enfin, l'agriculture intensive et l'urbanisation dans les zones semi-arides vont inévitablement peser sur la disponibilité des ressources en eau du sud et de l'ouest du pays.

L'administration Bush a choisi de se retirer du processus de Kyoto pour mettre en œuvre une politique environnementale adaptée aux besoins économiques américains. Ainsi, en dépit du rôle crucial du secteur énergétique dans la maîtrise des émissions, l'*Energy Security Act 2005* (Acte de sécurité énergétique pour 2005) n'aborde pas la question des gaz à effet de serre. Les directives de l'Administration en matière d'environnement prévoient une réduction de 18 % de l'« intensité » des gaz à effet de serre entre 2002 et 2012[159] et une baisse de 70 % des émissions de dioxyde de soufre, d'oxyde d'azote et de mercure avant 2020. Au cours des cinq prochaines années, 4,1 milliards de dollars d'incitations fiscales concerneront les énergies renouvelables ainsi que les véhicules hybrides et à pile à combustible ; un milliard de dollars supplémentaire devrait être alloué au développement – sur une période d'un an – d'un prototype de centrale électrique à base de charbon n'émettant aucun gaz à effet de serre.

La priorité accordée à la croissance économique et l'absence de réglementation fédérale en matière d'environnement expliquent la nette hausse des émissions de GES aux États-Unis (15,8 % entre 1990 et 2004). Sur la période 2002-2030, celles-ci risquent de croître de 34 %. En revanche, si Washington décidait de relancer son programme nucléaire et de moderniser les infrastructures de transport et de production de charbon, sa capacité à remédier au problème des GES pourrait s'en trouver considérablement accrue. Le fait que les États-Unis se concentrent sur les innovations technologiques, plutôt que sur des cadres multilatéraux susceptibles de ralentir la croissance économique, pourrait déboucher sur d'autres orientations que celles envisagées par le protocole de Kyoto et définir un nouveau pacte environnemental. En janvier 2006, les États-Unis se sont associés avec l'Australie, la Chine, la Corée du Sud, l'Inde, le Japon dans un partenariat Asie-Pacifique pour le développement propre et le climat (AP6) qui vise à la fois à favoriser le développement économique et le contrôle des émissions par l'initiative technologique sur des secteurs industriels clés et à associer les pays en développement non liés à Kyoto dans un processus de contrôle multilatéral. Si son caractère juridiquement non contraignant en limite la portée effective, l'intérêt qu'il suscite auprès des pays fortement pollueurs (Chine, Inde, mais aussi Russie et Canada) pourrait en faire une alternative politique au protocole de Kyoto.

À terme cependant, le rôle des États américains sur la politique nationale n'est pas à négliger. Certaines grandes métropoles américaines se sont engagées à respecter le protocole de Kyoto, et la Californie (qui représente l'équivalent de la 5e économie mondiale) a adopté au début de l'année 2006 un ensemble de mesures visant à réduire ses émissions de 22 millions de tonnes d'équivalent CO_2 en 2010 et de 68 millions de tonnes en 2050 (soit respectivement le niveau d'émission de l'année 2000 en 2010, et une baisse de 80 % par rapport au niveau de 1990 pour 2050[160]). Douze États américains ont par ailleurs engagé des poursuites contre leur propre gouvernement pour son incapacité à faire respecter les règlements qu'il a lui-même adoptés. L'impact de ces initiatives est loin d'être négligeable et pourrait progressivement modifier la perception nationale du problème environnemental, en particulier si l'option écologique devait s'avérer électoralement et économiquement payante[161].

L'Amérique latine

Le nombre et l'ampleur des catastrophes naturelles devraient s'accentuer en Amérique latine (notamment les tempêtes tropicales en Amérique centrale) et constituer un risque très important pour les populations qui occupent en majorité les zones côtières.

L'avenir de la forêt amazonienne, qui est considérée comme l'un des plus grands réservoirs en CO_2 de la planète, reste sombre. Le rythme de la déforestation, lié à la multiplication des infrastructures et à l'agriculture extensive, ne devrait pas décroître. Sur une superficie totale de 7 millions de km^2, environ 25 000 km^2 de forêt sont déruits chaque année (16 % a déjà disparu). Sans un changement radical de politique, on estime que 30 % à 42 % de cette forêt sera gravement endommagé d'ici à 2020, ce qui accentuerait le réchauffement climatique du fait des émissions de GES induites. Ces évolutions pourraient assécher localement le climat du bassin amazonien, ce qui risquerait d'accélérer la transformation de la forêt tropicale humide en brousse et en savane, augmentant du même coup l'effet des feux de forêts ainsi que, par effet d'entraînement, les émissions de gaz à effet de serre. Si les mesures adoptées depuis quelques années par le gouvernement brésilien ont cependant permis de réduire le taux de déforestation en Amazonie (1,9 million d'hectares en 2006 contre 2,6 en 2004), l'explosion prévisible de la production de biocarburants au Brésil et les opportunités d'exportation dans les pays industrialisés pourraient rapidement remettre en cause cette amélioration[162].

L'Afrique subsaharienne

Jusqu'en 2025, le réchauffement climatique devrait avoir des répercussions inégales en Afrique. Dans certaines régions, le réchauffement et des modifications des schémas de précipitations – en particulier s'ils vont de pair avec la surexploitation agricole – risquent d'entraîner une détérioration visible des conditions environnementales. Certaines manifestations du changement climatique, telles que la quasi-disparition du lac Tchad (dont la superficie a reculé de 25 000 à 1 200 km^2) ou la fonte des glaciers du Kilimandjaro, illustrent les retombées que pourrait avoir le réchauffement sur le continent africain. Des catastrophes naturelles (surtout des épisodes de sécheresse et des crues) provoquées par le réchauffement mais également par le phénomène de l'oscillation australe El Niño pourraient mettre en danger une partie de la population. Parallèlement, l'Afrique sera beaucoup plus touchée par la pollution due au peuplement humain et aux déficiences des infrastructures que par la pollution industrielle.

Le manque d'accès à l'eau en Afrique est particulièrement préoccupant, car les ressources en eau sont abondantes mais inégalement réparties ; la plupart sont concentrées en Afrique centrale et, dans une moindre mesure, en Afrique de l'Ouest. À l'heure actuelle, environ 300 millions d'individus n'ont pas accès à un approvisionnement en eau adéquat, et environ 313 millions n'ont pas accès à un assainissement satisfaisant. D'une manière générale, quatorze pays sont actuellement touchés par le stress hydrique ou la pénurie en eau (soit respectivement moins de 1 700 m^3 et moins de 1 000 m^3 d'eau par personne et par an). D'ici à 2025, leur nombre devrait avoir quasiment doublé. Les hypothèses les plus pessimistes prévoient que 40 % de la population africaine sera victime du stress hydrique dans vingt ans. En particulier dans les zones semi-arides du Sud et de la Corne de l'Afrique, l'élévation des températures et le recul des précipitations (jusqu'à – 20 % dans les régions du Sahara et du Soudan) devraient aggraver les pénuries d'eau et l'érosion des sols (la désertification concerne aujourd'hui environ 46 % du continent). Même dans les zones équatoriales, où les précipitations devraient s'accroître, l'intervention humaine (barrages, pollution, déforestation) pourrait entraîner des pénuries d'eau[163].

Dans ces régions, l'agriculture extensive, la déforestation et la consommation de bois à usage domestique augmenteront l'érosion des sols et diminueront le rendement agricole[164]. Les carences des systèmes de distribution d'énergie en Afrique subsaharienne accentuent encore le problème, 93 % des populations rurales cuisinant au bois ou au charbon de bois, sans réelle perspective d'amélioration à court terme. 720 millions de personnes dépendront encore de ces sources d'approvisionnement en 2030. Ces tendances pourraient accroître les déficiences du secteur agricole. L'Afrique dépend déjà des importations de céréales (10 millions de tonnes par an aujourd'hui) et 33 % de la population souffre actuellement de malnutrition – un taux qui grimpe à 50 % dans certains pays. Cette dépendance passerait à 30 millions de tonnes si la production agricole n'augmentait pas substantiellement (3,3 % par an).

Simultanément, la hausse des températures va accélérer la maturation des parasites et des moustiques, ce qui risque de favoriser la propagation de maladies infectieuses comme la dengue ou le paludisme. La migration des espèces porteuses de maladies infectieuses risque en outre d'étendre la zone de propagation de ces maladies. Concernant le paludisme toutefois, il est à noter que la probabilité croissante de voir un vaccin efficace diffusé implique à relativement court terme des effets significatifs sur l'environnement sanitaire et social des populations africaines, puisque 90 % des cas de malaria se situent en Afrique subsaharienne[165].

Le Moyen-Orient et l'Afrique du Nord

Ces deux régions sont les plus arides de la Terre : 87 % de ces 14 millions de km^2 sont constitués de désert. À l'avenir, cette zone devrait connaître des températures encore supérieures et sera affectée par une baisse considérable des précipitations, pouvant atteindre 20 %[166]. Ces facteurs, associés à une consommation d'eau grandissante (due à l'explosion démographique, à l'urbanisation, à l'industrialisation et à l'agriculture extensive), risquent de provoquer de graves carences d'approvisionnement en eau. La gestion de cette ressource au niveau international sera indispensable car de grands pays comme l'Égypte ou la Syrie, largement tributaires de bassins hydrographiques répartis entre divers États, sont fortement dépendants des politiques de leurs voisins en ce domaine. À titre d'exemple, 97 % des ressources en eau de l'Égypte et 70 % de celles de la Syrie proviennent de l'étranger[167]. La gestion des bassins hydrographiques fait toutefois de plus en plus fréquemment l'objet d'accords multilatéraux dans la région.

Selon les estimations actuelles, la disponibilité de l'eau par habitant, qui est aujourd'hui d'environ 1 200 m^3, devrait se réduire à 600 ou 500 m^3 en 2025. La viabilité du développement humain et économique de la région dépendra donc du transport de l'eau sur de longues distances et des projets de désalinisation de grande ampleur. À défaut de mesures et d'investissement appropriés, d'ici à 2050, toute la région (sauf l'Irak) sera susceptible de souffrir de pénurie d'eau ou de stress hydrique. À moyen terme, le manque d'eau aura des répercussions sur l'agriculture et accroîtra la dépendance alimentaire de la région – elle importe déjà 80 millions de tonnes de produits alimentaires chaque année. La croissance démographique accélérée et la pénurie d'eau dans les zones rurales devraient accélérer l'exode rural[168]. En 2015, 70 % de la population de la région sera urbanisée, mettant à l'épreuve les infrastructures et entraînant de graves problèmes de distribution d'eau.

La Chine

La pollution et la dégradation de l'environnement coûtent approximativement à la Chine l'équivalent de 10 % de son PIB[169]. Du fait de sa dépendance à l'égard des combustibles fossiles, le pays devrait voir sa part de CO_2 dans les émissions mondiales passer de 15,2 % à 19 % en 2025. Pays « hors annexe 1 » du protocole de Kyoto, la Chine n'a pas l'obligation de réduire ses émissions, même si elle compte tout de même le faire à travers des programmes nationaux (utilisation rationnelle de l'énergie, modernisation des transports, etc.). Il n'empêche que les effets de la pollution sont d'ores et déjà tangibles. Associées à la combustion de la biomasse, les émissions polluantes sont responsables des pluies acides qui touchent 30 % du territoire chinois, dont un quart est en outre menacé par une désertification rapide[170].

Au cours de la décennie écoulée, la Chine a perdu près de 8 millions d'hectares de terres arables, et ce phénomène se poursuit au rythme de 200 000 à 300 000 hectares par an. Cette disparition n'est pas uniquement imputable à la pollution : elle serait également due, selon le ministre chinois de l'Environnement, à la restauration des écosystèmes d'origine. 37,1 % de la superficie arable totale serait concernée, selon des données officielles. Certaines études estiment que 10 millions d'hectares de terres agricoles auront disparu d'ici à 2030. Cette dégradation menace également les disponibilités alimentaires[171]. Et la situation n'est pas meilleure en ce qui concerne l'eau : 75 % des principaux cours d'eau sont pollués, et 180 millions de personnes sont tributaires d'une eau contaminée. Les régions du Nord connaissent d'importantes pénuries, surtout les vallées des fleuves Jaune, Huaihe et Haihe. L'insuffisance en eau est telle que les déclarations officielles la décrivent comme « un problème incontournable qui constitue une menace à la sécurité nationale[172] ». La dégradation de l'environnement pourrait entraîner l'apparition de 20 à 30 millions de « réfugiés environnementaux » d'ici à 2020 (contre 6 millions actuellement), qui viendraient s'ajouter à la masse des migrants économiques transitant à l'intérieur du pays[173].

La crise environnementale qui s'annonce est d'une telle envergure qu'une intervention massive sera nécessaire pour transformer les modes de production et de consommation d'énergie, améliorer la gestion des sols et de l'eau, et réformer l'agriculture. Les investissements en gestion de l'eau ont été évalués à plusieurs dizaines de milliards de dollars, et différents projets majeurs envisagés pour réduire le déficit des régions de l'ouest et du nord (en particulier la création d'une liaison entre le bassin du Yangtze et des régions déficitaires en eau, pour un coût estimé de 61,1 milliards de dollars en 2003[174]). Des contraintes budgétaires et une gestion discutable des différents projets entamés pourraient cependant limiter la capacité de la Chine à traiter le problème.

L'Asie du Sud-Est et l'Inde

Il est probable que des moussons et des typhons d'une violence accrue toucheront les régions côtières du sud de l'Asie et de l'Inde. Ces phénomènes pourraient avoir de graves conséquences dans la mesure où la région Asie-Pacifique est déjà la plus exposée du monde à ces phénomènes (91 % des victimes des catastrophes naturelles et 49 % des dégâts économiques qui en résultent se situent dans cette région[175]). Des crues et l'élévation du niveau de la mer pourraient menacer les basses terres (le Bangladesh, les zones deltaïques de Chine et d'Asie du Sud-Est) et appauvrir les sols, ce qui en retour pourrait entraîner des migrations massives, en particulier du Bangladesh vers l'Inde. En parallèle, le recul rapide des glaciers himalayens (10 à 15 mètres par an actuellement) risque de réduire le débit des grands fleuves de la région (notamment le Gange, l'Indus, le Brahmapoutre, le Mékong, le Thanlwin, le Yangtze et le fleuve Jaune) et d'affecter l'approvisionnement en eau de centaines de millions de personnes.

Les contraintes géographiques (le relief montagneux et les forêts) poussent les populations vers les zones côtières, plus particulièrement en Asie du Sud-Est ; les concentrations démographiques qui en résultent faciliteront la propagation des infections, accroîtront la vulnérabilité aux catastrophes naturelles violentes[176] et intensifieront l'impact de la pollution sur la santé. Des maladies infectieuses ou épidémiques (ou les deux à la fois) liées au réchauffement climatique et à l'urbanisation risquent de se propager et d'avoir une incidence importante sur la santé des populations dans le sud de l'Asie.

L'urbanisation et l'industrialisation ont déjà provoqué l'apparition, dans le ciel de certaines régions de l'Inde et du sud de l'Asie, d'un gigantesque nuage brun, trois ou quatre mois par an. Cette pollution atmosphérique engendrée par l'émission d'aérosols anthropogéniques (résultant essentiellement de la combustion de la biomasse et des combustibles fossiles) a des répercussions locales différentes de celles des GES sur le climat, l'agriculture et la santé. Le nuage de pollution abaisse les températures et augmente la sécheresse, ce qui entraîne des bouleversements dans la distribution de la végétation. Les effets de ce type de pollution sur la santé ne sont pas estimés avec précision. Les maladies respiratoires sont la deuxième cause de mortalité dans le sud de l'Asie : la pollution due à la combustion domestique pose un problème particulièrement aigu[177].

5

Les sciences et technologies

Le domaine des sciences et technologies (S & T) évolue à grande vitesse. Ses applications et techniques concernent une multiplicité de secteurs allant de la santé à l'informatique. Au cours des vingt dernières années, les découvertes et produits issus des S & T ont bouleversé nos modes de vie, de travail et nombre d'interactions qui en découlent. Quatre facteurs fondamentaux devraient soutenir ce processus à l'avenir.

TENDANCES GÉNÉRALES

- **Le développement continu des technologies informatiques.** La place centrale qu'occupe l'informatique dans notre vie quotidienne devrait se renforcer avec la mise au point de nouvelles applications ainsi que l'amélioration de la puissance de calcul, du stockage des données et de la capacité en bande passante.

- **Les avancées des nanotechnologies.** Les nanotechnologies, qui permettent de maîtriser et d'assembler des matières mesurées à l'échelle du nanomètre (un milliardième de mètre), vont à terme transformer radicalement l'assemblage et la fabrication des produits.

- **Les innovations en biotechnologies.** Les avancées en la matière sont susceptibles d'apporter des améliorations dans la lutte contre les maladies, la malnutrition et la pollution. Les innovations devraient permettre d'allonger la durée et la qualité de la vie dans de nombreux points du globe.

• **Les investissements en recherche et développement (R & D).** Les tendances actuelles indiquent une augmentation des investissements publics et privés en recherche et développement dans des disciplines comme les nanotechnologies, ce qui laisse entrevoir de futures percées.

Les synergies entre ces quatre domaines vont elles aussi jouer un rôle déterminant. Ainsi, vers 2015, la combinaison de certains éléments des biotechnologies, de l'informatique et des nanotechnologies pourrait déboucher sur la mise au point des dispositifs nanométriques implantables en mesure d'administrer des traitements médicaux personnalisés. En 2025, des matériaux « intelligents » capables de réagir à des variables physiques comme la lumière, la chaleur, le bruit, les odeurs et les champs électromagnétiques pourraient avoir été développés[178].

Il convient de rappeler qu'il est difficile de faire des projections dans le domaine des sciences et technologies. Les nouvelles découvertes sont transformées en produits et en applications avant que l'on puisse en mesurer les conséquences. Ainsi, quand Internet s'est généralisé, peu de gens auraient pu prévoir qu'il allait engendrer des applications telles que les messageries instantanées, la téléphonie par Internet, les systèmes de partage de fichier par réseaux poste à poste ou les blogs.

Le rapprochement de technologies différentes peut aussi déboucher sur des applications inattendues. L'association de la technologie satellitaire et des horloges atomiques précises, par exemple, a ouvert la voie aux services de géolocalisation, de chronométrage et de navigation. D'un autre point de vue, des problèmes tels que des coûts de production élevés, des réactions imprévues au sein de la société, des incidences juridiques ou d'autres facteurs peuvent venir compliquer ou interrompre la mise au point des produits. En gardant ces difficultés à l'esprit, quelles peuvent être les tendances envisageables dans les vingt prochaines années ?

Le développement des technologies informatiques

Au cours des trente dernières années, la puissance de calcul informatique a été en moyenne multipliée par deux tous les deux ans. Cette règle, appelée loi de Moore, a soutenu la révolution informatique et alimenté le développement des applications technologiques qui en résultent. Certaines études portent à croire que la loi de Moore restera encore valable dans les dix à vingt ans à venir avant que les technologies à base de silicium n'atteignent leurs limites[179].

Les experts estiment qu'avec la mise au point d'applications dans le domaine des nanotechnologies l'industrie électronique dépassera le stade des transistors en silicium utilisés pour les puces actuelles à l'horizon 2015. Parmi les matériaux susceptibles de les remplacer figurent des nanotubes de carbone ou des nanofils de silicium pouvant fournir trois fois plus de puissance que les transistors traditionnels de même niveau. Vers 2020, les transistors ne comporteront peut-être que quelques atomes – ce qui ouvrirait la voie à l'informatique quantique[180].

La capacité des futurs systèmes informatiques sera colossale. D'ici à 2010, la société Cray espère mettre au point un supercalculateur d'une puissance d'un pétaflop, (c'est-à-dire capable d'exécuter plus d'un million de milliards d'opérations – en virgule flottante – par seconde. Cela équivaut à des vitesses de calcul mille fois supérieures à celles des superordinateurs actuels, qui s'expriment en téraflop (mille milliards d'opérations par seconde[181]). Dans un même temps, de nouvelles techniques – telles que la mémoire à l'échelle nanométrique – pourront accroître considérablement la capacité de stockage de données[182]. Dans le domaine des bandes passantes, l'offre devrait généralement excéder la demande vers 2020[183]. Les répercussions sur nos modes de travail et l'organisation de la société seront probablement de grande ampleur. Au-delà des incidences liées aux technologies de l'information, ces évolutions devraient renforcer le processus de mondialisation, en favorisant une interconnexion réellement mondiale.

L'Internet poursuivra lui aussi son évolution. L'intégration à grande échelle des systèmes informatiques au moyen de réseaux à haut débit facilitera l'informatique en réseau, ce qui permettra aux utilisateurs – quel que soit le lieu où ils se trouveront – d'avoir accès à une grande puissance de calcul, à des capacités de stockage étendues, ainsi qu'à des données et à des logiciels variés. Le passage progressif à l'informatique en réseau transformera peu à peu l'ordinateur individuel en terminal. Il pourra aussi raccourcir considérablement le temps nécessaire à certaines tâches. Par exemple, l'accès à une puissance de calcul centralisée permettra peut-être à un ingénieur en génie civil de simuler un projet de pont antisismique en quelques minutes au lieu de plusieurs mois[184].

Les avancées des nanotechnologies

La nanotechnologie est une science hybride qui combine des éléments de chimie et d'ingénierie. Si les nanotechnologies sont déjà employées actuellement dans des industries telles que l'électronique, le magnétisme, la cosmétique et la pharmacie, les scientifiques pensent que des avancées majeures devraient probablement se produire d'ici cinq à vingt ans, en fonction de la demande en termes d'applications et de produits commerciaux. Les nanotechnologies pourraient être utilisées dans près de la moitié des nouveaux produits d'ici à 2015[185].

Les nanotechnologies auront des répercussions dans divers secteurs de l'électronique, de la médecine, des matériaux, de l'ingénierie et de l'environnement. Nombre d'experts supposent que les nanotechnologies seront l'épine dorsale de la prochaine vague de technologies, à mesure que les nouvelles plateformes deviendront plus petites et plus puissantes. Si tel était le cas, l'électronique moléculaire pourrait prolonger la loi de Moore bien au-delà de 2015[186].

Avant 2015, une technologie de semi-conducteurs à grains quantiques s'appuyant sur les nanotechnologies pourrait supplanter le marquage chimique et permettre un traitement électronique rapide, utile pour la découverte de médicaments, le génotypage et d'autres applications biologiques. On estime que la demande de produits de santé à base de nanotechnologie dépassera 100 milliards de dollars d'ici à 2020[187]. Les nanotechnologies peuvent également contribuer à améliorer les tests de diagnostic, les techniques d'imagerie et les traitements anticancéreux.

Les percées en informatique et en nanotechnologie pourront aussi avoir des conséquences dans le domaine de l'automatisation, influant sur des activités allant de la logistique commerciale à la conduite de la guerre. Les capacités des véhicules automatisés ont par exemple été démontrées pour la première fois lors d'épreuves organisées aux États-Unis par la Defense Advanced Research Projects Agency en octobre 2004. Grâce à une série de capteurs, plusieurs véhicules « sans chauffeur » ont pu effectuer une course de 210 km dans le désert. La mise au point des techniques d'automation, dans les cinq à quinze ans à venir, donnera peut-être le jour à toute une série de modes de transport et de fret maritime automatisés.

Les innovations en biotechnologies

Les biotechnologies désignent l'application des S & T aux organismes vivants en vue de « modifier des éléments vivants ou non vivants pour produire des connaissances, des biens et des services[188] ». Si les avancées en biotechnologies ont déjà eu des répercussions sur certains secteurs (par exemple, les produits pharmaceutiques), les analystes prévoient que les biotechnologies commenceront à révolutionner la vie elle-même vers 2015. Ces progrès devraient permettre de prolonger l'espérance de vie dans de nombreuses régions du globe, au moyen d'une « lutte accrue contre les maladies, des médicaments personnalisés, la thérapie génique, la lutte contre le vieillissement, les remèdes pour la mémoire, la prosthétique, les implants bioniques, les greffes animales » et autres avancées. D'une manière générale, la biotechnologie peut avoir des effets dans les secteurs de la santé, de l'agriculture et de l'industrie (comme les biocarburants et les bioraffineries[189]).

D'ici à 2025, les instruments de diagnostic seront peut-être plus prédictifs, les méthodes thérapeutiques plus préventives et les soins plus personnalisés. La technique recourant aux organes bioartificiels devrait parvenir à maturité à l'horizon 2010-2025. Des thérapies à base de cellules souches pour le traitement d'affections chroniques comme le diabète, les maladies de Parkinson et d'Alzheimer pourraient être au point vers 2010-2025. Des découvertes en biotechnologie peuvent également aider à trouver de nouveaux vaccins contre une multiplicité de maladies ou d'agents pathogènes[190].

En ce qui concerne l'agriculture, les progrès en biotechnologie déboucheront peut-être sur une nouvelle génération de cultures génétiquement modifiées. Les avancées à ce jour, centrées sur la production de variétés résistantes aux herbicides et aux insectes, pourront céder progressivement la place à des variétés cultivables sur de plus longues durées et plus saines. Ainsi, certaines entreprises font des recherches en ingénierie génétique en vue de produire des aliments moins riches en acides gras d'ici à 2010-2015[191]. Dans l'ensemble, ces avancées peuvent avoir des incidences dans des domaines allant de la réduction de la pauvreté (par exemple, en concevant des cultures capables de pousser dans des régions jusque-là improductives) à la promotion de modes d'alimentation plus sains pour accroître l'espérance de vie[192].

Les investissements en recherche et développement

Les investissements publics et privés en recherche et développement sont souvent un tremplin vers de futures découvertes en sciences et technologies. Associés à d'autres facteurs, telles la qualité et l'accessibilité de la formation scientifique, ils fournissent de précieuses indications sur les domaines éventuels des futures innovations[193]. En l'absence de projections à long terme, les dépenses intérieures brutes de recherche et développement (DIRD) représentent un indicateur général des investissements en R & D. En 2002, les apports des États-Unis en DIRD comptaient pour 35 % du total mondial. L'Asie était au deuxième rang avec 31,5 %, suivie de l'Europe, avec 27,3 %. À l'opposé, certaines régions n'ont obtenu que des parts minimes de l'ensemble des dépenses intérieures brutes en R & D. L'Afrique, par exemple, a compté pour 0,65 % des DIRD mondiales[194]. Il convient de préciser que certains pays au sein de ces régions ont vu leur niveau d'investissements en DIRD augmenter de façon appréciable. Ainsi la part des DIRD dans le PIB de la Chine est-elle passée de 0,6 % en 1996 à 1,23 % en 2002[195]. Cette tendance à la hausse apparaît aussi dans le nombre de demandes de brevets déposées par différents pays. Entre 2000 et 2005, les dépôts de brevets au Japon, en république de Corée et en Chine ont augmenté respectivement de 162 %, 200 % et 212 %[196].

Les investissements en R & D dans des secteurs clés comme les nanotechnologies peuvent aussi révéler les futures avancées en S & T. Dans l'ensemble, la recherche en nanotechnologie financée par les pouvoirs publics est passée de 500 millions de dollars en 1997 à 3,5 milliards en 2003, ce qui met en évidence le potentiel de croissance de ce domaine[197]. Les États-Unis et l'Europe sont à l'heure actuelle les principaux investisseurs en nanotechnologie. En 2006, aux États-Unis, l'initiative nationale pour les nanotechnologies (NNI) a requis 1,05 milliard de dollars pour la R & D en nanotechnologie auprès des différents départements fédéraux compétents – un bond de 137 % par rapport à 2001[198]. L'Union européenne a de son côté consacré 1,3 milliard d'euros à la recherche en nanotechnologie par l'intermédiaire de son 6e programme cadre (2002-2006)[199]. Mais d'autres pays se montrent intéressés et accroissent leurs efforts dans ce secteur. Si les États-Unis et l'Europe fournissent la moitié des publications mondiales ayant trait aux nanosciences et à la nanotechnologie, des États tels que la Chine, le Japon et la Corée du Sud représentent l'essentiel du reste[200].

En ce qui concerne la formation du capital humain, diverses statistiques placent les universités de recherche américaines au premier rang mondial dans le domaine des S & T. Comme les États-Unis regroupent trente-sept des cinquante meilleures universités du monde (toutes disciplines confondues), ils sont également la destination privilégiée des étudiants étrangers les plus qualifiés. En 1999, la très grande majorité d'entre eux venaient de Chine et d'Inde, avec respectivement quelque 33 000 et 23 000 étudiants (35 % et 25 % de l'ensemble). Au total, les étudiants étrangers comptaient pour près de 50 % de tous les doctorats en ingénierie, mathématiques et informatique[201]. Au lendemain du 11 Septembre 2001, des conditions d'obtention de visa plus complexes ont toutefois réduit les arrivées d'étudiants étrangers. Pour l'heure, la concurrence accrue d'autres pays d'Europe et d'Asie exerce une pression supplémentaire sur les États-Unis et renforce la bataille pour attirer les meilleurs éléments.

Les problèmes liés au progrès des sciences et technologies

Force est de constater que l'évolution des sciences et technologies a des aspects potentiellement négatifs. Si ces aspects n'étaient pas traités, les retombées pourraient être sérieuses et durables. De plus, dans la mesure où les applications techniques ont tendance à précéder les lois et règlements existants, les implications peuvent être nombreuses et imprévisibles. Figurent ci-après quelques exemples de problèmes que peuvent poser les éléments moteurs des sciences et technologies abordés dans ce chapitre.

La progression de l'informatique

— Le non-respect de la confidentialité. L'accroissement de la capacité de gestion de larges bases de données et l'amélioration des techniques de contrôle des signaux électroniques peuvent aboutir à une perte significative de confidentialité. Des capteurs et des systèmes de localisation plus perfectionnés peuvent également avoir des incidences négatives sur le respect de la vie privée.

— Des vulnérabilités accrues. La place grandissante qu'occupe la technologie à tous les niveaux de la société nous rend plus vulnérables au piratage électronique. L'interconnexion croissante d'infrastructures et de systèmes stratégiques peut multiplier les risques, par un « effet de cascade ».

— La persistance de la fracture numérique. Des disparités régionales pourront subsister ou se creuser si certaines régions sont tenues à l'écart de la révolution informatique. Il pourrait en résulter notamment une pauvreté durable ou une instabilité régionale, voire les deux.

Les avancées des nanotechnologies

— Des applications controversées. Elles vont de l'emploi des nanotechnologies à des fins dommageables aux conséquences imprévues du recours croissant aux processus automatisés[202].

Les innovations en biotechnologie

— Des applications controversées. Elles englobent les questions soulevées par les technologies de la reproduction humaine (tel le clonage), l'utilisation d'embryons pour la production de cellules souches ou le recours aux thérapies géniques en vue d'améliorer la santé humaine[203]. D'autres domaines d'application comme les cultures génétiquement modifiées peuvent également susciter des réactions au sein de la société.

– Le non-respect de la vie privée. Les progrès accomplis dans le domaine des diagnostics (et de la cartographie génétique) peuvent faciliter l'évaluation des antécédents sanitaires et des prédispositions des individus à certaines maladies. Les personnes concernées peuvent se voir refuser certains emplois ou une assurance maladie.

– Les risques du double usage. Les technologies destinées à améliorer le bien-être de l'homme peuvent également être employées à lui nuire. À titre d'exemple, les avancées de la biotechnologie civile sont susceptibles d'aider indirectement certains groupes ou individus à acquérir les capacités nécessaires pour mener une guerre biologique.

II

LES RÉGIONS

6

L'Eurasie et la Fédération de Russie

Dans vingt ans, le concept d'ex-Union soviétique aura perdu toute signification. Au fil du temps, cette ancienne zone unifiée de quinze États se sera désagrégée pour former plusieurs régions distinctes : l'Europe orientale, aux frontières de l'UE ; le Sud-Caucase, étroitement lié à la région de la mer Noire ; et l'Asie centrale, très proche de la Chine et de l'Asie du Sud. La Fédération de Russie restera le pivot entre toutes ces régions.

LES TENDANCES EN EURASIE

Une région contrastée

La région eurasiatique n'a pas d'unité en tant que telle. Elle est traversée de fractures et de différences régionales qui sont susceptibles de se renforcer au cours des vingt années à venir. En premier lieu, les structures politico-économiques des différents États qui la composent varieront fortement : l'Europe orientale sera dominée par des régimes démocratiques régis par l'économie de marché (Ukraine, Biélorussie, Moldavie et certaines parties du Sud-Caucase), alors que l'Asie centrale devrait être composée de sociétés et d'économies plus autoritaires, soumises à un plus grand dirigisme étatique. La Fédération de Russie aura probablement mis en place une économie de marché de type interventionniste au sein d'un système politique démocratique doté de fortes caractéristiques « illibérales ». En second lieu, d'ici à 2025, les États d'Eurasie se situeront à différents niveaux de bonne gouvernance et de stabilité, quelle que soit leur forme de régime (démocratique ou semi-autoritaire). Les niveaux de bonne gouvernance seront très variables, les États d'Europe orientale affichant probablement des performances très supérieures à celles des États d'Asie centrale. Enfin, les orientations de politique étrangère de la région se diversifieront fortement. Les États de la région européenne – plus la Géorgie et peut-être l'Arménie et l'Azerbaïdjan – se rapprocheront de la zone euro et de l'OTAN. Ceux d'Asie centrale se tourneront davantage vers l'Asie, en particulier vers la Chine, notamment dans le développement de leurs échanges commerciaux. Après avoir privilégié les pays occidentaux dans les années 1990, la Russie devrait adopter une politique étrangère plus diversifiée, ajoutant des liens commerciaux et politiques forts sur la scène asiatique à ses liens économiques et politiques avec l'Europe.

L'évolution politique des États eurasiens

Malgré leur diversité, les États d'Eurasie se trouveront confrontés à des questions similaires dans quatre domaines.

La construction de l'État

En 2007, les États post-soviétiques n'ont pas encore de statut définitif : leurs frontières et leurs structures constitutionnelles en tant que fédérations, confédérations ou États unitaires ne sont pas encore fixées. Dans le cas de la Géorgie, de la Moldavie, de l'Azerbaïdjan et de la Russie, des conflits séparatistes et territoriaux restent irrésolus, accroissant la difficulté de parvenir à la définition d'un statut définitif. D'ici à 2025, il est probable que certains de ces conflits auront trouvé une issue. Mais de nouveaux problèmes surgiront, très probablement en Asie centrale, liés aux différends frontaliers entre États et à l'équilibre entre pouvoir régional et pouvoir central au sein de ces États. De manière générale, les États eurasiens pourront aller d'États *plus forts* (tels que la Russie et les États européens) à des États *faibles* (en Asie centrale) en passant par des États *fragiles* (au Sud-Caucase et au Kazakhstan). La présence éventuelle d'États *défaillants* dans la région, comme le Tadjikistan, ne peut être écartée.

Les régimes politiques

Dans les années 1990, la communauté internationale a tenu pour acquis que ces pays entameraient un processus de transition vers la démocratie et l'économie de marché. En 2007, l'existence de régimes politiques divers dans toute la région, qui s'échelonnent des régimes autoritaires en Biélorussie et au Tadjikistan aux démocraties naissantes en Ukraine et en Géorgie, dément cette hypothèse. Dans vingt ans, les régimes politiques eurasiens seront encore plus contrastés. Dans certains cas, comme celui de la Biélorussie, des gouvernements autoritaires seront peut-être tombés. Les États d'Asie centrale pourront toutefois traverser des périodes difficiles après le départ de leurs dirigeants actuels, dont la succession pourrait susciter une certaine agitation sociale, voire de graves tensions. En 2025, il est possible que des régimes démocratiques plus forts soient implantés en Ukraine et en Moldavie, ainsi qu'en Géorgie et en Arménie ; ils seront dotés de systèmes multipartites plus élaborés et de structures constitutionnelles mieux définies. Mais ces États, notamment la Fédération de Russie, risquent aussi d'afficher de fortes tendances « illibérales », – et en particulier une forte emprise sur les médias et un niveau de corruption élevé.

Les enjeux économiques

Les États d'Eurasie seront confrontés, d'ici à 2025, à de réels problèmes économiques. Depuis 1992, les systèmes de ces pays ont connu des bouleversements radicaux en matière de privatisation et de réforme économique structurelle. Mais, avant 2025, les États eurasiens seront confrontés dans leur développement à trois problématiques interdépendantes, déjà perceptibles actuellement. La première concerne la capacité de ces pays à parvenir à réduire leur dépendance vis-à-vis des ressources naturelles, et les conditions selon lesquelles cette évolution sera possible : pour les pays riches en ressources énergétiques, en opérant une diversification économique pour que leur croissance ne soit plus uniquement alimentée par le secteur énergétique ; pour les pays privés de ces ressources, en réduisant leur dépendance à l'égard des sources extérieures d'approvisionnement énergétique et en développant les industries de service. Certains de ces États, tels que la Russie, le Kazakhstan, l'Azerbaïdjan et le Turkménistan, devront en effet bâtir des économies saines ne reposant plus exclusivement sur l'exploitation et l'exportation de leurs réserves d'hydrocarbures. D'autres, comme l'Arménie, la Géorgie, la Biélorussie, l'Ukraine et la Moldavie, devront diversifier leur dépendance vis-à-vis de sources extérieures d'énergie, afin de ne plus être tributaires de la Russie, comme c'est le cas actuellement. Les ressources énergétiques risquent de continuer à unir et à opposer simultanément la région : à l'unir sur le plan du transport de l'énergie vers les marchés locaux et internationaux, mais à l'opposer entre producteurs d'énergie et consommateurs dépendants.

Le deuxième défi économique concernera le climat de l'investissement dans les économies eurasiennes en matière de primauté du droit, de protection de l'investissement étranger et de lutte contre la corruption. En 2004, par exemple, les investissements directs étrangers (IDE) en Russie se sont élevés à 9,4 milliards de dollars, mais les sorties de capitaux nettes étaient de 7,8 milliards de dollars, ce qui a conduit la BERD (Banque européenne pour la reconstruction et le développement) à déclarer que « la réserve accumulée d'IDE représente environ 6,5 % du PIB, soit seulement un cinquième du niveau moyen des autres pays européens en transition économique[204] ». À moins d'améliorations notables du climat de l'investissement, les IDE en 2025 risquent de demeurer faibles et sectoriels. Le dernier enjeu économique majeur concernera le rôle de l'État dans les économies de la région. En 2007, la tendance est au rôle accru du gouvernement dans les économies locales, en particulier dans les secteurs dits « stratégiques », comme l'énergie. Le rôle renforcé de l'État – surtout si la corruption y règne – peut avoir des conséquences pernicieuses, parce qu'il multipliera les occasions de recherche de rente, limitera l'investissement étranger et aura des effets négatifs sur la performance économique globale.

Les tendances démographiques

Le quatrième problème que les États eurasiens auront à résoudre d'ici à 2025 concernera sans doute les évolutions qui s'opèrent au sein de leurs sociétés, et les relations entre l'État et la société civile. Les tendances démographiques exerceront des pressions particulières sur l'ensemble des États – pour des raisons diverses et avec des conséquences multiples. La Fédération de Russie subit un important déclin démographique (des estimations prudentes indiquent une perte de un million d'habitants par an jusqu'en 2020), qui s'explique par un faible taux de fertilité et un taux de mortalité élevé. À l'opposé, les États d'Asie centrale se heurteront à des difficultés grandissantes dues à des taux de croissance démographique en expansion, et en particulier à une poussée des classes d'âge les plus jeunes[205]. Au Sud-Caucase et dans les autres États eurasiens (notamment le Tadjikistan), l'émigration économique continue pèsera sur la démographie.

Les sources d'instabilité

Dans l'ensemble, à l'horizon 2025, l'Eurasie connaîtra un certain nombre de difficultés, qui s'articuleront autour des points suivants :

La relation entre État et société

Les relations entre les structures étatiques et les collectivités d'ici à 2025 iront de relations relativement saines – dans la partie européenne de la région et certains pays du Sud-Caucase – à une emprise plus ferme en Asie centrale. Les pressions exercées par les citoyens en vue de participer davantage à la vie politique revêtiront diverses formes dans la région : d'exigences d'une plus grande ouverture démocratique dans la zone européenne, à des turbulences en Asie centrale, voire en Russie. Les pouvoirs publics réagiront diversement aux éventuelles menaces sociales en fonction de leurs capacités propres. Dans ces circonstances, des tensions peuvent apparaître dans les relations entre État et société, d'autant que des idéologies révisionnistes peuvent venir défier les régimes en place. Dans toute l'Eurasie, ce type d'idéologie pourra revêtir deux aspects distincts : celui d'un nationalisme de plus en plus intolérant, et dans des régions d'Asie centrale et de la Fédération de Russie celui d'un islam politique sans cesse plus présent. Le danger vient des réactions que risque d'entraîner la répression violente des mouvements islamiques extrémistes en Asie centrale[206]. Ces deux tendances peuvent finir par remettre en cause le *statu quo* de la première période post-soviétique, voire l'autorité de l'État en général[207].

Les relations entre les plus riches et les plus pauvres

D'ici à 2025, les États d'Eurasie se différencieront en fonction de leurs niveaux de prospérité économique, de leurs tendances démographiques, de leurs systèmes éducatifs et sanitaires et de leur intégration dans la mondialisation. Selon un rapport publié par la Banque mondiale en 2005, la pauvreté a reculé dans toute la région depuis 1998, sous l'effet de la croissance économique[208]. En 2025, la pauvreté restera toutefois problématique dans nombre d'États eurasiens, y compris dans des pays à revenu intermédiaire tels que la Russie, la Biélorussie et le Kazakhstan. Elle se manifestera par des disparités régionales croissantes entre capitales et provinces en termes de niveaux de vie et de possibilités d'emploi. Entre pays, il faut différencier un premier groupe – au sein duquel certains États établiront des liens étroits avec la zone euro – qui parviendra peut-être à stabiliser son économie et ses structures de gouvernance et sera ainsi à même de fournir les systèmes éducatifs et les infrastructures sanitaires nécessaires à la société (Moldavie, Ukraine, Russie, Kazakhstan, Géorgie). Un autre groupe se situe à l'autre extrémité de la palette : ce sont des États faibles et appauvris qui montrent des tendances démographiques inquiétantes et offrent peu d'atouts en matière de santé et d'éducation (le Kirghizstan, le Tadjikistan et certaines régions d'autres États[209]). Ces États faibles peuvent en outre poser des problèmes de sécurité régionale lorsqu'ils servent de base ou de lieu de transit à des réseaux criminels internationaux spécialisés dans la contrebande de marchandises prohibées, en particulier des stupéfiants[210].

Les zones de tension persistantes et nouvelles

En plus d'éventuels conflits non résolus dans la région (notamment en Géorgie), une analyse des tendances actuelles révèle que de nouvelles zones de tension apparaîtront avant 2025. Ces régions seront caractérisées par une combinaison instable de désorganisation économique tenace, de pauvreté généralisée, de mauvaise gestion de l'État central et de forte mobilisation sociale, combinaison qui posera d'énormes difficultés à certains États et sous-régions d'Eurasie. Une attention particulière doit être accordée aux tendances inquiétantes qui émergent à tous ces niveaux dans le nord du Caucase russe, aux tensions croissantes dans la vallée de Ferghana, en Asie centrale, et à la possibilité d'un effondrement de l'autorité de l'État dans certaines parties du Tadjikistan.

LES TENDANCES DANS LA FÉDÉRATION DE RUSSIE

Après une décennie de fort déclin économique, la Fédération de Russie apparaît, en 2007, plus forte et plus confiante que jamais. Après l'effondrement du rouble en 1998, l'économie a effectué un redressement exceptionnel. Selon la Banque mondiale, le taux de croissance élevé du PIB russe en 2003, qui était de 7,3 %, restait fort en 2005, à 6,4 %[211]. La Russie affichait un PIB de 760 milliards de dollars en 2005. Le gouvernement a mené une politique macroéconomique stable, une politique fiscale saluée par la communauté internationale, et a entrepris des réformes structurelles dans les secteurs clés de l'économie. La productivité de l'industrie s'est également redressée après le déclin des années 1990. La croissance a été en grande partie tirée par la production énergétique et les exportations. La Fédération de Russie détient environ 6 % des réserves pétrolières du monde, essentiellement en Sibérie occidentale. Bien que les estimations prêtent à controverse, la production de pétrole russe devrait augmenter de 21 % pour atteindre 11,1 millions de barils par jour (mb/j) en 2030. La Russie, on l'a vu, est également le premier pays exportateur de gaz, avec des réserves estimées à 47 800 milliards de m^3 et une production actuelle d'environ 616,5 milliards de m^3 [212]. De plus, après la période d'instabilité politique des années 1990, la structure constitutionnelle et fédérale de la Russie est aujourd'hui stabilisée, avec la constitution d'un exécutif plus fort et d'un pouvoir central plus puissant.

Des projections optimistes placent la Russie dans un groupe de pays (dits du BRIC : Brésil, Russie, Inde et Chine [213]) qui pourraient dépasser le G6 en 2050 (en dollars), le PIB russe atteignant 2 264 milliards de dollars d'ici à 2025. Ce scénario dépendra de la capacité de la Russie à créer les conditions de la croissance au moyen d'une politique macroéconomique saine, d'institutions politiques solides et stables, d'une ouverture au commerce et aux investissements directs étrangers, et de niveaux d'éducation élevés. Aucune de ces étapes ne peut être tenue pour acquise.

Les évolutions à l'échelle nationale

Jusqu'en 2025, l'essor de la Russie sera subordonné à un certain nombre d'inconnues sur les plans politique, économique, constitutionnel et social.

Une démocratie « illibérale » en devenir ?

Des incertitudes entourent l'orientation que prendra le système politique russe. Après 1999, Vladimir Poutine est parvenu à consolider un État très affaibli en restaurant « la verticale du pouvoir » – selon ses termes – de l'exécutif central. Ce faisant, le président russe a déclaré que la Russie instituerait une « démocratie souveraine » adaptée à ses conditions spécifiques. Cette « démocratie souveraine » a soulevé des inquiétudes chez de nombreux observateurs extérieurs. En théorie, le système politique russe revêt une forme démocratique, avec des élections régulières, une liberté garantie par la Constitution ainsi que l'existence de contrepouvoirs, mais la pratique est bien différente[214]. La « démocratie souveraine » russe s'est concrétisée par un affaiblissement du pluralisme politique, une mainmise accrue de l'État sur les médias, l'application arbitraire de l'État de droit et des pressions visant à corseter la société civile. En 2006, le système politique russe présentait des éléments marqués de ce que l'on a appelé « démocratie illibérale » – associant une forme démocratique libérale à un contenu « illibéral[215] ». Sans aucun doute, après des années de politique instable sous Boris Eltsine, la centralisation accrue de Vladimir Poutine a apporté une stabilité indispensable au système politique russe. Toutefois, les effets à plus long terme d'une « démocratie gérée » sont beaucoup plus flous. Dès 2025, la divergence entre un État centralisant et une société de plus en plus exclue pourrait favoriser la montée en puissance de figures politiques révisionnistes dont les idéologies pourraient remettre le *statu quo* en question. En Russie, le risque viendrait en particulier d'un nationalisme intolérant et fermé.

Réaffirmer le centralisme

Sur le plan constitutionnel, la Fédération de Russie risque de rencontrer, au cours des vingt prochaines années, des problèmes persistants ayant trait à la structure et à la répartition du pouvoir dans l'ensemble du territoire. Aux termes de la Constitution, la Fédération de Russie est composée de 89 sujets, dont 49 « régions » et 21 « Républiques autonomes » (fondées sur des critères ethniques). Vladimir Poutine est revenu sur la politique de Boris Eltsine, qui avait transféré les pouvoirs centraux aux sujets de la Fédération, par un contrôle accru des élections à l'échelon régional et le renforcement de l'exécutif central. Dans de nombreux cas, la consolidation du pouvoir central a été un facteur de stabilité, mais pas systématiquement.

Le Nord-Caucase est apparu comme un point de fracture dans les relations fédérales : une grande pauvreté, une forte croissance relative de la population, une politique centrale médiocre et une mobilisation sociale grandissante rendent la situation de cette région très préoccupante. Les enjeux sont différents mais non moins importants dans l'Extrême-Orient russe. Toutefois, dans un avenir prévisible, l'équilibre des pouvoirs établi dans le cadre des relations fédérales de la Russie entre le centre et les régions reste incertain, et les tensions politiques resteront fortes dans le Nord-Caucase. Il n'est pas impossible que certaines régions et républiques cherchent à obtenir une plus grande autonomie au plan économique, surtout si elles détiennent des ressources naturelles recherchées sur les marchés internationaux (comme certaines parties de la Sibérie). Dans d'autres cas, un approfondissement – volontaire ou non – des liens régionaux avec des pays limitrophes, et notamment la Chine, sont susceptibles de créer des tensions dans les relations entre le centre et les régions[216].

Les défis économiques

Le développement économique de la Russie est également confronté à de grandes incertitudes. L'importance grandissante de la production énergétique et de son exportation pour la croissance économique russe pose plusieurs difficultés au Kremlin. D'après certaines estimations, le secteur du pétrole et du gaz russe aurait représenté jusqu'à 25 % du PIB en 2003, alors qu'il employait moins de 1 % de la population[217]. En premier lieu, l'essor économique pâtira de l'absence de réelle diversification, pourtant nécessaire pour réduire la dépendance à l'égard des matières premières. Dans ce sens, les dirigeants russes devraient entreprendre de vastes réformes structurelles qui ouvriraient la voie à l'investissement dans des secteurs non énergétiques – tels que les biens industriels – et à leur développement[218]. La gestion du Fonds de stabilisation russe, fondé sur la manne énergétique, jouera un rôle crucial dans cette diversification[219]. Deuxièmement, la tendance actuelle qui consiste à accroître la mainmise de l'État sur le secteur énergétique pourra avoir des conséquences néfastes à long terme : corruption et collusion accrues, mauvaise gestion, politisation grandissante et baisse générale de la productivité.

Troisièmement, le secteur énergétique russe nécessite une réforme de fond, qui sera peut-être plus ardue à mettre en place si l'emprise étatique est forte. L'investissement nécessaire au bon développement du secteur énergétique dans son ensemble (y compris l'exploration, le développement et la maintenance du nucléaire, du thermique, du charbon, de l'électricité, du gaz et du pétrole) se chiffrerait à quelque 715 milliards d'euros pour la période 2003-2020[220]. Un investissement aussi massif dépendra fortement de l'ouverture réelle de l'économie russe dans son ensemble, de l'instauration d'un État de droit fiable et exempt de discrimination ainsi que de droits de propriété clairement définis[221]. La mise en place d'un système bancaire efficace sera également fondamentale pour favoriser les investissements nationaux[222]. La réduction de la corruption constitue un autre enjeu stratégique, qui aura des répercussions sur tous les secteurs de l'économie et leur développement[223].

Les problèmes sociaux

Enfin, la Fédération de Russie devra faire face à toute une série de problèmes sociaux d'ici à 2025. La Russie est confrontée à un enjeu démographique important. Malgré un léger apport migratoire et une hausse insignifiante du taux de fertilité (de 1,40 à 1,58 enfant par femme), la population russe va vraisemblablement chuter au cours des vingt prochaines années, passant de 143,2 millions à 129,2 millions d'individus en 2025. La part des actifs restera probablement assez élevée (aux alentours de

60 %), mais la très faible progression des catégories jeunes (environ 16 % de la population dans les cinquante ans à venir) et, par contrecoup, l'accroissement net de la part des retraités (de 17,1 % à 24,3 % en 2025), pourraient entraîner de graves problèmes sociaux. Parallèlement, le pays connaît l'un des taux d'infection à VIH les plus élevés du globe, ce qui pourrait avoir des conséquences sociales et économiques de grande ampleur si les taux actuels se maintiennent. De plus, la Russie se heurtera au problème de la répartition des retombées de la croissance économique en termes de niveau de vie et de perspectives d'emploi dans les diverses régions et républiques du pays. En l'absence de profonds changements structurels, la Russie pourrait présenter une situation socio-économique extrêmement contrastée, certaines villes et régions étant dotées des caractéristiques du monde développé tandis que d'autres auront des particularités plus proches de celles du tiers-monde.

LA FÉDÉRATION DE RUSSIE ET LE MONDE

Les perspectives stratégiques de la Russie

La persistance de sa faiblesse économique et de problèmes intérieurs, conjuguée à de nouveaux points forts sur les plans économique et politique, conduira très probablement la Russie à adopter une politique étrangère plutôt orientée vers le *statu quo*. Pendant une grande partie des années 1990, la Russie a considéré qu'elle avait été soumise aux forces de la mondialisation sans avoir beaucoup d'emprise dessus. Moscou s'efforcera d'exploiter le reliquat de son ancien statut de superpuissance et ses nouveaux points forts pour que le pays puisse devenir un « acteur » de la mondialisation plutôt que sa « victime ». Dans la perspective globale de conserver le statut de grande puissance, les deux principaux objectifs de la politique étrangère russe seront sans doute de créer tout d'abord un climat extérieur prévisible et propice à la transformation intérieure du pays et, ensuite, de renforcer la souveraineté et la liberté de manœuvre du pays dans les affaires internationales. Un certain nombre de lignes d'action pourraient résulter de ces objectifs prédominants.

Jouer un rôle mondial

Tout d'abord, le Kremlin voudra conserver une position d'influence dans un maximum d'organisations internationales. Le Conseil de sécurité des Nations unies y tient une place capitale : il est le pilier du droit et des régimes internationaux et l'unique forum où la Russie peut avoir une influence sur toutes les questions internationales majeures. Par ailleurs, la Russie cherchera à devenir membre de l'Organisation internationale du commerce (OMC) et à se rapprocher d'organisations régionales de premier plan. En Europe, l'OTAN (Organisation du traité de l'Atlantique nord) et l'UE, malgré les difficultés actuelles, continueront d'intéresser Moscou sur les plans politique et économique. D'un point de vue stratégique, l'orientation vers l'Europe est vitale pour Moscou en raison de l'importance des liens économiques et aussi parce que l'Europe est considérée comme un facteur de solutions de sécurité plutôt que de problèmes – par opposition aux menaces réelles ou imaginaires en provenance du sud. L'accent mis par la Russie sur l'Europe risque toutefois d'être contrebalancé par son désir de se rapprocher d'autres organisations régionales, soit en tant que dirigeant, comme dans le cas de l'Organisation de coopération de Shanghai, soit en tant que membre et observateur, comme pour l'ASEAN.

Par ailleurs, la politique étrangère russe va vraisemblablement continuer de s'éloigner de l'Ouest et de l'Europe, à qui elle accordait la priorité dans les années 1990, pour adopter une attitude plus universelle. L'Europe demeurera un interlocuteur essentiel pour Moscou, ne serait-ce qu'en raison de l'échelle des échanges économiques avec ses partenaires européens et de l'importance de l'Europe en tant que figure de proue de la mondialisation. La politique étrangère russe risque toutefois de se tourner de plus en plus vers les grandes puissances émergentes, en particulier la Chine et l'Inde et, à l'échelle régionale, la Turquie. La politique étrangère du Kremlin tentera probablement de rester « multivectorielle » afin de favoriser le développement d'un monde multipolaire. Du fait de leur statut de première puissance mondiale, les États-Unis conserveront leur position centrale dans la vision russe des affaires internationales, et Moscou cherchera à maintenir des liens privilégiés avec Washington[224]. Les États-Unis ne retrouveront pourtant pas l'influence prépondérante qu'ils avaient sur la politique intérieure et extérieure russe dans les années 1990.

Les atouts de la Russie

La politique étrangère russe cherchera à tirer le meilleur parti de ses points forts, hérités de sa puissance passée ou nouvellement acquis. Le rôle prépondérant actuellement joué par l'énergie comme facteur d'influence risque de s'accentuer, la Russie cherchant à s'imposer comme acteur énergétique mondial à travers des relations diversifiées, qui tendent à s'éloigner de l'Europe pour se rapprocher de l'Asie et des États-Unis. La stratégie russe consistera à construire un secteur énergétique plus équilibré et concurrentiel, sur le plan de la production (le gaz naturel liquéfié prendra de l'importance) et de l'orientation des exportations (l'Europe restera primordiale, mais l'Asie et les États-Unis peuvent également devenir des marchés de choix). Par ailleurs, Moscou cherche à mettre sur pied des forces armées modernisées, en parallèle à une industrie militaire compétitive. D'ici à 2025, la modernisation des forces sera orientée autour de deux priorités : en premier lieu, par le renouvellement et la modernisation de capacité de dissuasion et, en second lieu, par la constitution de forces mobiles et professionnelles capables de défendre les intérêts nationaux à l'intérieur et aux frontières du pays. L'usage de la force risque de demeurer présent dans la politique étrangère russe, en particulier dans la zone de la CEI. La Russie cherchera aussi à rester un exportateur d'armements majeur.

L'espace postsoviétique

Enfin, la politique étrangère russe continuera d'accorder une importance particulière aux pays de l'ancien bloc soviétique. Pour l'économie russe, la région est à la fois une source de main-d'œuvre, un marché pour ses industries et une source d'énergie durable, transportée par les oléoducs russes. Dans l'ensemble, la présence russe dans les territoires de l'ancienne URSS sera plus diversifiée, allant d'une politique de défense régionale avancée en Asie centrale, au maintien de liens bilatéraux forts avec l'Arménie et l'Azerbaïdjan, ainsi qu'avec la Biélorussie et l'Ukraine. Les relations avec la Moldavie et la Géorgie risquent de rester difficiles, Moscou menant toujours une politique de coercition envers ces États. En général, la politique russe devrait vraisemblablement s'articuler autour de vecteurs économiques, avec la présence accrue d'entreprises russes et l'instauration de zones de libre échange régionales et sous-régionales.

De ce fait, en 2025, la Russie est susceptible d'acquérir un statut d'une envergure très supérieure à celui qui était le sien à l'effondrement de l'Union soviétique. Disposant d'une marge de manœuvre accrue, la Russie sera également un acteur plus souverain sur la scène internationale, plus soucieux et plus apte à défendre ses intérêts et à faire entendre sa voix. Dans les pays de l'ex-URSS, la politique étrangère du Kremlin prendra probablement une dimension postimpériale, par la recherche d'une influence hégémonique, sans contrôle territorial. Une telle attitude peut inclure des politiques de coercition si les intérêts russes se trouvent menacés.

En conclusion, la question centrale pour l'avenir de la Russie concernera la tension entre la tendance à un centralisme de plus en plus autoritaire et son ouverture à la mondialisation. Cette tension opérera sur plusieurs plans qui sont étroitement liés. Sur le plan fédéral, cette tension consistera à concilier le pouvoir central de Moscou et ses institutions fédérales avec les pouvoirs des nombreuses républiques et régions qui composent la Russie. Sur le plan politique, l'avenir de la Fédération sera soumis à des tensions entre une emprise politique accrue de l'État – allant jusqu'à l'autoritarisme – et l'apparition d'une forme de régime politique plus souple et plus démocratique. Sur le plan économique, cette question déterminante se traduit par une tension entre une économie de plus en plus dépendante de la production et de l'exportation d'énergie, elle-même soumise au contrôle croissant de l'État, et la diversification de la structure économique du pays. En gérant ces multiples tensions, il est possible que la Fédération de Russie présente certains éléments d'un modèle asiatique de développement politique et économique, avec des aspects différenciés. D'un côté, une autorité politique centralisée et forte, avec la mainmise de l'État sur les secteurs stratégiques de l'économie. De l'autre, une diversification économique timide et une ouverture restreinte aux dimensions de la mondialisation qui sont censées servir les intérêts de la Russie. Parvenir à trouver un point d'équilibre entre ces tensions ne sera pas chose facile.

7

Le Moyen-Orient et l'Afrique du Nord

La région du Moyen-Orient et de l'Afrique du Nord (MOAN) comprend 18 pays musulmans qui vont du Maroc à l'Iran. Elle se divise en deux moitiés inégales : le Maghreb ou Afrique du Nord, à l'ouest de l'Égypte, et le Mashrek, à l'est de l'Égypte. Plusieurs pays adjacents sont liés de près ou de loin avec l'une de ces sous-régions ou avec les deux à la fois. Les plus importants d'entre eux sont le Soudan et la Somalie, l'Afghanistan et le Pakistan et, de plus en plus souvent, la Turquie. Diverses évolutions d'ordres structurel et politique intervenues au Moyen-Orient et en Afrique du Nord ouvrent la voie à une agitation croissante. D'une part, la stabilité de la région est fondamentale pour la sécurité et la prospérité non seulement des zones avoisinantes, notamment l'Europe, le Caucase, l'Asie centrale et le sous-continent indien, mais également pour celle du monde entier. D'autre part, la région est une véritable poudrière en puissance : les divers facteurs de crise comprennent une expansion démographique continue, des conditions environnementales qui se dégradent, des économies stagnantes, à quoi s'ajoutent des tensions d'ordre politique, ethnique et religieux endémiques, dont le règlement semble encore éloigné. L'enchevêtrement des éléments latents de conflit, d'ordre idéologique (par exemple, l'intégrisme) et structurel (par exemple, l'énergie, la démographie, l'environnement) est une autre caractéristique de la région MOAN. Bien que la nécessité pressante d'établir un ensemble de réformes socio-économiques, de promouvoir une meilleure gouvernance et de créer des cadres régionaux de sécurité coopérative soit évidente, peu de progrès ont été accomplis dans ce domaine.

LES PROBLÈMES RÉGIONAUX

L'énergie

Le Moyen-Orient, qui détient les plus grandes réserves mondiales de pétrole et de gaz, produit à l'heure actuelle 28 % du pétrole de la planète. Cette part devrait grimper à 38 % en 2030. D'ici là, la production de pétrole de l'ensemble de la région MOAN va probablement croître de plus de 60 %, passant de 26,8 à 43,7 mb/j, et la production de gaz devrait tripler pour atteindre 900 milliards de m^3. Les pays de la région (et plus particulièrement l'Arabie saoudite, l'Iran et l'Irak) pourraient représenter environ 50 % des besoins en pétrole de l'UE (contre 45 % aujourd'hui). La dépendance européenne vis-à-vis du gaz est, pour le moment, moins prononcée. L'accroissement éventuel des importations européennes en provenance de la région pourra dépendre de la politique énergétique de la Russie et du développement des infrastructures des transports (GNL, pipelines). Dans la mesure où les producteurs du Moyen-Orient sont les seuls à disposer d'une forte capacité de réserve, la région, et en particulier les pays du Golfe, auront une importance capitale pour répondre à la croissance rapide des puissances émergentes. Le Moyen-Orient fournit d'ailleurs déjà environ 50 % des demandes chinoise et indienne ; le volume de gaz acheminé d'Iran et d'autres pays du Golfe vers la Chine et l'Inde pourrait également croître, impliquant un développement des capacités de conditionnement et de transport de GNL de ces régions ou la construction d'un gazoduc – très controversé – qui passerait par le Pakistan. D'autres routes partant d'Iran et traversant l'Asie centrale sont également à l'étude.

Le problème de la gouvernance

Tirée par la flambée des prix du pétrole, la croissance du PIB dans la région s'établit à 5,5 % en 2004 et à près de 5,7 % en 2005, soit deux fois plus que le taux de croissance moyen dans les années 1990[225]. Du point de vue économique, la hausse des recettes provenant du pétrole et du gaz est une chance pour la région. Une gouvernance saine et des réformes structurelles s'imposeront toutefois pour qu'elle puisse engranger les bénéfices de la rente pétrolière et gazière, encourager la diversification de l'économie et soutenir la croissance. Dans l'ensemble, qu'ils soient ou non riches en hydrocarbures, tous les pays du Moyen-Orient et de l'Afrique du Nord sont confrontés à des problèmes de gouvernance fondamentaux, notamment en matière d'administration publique, d'État de droit et de responsabilité du secteur public devant les citoyens et les acteurs économiques du secteur privé[226]. Des réformes structurelles sont à entreprendre dans les plus brefs délais si la région veut s'ouvrir aux échanges et aux investissements, développer le secteur privé, diversifier l'économie (et du même coup limiter sa dépendance par rapport au prix de l'énergie[227]).

Une réforme de la gouvernance favorise les réformes économiques. Ces dernières peuvent être difficiles à supporter à courte échéance et exigeront une forte volonté politique. Cela étant, les tensions politiques qui traversent la plus grande partie de la région ne vont guère encourager les régimes locaux à adopter des réformes dont le besoin se fait cruellement sentir (marché du travail, secteur bancaire, privatisation des services publics, etc.) mais qui pourraient affaiblir leurs réseaux d'influence internes. Faute de réformes, la conjoncture dans la plupart des pays de la région MOAN risque donc de rester relativement peu attrayante. Le volume des investissements directs étrangers nets, qui se chiffraient à 9,1 milliards de dollars en 2005 et se concentraient essentiellement vers les pays riches en ressources naturelles, témoigne du peu d'intérêt suscité par la région sur le plan économique[228]. Les plus importants transferts financiers des pays de la région résultent non pas de l'investissement mais des transferts de salaires provenant des expatriés en Europe ou dans le Golfe, évalués à 20,3 milliards de dollars en 2004.

Si ces questions de gouvernance concernent à peu de chose près l'ensemble des États de la région, une distinction s'impose entre les pays riches en matières premières et ceux qui en sont dépourvus. La hausse des prix a entraîné un surcroît de recettes pétrolières pour les pays de la région MOAN exportateurs de pétrole[229]. Les pays du Moyen-Orient et d'Afrique du Nord ont utilisé ces revenus de diverses manières. Dans les grands pays riches en hydrocarbures, tels que l'Algérie et l'Iran, l'existence d'une économie de rente freine le processus de réforme et obère les tentatives de diversification de l'économie, tout en favorisant le maintien d'un taux de chômage élevé, l'inflation du secteur public et le développement du protectionnisme. La situation est tout autre dans les pays du Golfe (Iran excepté), moins peuplés, qui ont été à même de réformer leurs économies grâce à de nouvelles privatisations et à une modernisation notable de leurs infrastructures. Dans les pays pauvres en ressources naturelles enfin, la nécessité d'une réforme approfondie de la gouvernance et de l'économie s'impose, leur croissance étant étroitement conditionnée à une meilleure intégration aux circuits d'échanges et d'investissements internationaux.

Mais une autre distinction – dont les incidences dépassent la dimension purement économique – s'impose entre les pays où la main-d'œuvre abonde et ceux qui en manquent. Ces derniers sont concentrés dans la région du Golfe, où les immigrés constituent la majeure partie de la main-d'œuvre et, dans certains cas (les Émirats et le Qatar, par exemple), de la population elle-même. Les pays du Golfe tendent désormais à restreindre strictement l'immigration et à réduire les effectifs de travailleurs étrangers[230]. Cette décision aura probablement un coût social très élevé et des répercussions directes sur l'économie des pays bénéficiant des transferts de salaires en provenance de la région. Les pays où la main-d'œuvre est abondante seront confrontés à un problème différent, à savoir la nécessité de créer suffisamment d'emplois pour une population en pleine expansion[231]. Dans les deux décennies à venir, l'explosion démographique risque de poser le problème structurel le plus important pour la stabilité de l'ensemble de la région.

La démographie et l'environnement

D'ici à 2025, malgré un déclin progressif des taux de fertilité, la population du Moyen-Orient et de l'Afrique du Nord progressera de 38 %, passant de 388 millions à 537 millions d'habitants ; la population en âge de travailler croîtra de 40 % en Afrique du Nord et pourrait atteindre 50 % au Moyen-Orient, soit environ 80 millions de personnes (sur un total de 185 millions) avant 2020. Selon la Banque mondiale, quelque 100 millions de créations d'emplois seraient nécessaires au cours des vingt prochaines années pour absorber les actifs, ce qui suppose que la croissance économique annuelle moyenne se maintienne autour de 6 % à

7 % sur la période. Si les cours du pétrole devaient chuter et si le développement des secteurs non énergétiques de l'économie devait connaître la même atonie que ces dernières décennies, le chômage pourrait toucher 50 millions de personnes (soit 27 % de l'ensemble de la main-d'œuvre estimée) d'ici à une vingtaine d'années[232]. De surcroît, les parts de marché grandissantes conquises dans le secteur de l'industrie manufacturière, fortement demandeuse en main-d'œuvre, par les pays d'Asie (notamment la Chine, mais aussi l'Inde, l'Indonésie et le Bangladesh), accroissent la concurrence à laquelle les pays de la région sont exposés et assombrissent leurs perspectives de diversification et de croissance. Si l'on exclut les exportations d'hydrocarbures et, à l'exception de petits pays du Golfe tels que Bahreïn ou les Émirats spécialisés dans les services financiers, les installations portuaires et le tourisme, les pays de la région MOAN risquent de rester en marge de la mondialisation économique[233].

La détérioration de l'environnement représentera une autre forme de défi pour la région. Quatre-vingt-sept pour cent de son territoire est constitué de déserts ou zones arides, et cette proportion devrait s'accroître sous l'effet du changement climatique, qui provoque une hausse des températures et un recul des précipitations. Bien que des investissements publics considérables aient été faits dans les réseaux d'approvisionnement en eau potable, la dégradation de l'environnement, aggravée par une croissance démographique soutenue, risque d'entraîner de graves pénuries d'eau. La disponibilité annuelle d'eau par habitant, qui est actuellement de l'ordre de 1 200 m^3 (contre un niveau mondial de 7 000 m^3) pourrait tomber à 550 m^3 d'ici à 2050[234]. Parmi les conséquences indirectes de la sécheresse et de la désertification figurent la diminution des capacités d'irrigation des terres arables (et par conséquent une dépendance accrue vis-à-vis des importations de denrées alimentaires[235]) et la progression de l'exode rural vers les centres urbains : en 2015, les populations urbanisées concentreraient 70 % de la population de la région. L'insuffisance d'eau peut également avoir des répercussions au plan politique. Certains pays, comme l'Égypte et la Syrie, sont largement tributaires des ressources en eau douce (cours d'eau) provenant de pays tiers et, par conséquent, des politiques de l'eau menées par les États limitrophes. Des programmes de gestion des ressources en eau ont toutefois été lancés récemment dans la zone du Maghreb et du Mashrek.

Un rapide tour d'horizon de quelques indicateurs structurels élémentaires révèle l'ampleur des défis liés au développement auxquels la plupart des pays de la région MOAN seront confrontés, y compris nombre de pays dotés de ressources naturelles. Cela dit, l'incapacité à régler ces problèmes relève tout particulièrement du domaine politique. De ce point de vue, l'essoufflement de la réforme de la gouvernance et de la démocratisation, les rivalités ethniques et confessionnelles dans tout le Moyen-Orient, et l'éventualité d'une grave crise systémique au Mashrek seront des questions essentielles pour l'avenir de la région.

TROIS ENJEUX POLITIQUES MAJEURS

Le Mashrek est une région en pleine mutation : la démocratisation fait l'objet d'un débat intense, les identités ethniques et sectaires sont de plus en plus marquées, certains régimes ont étés renversés (le régime baasiste en Irak) ou battus lors d'élection (le Fatah en Palestine), alors que la plupart d'entre eux sont soumis à des pressions internes et externes croissantes (Syrie, Arabie saoudite, Iran et Liban). Les pouvoirs en place considèrent ces évolutions comme des sources d'instabilité, d'autant que le rôle dévastateur de la politisation des religions et des ethnies est connu, en particulier par les exemples afghans, irakiens, turcs ou libanais. Cette politisation s'est systématiquement soldée par la faillite temporaire ou partielle de l'État ou l'effondrement de son autorité sur une partie du territoire. Pendant les années 1990, les États défaillants, les territoires livrés au désordre et les régimes scélérats (surtout en Afghanistan et en Somalie) ont été un vivier de l'extrémisme et ont servi de base arrière à des réseaux terroristes internationaux comme Al-Qaida ou à des réseaux criminels organisés de type mafieux – essentiellement des cartels de la drogue. Mais ces deux phénomènes (États défaillants et réseaux terroristes) ne sont qu'un des éléments de ce qu'on a qualifié de « grande crise de l'Asie de l'Ouest[236] ». Il faut également compter avec l'internationalisation de conflits locaux, et notamment le conflit israélo-palestinien, qui catalyse et exacerbe les tensions régionales.

Israël et la Palestine

La résolution du conflit israélo-palestinien demeure l'enjeu le plus important de la communauté internationale. La question est aujourd'hui de savoir si un État palestinien souverain sera créé sur une partie du territoire de la Palestine mandataire ou non. La Palestine reste la grande cause du nationalisme arabe, de l'islam politique et de la gauche traditionnellement anti-impérialiste. Elle continuera par conséquent de susciter l'engagement politique des Arabes et des musulmans du monde entier. Les populations de la région MOAN considèrent déjà tous les conflits comme des expressions locales d'une seule et unique cause : l'hostilité occidentale vis-à-vis de l'islam. La présence étrangère en Irak est largement perçue par les populations de la même manière que la présence israélienne dans les territoires occupés. En même temps, étant donné la position géographique centrale de l'Irak, une nouvelle forme de militantisme extrémiste regroupant divers mouvements – du Cachemire à la Palestine – se développe dans la clandestinité. À mesure que les chances de parvenir à une solution négociée, articulée autour de deux États, semblent s'amenuiser, il est probable que le mécontentement, l'amertume et la haine pure à l'encontre de l'Occident (dans le cas présent, d'Israël, des États-Unis et de l'Europe) continueront à se développer, ce qui aggravera la menace envers la sécurité des pays membres de l'UE.

Démocratisation et islamisation

L'enchevêtrement des deux phénomènes de démocratisation et d'islamisation sera l'un des plus grands défis des vingt prochaines années[237]. Cet enchevêtrement, apparemment contradictoire, est profondément enraciné et correspond à une tentative de résolution de l'autoritarisme et du retard accumulé par la région. Au XXe siècle, l'« islamisme » s'est affirmé comme « islam politique » sur le plan politique et intellectuel et a engendré sur un plan sociétal une forme plus virulente d'« intégrisme islamique[238] ». Ces deux tendances se sont d'abord exprimées en réaction contre les puissances coloniales, puis contre l'incurie des régimes autoritaires de l'ensemble de la région MOAN, fondés sur le clientélisme, pour se substituer enfin aux idéologies nationalistes et/ou marxistes dont l'attrait décroissait. Des associations comme les Frères musulmans[239] – présente en Égypte d'abord puis dans l'ensemble de la région – ou la confrérie Nurcu en Turquie, ont concouru à renforcer la place de l'islam dans la société. L'objectif de ces organisations était – et reste – d'islamiser la société de la base vers le sommet. Pour ce faire, elles utilisent une diversité d'institutions et de réseaux sociaux (les associations caritatives par exemple), prennent part aux activités économiques et exercent par ce biais une pression sociale indirecte suffisante pour que les populations soient publiquement contraintes de se conformer aux normes et aux mœurs islamiques. Il y a peu de chances que cette tendance s'atténue dans le proche avenir : elle restera un enjeu tant culturel que politique pour les élites laïcisées du MOAN. Le degré d'antagonisme et d'instabilité que le militantisme islamique provoquera dépendra de l'importance que les élites politiques des États du Moyen-Orient et d'Afrique du Nord attachent à la laïcité et de leur capacité à introduire des réformes de bonne gouvernance.

L'attitude de l'islamisme politique à l'égard de la question de la démocratie a considérablement évolué. À l'origine, les partisans de l'islam politique étaient très critiques envers la démocratie, mais au cours des années 1990, une tendance plus favorable au vote populaire est apparue. Ce revirement est fondé sur l'espoir que, dans nombre de pays musulmans, l'islamisation réussie de la société pourrait inciter une part importante des électeurs (estimée jusqu'à 40 % dans certains pays) à se prononcer en faveur des partis islamiques. L'union entre l'islamisme politique et la démocratisation est donc une union de convenance[240]. Toutefois, si l'on se projette à moyen terme, la démocratisation ne doit pas être considérée comme l'effet naturel de cette évolution. Le mécontentement provoqué par des élections truquées ou le rejet par la communauté internationale du résultat de certaines élections risque d'amoindrir l'attrait de la démocratie elle-même[241].

Dans la mesure où l'islamisme est la seule idéologie à exercer un réel attrait sur les populations de la région MOAN, l'islamisation et la démocratisation iront de pair dans la région aussi loin que l'on puisse le prévoir. Malgré toutes leurs différences, le Parti de la justice et du développement (AKP) turc, l'Alliance des Irakiens unis (UIA) en Irak, le Hezbollah libanais et le Hamas palestinien en sont des exemples. Le soutien occidental aux élections libres et justes qui se tiendront dans la région sera décisif pour la promotion de la démocratie. Il faudra notamment subordonner tout soutien économique à une bonne gouvernance, au respect des droits de l'homme et à la liberté des médias – et accepter l'issue du scrutin. Il va sans dire que le processus de démocratisation sera progressif et qu'il a peu de chances de déboucher sur des régimes politiques ressemblant aux systèmes démocratiques libéraux occidentaux. En revanche, l'instauration d'une démocratie parlementaire multipartite est un objectif important en soi.

Néanmoins, le rapport entre islamisme et démocratisation est – et sera – perturbé par des mouvements extrémistes minoritaires qui continuent de rejeter la démocratie, qualifiée de déviation et de péché à l'égard de Dieu. Ces groupuscules ne peuvent être assimilés dans la vie démocratique, ayant opté pour une démarche violente, qualifiée de djihadisme[242]. Il est important d'observer qu'une corrélation inverse apparaît entre la maturité du parlementarisme et l'attrait des idéologies djihadistes : plus l'islamisme politique a des chances de remporter des élections libres, moins les extrémistes ont de marge de manœuvre. Il n'en reste pas moins que l'extrémisme djihadiste persistera dans tous les pays islamiques ainsi qu'en Europe occidentale. Par l'usage du terrorisme, cet extrémisme dispose d'un pouvoir d'influence sur le débat général portant sur le devenir de l'islamisme politique. Le réseau peu structuré que forment les djihadistes à travers le monde constitue la principale menace terroriste pour l'UE, dans la mesure où ceux-ci poursuivent un programme planétaire, aux objectifs totalitaires. Leur réseau le plus connu, Al-Qaida[243], ne constitue en tant que tel qu'un phénomène éphémère, alors que le djihadisme continue de prospérer et transformera peut-être des mouvements de résistance islamiques nationaux, motivés par des problématiques locales, en organisations terroristes extrémistes.

La progression du mouvement djihadiste/salafiste dans la plupart des pays de la région MOAN n'est pas sans conséquences.

1) Sur le plan idéologique, elle se traduit par une hostilité extrême à l'égard de tous les modérés, et leur persécution, en vue de déstabiliser les tendances démocratiques naissantes perçues comme les instruments de l'impérialisme.

2) Sur le plan religieux, elle s'est déjà concrétisée par la persécution des chiites, considérés comme hérétiques.

3) Enfin, et il s'agit certainement là d'une des incidences les plus préoccupantes de ce phénomène, le djihadisme favorise le développement du terrorisme transfrontalier, qui touche non seulement la région mais également l'UE, l'Afrique, l'Inde et l'Asie du Sud-Est.

La dimension internationale du mouvement djihadiste – héritée d'Al-Qaida – lui permet d'assurer la rotation des combattants d'un conflit à l'autre. Aujourd'hui, en Irak, des centaines de groupuscules de résistance indépendants offrent des capacités d'entraînement au combat aux volontaires étrangers, tandis que de nouvelles méthodes terroristes mises au point dans ce même pays sont déjà utilisées, entre autres, en Afghanistan. Plus le conflit s'éternise, plus les combattants étrangers s'entraînent et plus les réseaux post-Al-Qaida seront en mesure d'agir avec efficacité.

En dépit des lacunes du processus de démocratisation et du risque que fait peser l'extrémisme djihadiste, le soutien aux forces islamiques modérées, favorables au parlementarisme, semble être le seul moyen possible de déradicaliser les islamistes extrémistes. Il n'en reste pas moins qu'une telle démarche rencontrera d'énormes difficultés. D'une part, les nouvelles démocraties peuvent, elles aussi, être mal gouvernées ou politiquement instables. D'autre part, le djihadisme continuera de menacer à la fois les régimes régionaux et la sécurité intérieure de l'Occident, quel que soit le degré de démocratie – ou d'absence de démocratie – des régimes de la région. Enfin, les forces islamistes extrémistes peuvent décider de se servir du pouvoir qu'elles ont obtenu par des voies démocratiques à des fins non démocratiques. D'où l'importance du soutien à apporter à une réforme structurelle de la gouvernance afin que l'élan démocratique perdure.

Appartenance ethnique et sectarisme

La plupart des frontières des États du Moyen-Orient et d'Afrique du Nord ont été tracées artificiellement par les anciennes puissances coloniales, au mépris des réalités ethniques et confessionnelles. En général, les élites nationalistes des pays de la région MOAN ont toujours ressenti les tensions ethniques, tribales et sectaires comme des atteintes à la sécurité nationale, c'est-à-dire comme une menace à l'unité nationale et une entrave à l'emprise de l'État sur la société. Dans l'ensemble, les États de la région n'ont pas reconnu les droits des minorités mais ont tenté de les assimiler, avec un certain succès au XXe siècle. La tendance s'est inversée dès la fin des années 1980, certaines minorités défiant ouvertement l'État. C'est désormais le cas des Berbères d'Afrique du Nord, des Coptes d'Égypte ou des musulmans non-wahabbites d'Arabie saoudite. Deux cas particuliers ont toutefois une forte incidence sur la sécurité régionale : la question kurde et les relations entre sunnites et chiites. Si ces situations devaient être mal gérées ou si les tensions devaient encore s'exacerber, les conflits ethniques et sectaires qui en résulteraient pourraient provoquer une phase d'instabilité durable dans la région.

La question kurde

Les Kurdes forment une minorité non négligeable en Turquie, en Syrie, en Irak et en Iran et, dans chacun de ces pays, ils ont souvent recouru à la violence pour défendre leurs droits culturels et politiques[244]. Le nouvel État kurde créé *de facto* en Irak[245] est une source d'inspiration pour tous les Kurdes et pourrait servir de base à un mouvement irrédentiste. Malgré tout, l'État *de facto* du « Kurdistan » tentera de résister à cet irrédentisme aussi longtemps qu'il n'aura pas obtenu une totale indépendance et essaiera de trouver un équilibre entre la Turquie, l'Iran et la Syrie dans les dix prochaines années. De ce fait, sur un plan régional, la prochaine décennie sera dominée par la « question kurde », c'est-à-dire la reconnaissance ou non du Kurdistan actuel en tant qu'État. Le problème mobilisera une part croissante de l'engagement diplomatique des pays de la région, des États-Unis et de l'UE, et pèsera sur les relations de cette dernière avec la Turquie.

Le statut des Kurdes dans d'autres pays, en particulier en Syrie, en Turquie et en Iran[246] influera fortement sur le devenir de ces États en transformant leur fondement idéologique. Les droits des minorités kurdes ne pourront être complètement respectés que si le kémalisme turc ou l'idéologie baassiste de Syrie changent en profondeur. La situation des droits des minorités kurdes est en quelque sorte un baromètre de la démocratie dans la région. Dans le cas de l'Iran, le succès relatif du mouvement nationaliste kurde encourage déjà d'autres minorités d'un pays où les Perses ne représentent que 55 % de la population[247]. Les Kurdes et les Azéris ont lutté en vue d'obtenir leur autonomie à plusieurs reprises au cours du XXe siècle. Les régimes iraniens ont généralement pu juguler les tendances autonomistes par la répression militaire mais aussi en faisant preuve de tolérance quant aux questions culturelles, notamment dans la pratique des langues minoritaires. Cependant, en raison d'un mécontentement généralisé vis-à-vis du régime, les relations entre la périphérie et le centre (c'est-à-dire entre la province et Téhéran) tendent à prendre une connotation de plus en plus ethnique[248]. Cette tendance est exacerbée par des acteurs extérieurs qui tentent d'instrumentaliser la société pluriethnique iranienne afin de saper le régime.

Les sunnites et les chiites

En général, les élites arabes considèrent l'islam chiite comme une « hérésie » perse et non comme l'islam authentique. Cette tournure d'esprit a été – et reste – responsable des diverses discriminations que les chiites ont subies de la part des élites et des populations sunnites du Mashrek. Avec un Irak arabe chiite, il sera de plus en plus difficile pour l'Arabie saoudite, le Yémen, Bahreïn, le Qatar, les Émirats et le Koweït de marginaliser et d'ignorer la diversité confessionnelle de leurs citoyens et de nier l'existence de minorités – voire de majorités – chiites[249]. Unc réforme prudente se met déjà en place au Koweït où les chiites prennent une part croissante à la vie politique. L'expérience koweïtienne inspirera-t-elle les autres pays ? Tout dépendra du rythme de la démocratisation et des résultats obtenus dans l'atténuation des tensions sectaires[250]. Concernant les chiites, trois prévisions sont possibles, avec un degré de certitude raisonnable :

1) Les élites sunnites ne pourront plus ignorer les chiites.

2) Une démocratisation progressive pourrait être le moyen d'apaiser les tensions existant entre divers groupes confessionnels.

3) L'éventualité d'une intervention iranienne et irakienne dans la région du golfe Persique en soutien aux minorités chiites restera une source de préoccupation majeure.

8

L'Afrique subsaharienne

Les débats sur la situation et les perspectives du continent africain sont le plus souvent marqués par deux scénarios opposés : l'afro-pessimisme et l'afro-optimisme. Selon le premier, l'Afrique restera un continent ravagé de façon endémique par la mauvaise gouvernance, la corruption, la violence, la pauvreté, la sécheresse ou les maladies. À l'inverse, l'hypothèse optimiste prévoit que des opportunités inédites se présenteront, notamment grâce à une nouvelle génération de dirigeants africains prêts à faire face aux problèmes du continent et à soutenir l'intégration de celui-ci dans le processus de mondialisation. Bien que ces deux scénarios puissent se nourrir de constatations et de tendances en cours, il semble plus pertinent de mettre l'accent sur la diversité des situations et des tendances potentielles en Afrique que d'imposer une perception globale. Critère essentiel, l'évolution ou le maintien des systèmes de gouvernance politique et économique pèsera fortement sur les perspectives de croissance et les formes de stabilisation ou de violence.

DES OPPORTUNITÉS MANQUÉES ? POTENTIEL ET PERSPECTIVES AFRICAINES

Plusieurs statistiques significatives peuvent souligner la marginalité du continent africain dans les échanges internationaux. Il ne représente que 2 % du commerce mondial et ne reçoit que 2 % des investissements directs étrangers mondiaux[251]. De plus, un taux de pauvreté déjà élevé[252] pourrait être accru par le taux de croissance démographique le plus élevé des différents continents (de + 43 % à 48 %), même si cette expansion devait être freinée par des pandémies comme le paludisme ou, dans une moindre mesure, le VIH[253]. Classiquement, le taux de croissance est un prérequis essentiel pour faire reculer la pauvreté. Un document d'orientation du nouveau partenariat pour le développement de l'Afrique (NEPAD) fournit un indicateur quantitatif de ce prérequis : le taux de croissance moyen devrait s'élever à 7 % par an pour que l'extrême pauvreté soit divisée par deux (il atteint 5,8 % en 2005, essentiellement du fait de la forte demande en matières premières). Il faudrait chaque année 64 milliards de dollars supplémentaires d'investissement fixe pour atteindre cet objectif. Pour porter les investissements à un tel niveau, il serait nécessaire de mobiliser l'épargne intérieure, d'obtenir l'engagement des donateurs étrangers à travers l'aide publique au développement (APD)[254], ainsi que d'attirer d'importants volumes d'IDE. Il est par ailleurs couramment estimé que, selon les pays, entre 50 % et 80 % des IDE à destination de l'Afrique concernent le seul secteur énergétique[255]. Cette structure des investissements souligne un problème crucial : la faible diversification de la plupart des économies africaines.

Au moins trois sources potentielles de revenus pourraient fournir l'essentiel du capital pour de tels investissements : les transferts de revenus par les diasporas, le rapatriement des capitaux et d'importantes ressources supplémentaires dues à l'exportation de matières premières. Premièrement, l'Afrique ne reçoit que 5 % des transferts de revenus en direction des pays en développement, soit 8 milliards de dollars, mais le niveau réel des transferts – y compris par des voies officieuses – serait au moins deux fois supérieur à ce chiffre[256].

Deuxièmement, autant que la corruption, l'évasion des capitaux et la faiblesse des réinvestissements des bénéfices se répercutent sur le potentiel et les perspectives de croissance. L'évasion de capitaux est estimée à 150 milliards de dollars ; environ 40 % de la richesse privée « africaine » se trouverait ainsi hors du continent[257].

Troisièmement, la croissance économique mondiale nourrit une hausse continue des exportations de matières premières de certains pays africains. La production pétrolière de l'Angola pourrait ainsi passer de 930 000 barils par jour en 2003 à 2,6 à 3,28 mb/j en 2020 ; celle du Nigeria pourrait presque doubler, pour atteindre 4 mb/j en 2020[258]. Les réserves prouvées de pétrole africain (114 millions de barils) comptent pour 10 % des réserves de la planète, et l'importance des réserves escomptées pourrait fournir les revenus nécessaires à la croissance à long terme des pays producteurs de pétrole.

Toutefois, une hausse des prix du pétrole risque d'avoir un effet négatif sur la croissance des pays non producteurs ; l'impact sur les pays les plus pauvres pourrait cependant être moins grave que prévu car la biomasse constitue la principale source d'énergie des pays dotés d'un PIB par habitant inférieur à 300 dollars (en PPA). Du fait des carences des infrastructures de transports, l'accès à l'énergie est appelé à rester l'un des principaux obstacles au développement.

Outre la production de pétrole, les matières premières de base comme le fer, le cuivre et les métaux précieux vont très probablement entraîner une augmentation des IDE dans certains pays (Gabon et Liberia pour le fer, Zambie et République démocratique du Congo pour le cuivre). En revanche, le fait que les investissements et les fonds étrangers ne visent que les pays dotés de matières premières pourrait accroître des disparités déjà significatives entre pays africains. La hausse des prix du pétrole et d'autres matières premières nuit en effet aux États dépourvus de ressources. Elle a déséquilibré leurs comptes courants, leur facture énergétique ayant nettement augmenté. En 2005, les pays exportateurs de pétrole ont vu croître leur excédent commercial (19,8 % du PIB), alors que les pays non exportateurs ont vu leur déficit se creuser (6,6 % du PIB)[259]. La croissance est en outre inégalement répartie à travers le continent : les pays exportateurs de pétrole affichaient une forte croissance à 6,4 % en 2005, contre seulement 4,3 % pour les petits pays importateurs[260].

En ce qui concerne les autres secteurs clés de l'économie, l'agriculture et l'industrie manufacturière seront probablement confrontées durablement à des obstacles majeurs. Dans l'ensemble du continent, la productivité agricole demeure faible et n'a pas suivi la croissance démographique. Même si la sécheresse est un problème récurrent dans les pays du Sahel et la Corne de l'Afrique, les terres arables abondent, le continent ayant la plus faible densité démographique de la planète

(44 habitants au km² en 2004). Les modes de mise en culture contribuent à expliquer cette faible productivité. Ainsi, seuls 7 % des sols cultivables sont irrigués à l'heure actuelle. De plus, le taux d'irrigation a chuté depuis les années 1980, illustrant une tendance régressive.

Cet environnement agricole, couplé à une démographie en hausse, devrait conduire à une croissance sensible des importations de denrées alimentaires ; les importations de céréales pourraient tripler d'ici à 2030. La production destinée aux marchés africains n'est pas compensée par les exportations agricoles, confrontées à de nombreux obstacles : accès aux marchés étrangers, fréquent délaissement du secteur agricole, vulnérabilité de secteurs excessivement spécialisés, etc.

Au-delà de l'agriculture, la diversification des économies africaines se pose de façon aiguë dans le secteur manufacturier. Si la tendance actuelle se perpétue, divers obstacles majeurs vont continuer à entraver la croissance industrielle : manque d'investissements, insuffisance des infrastructures, étroitesse des marchés intérieurs, etc. Dans différents pays africains, les entreprises textiles ont toutefois démontré la possibilité d'étoffer un type d'activité reposant sur un faible coût de la main-d'œuvre (Lesotho, Madagascar, Kenya, Namibie, Nigeria). Il semble néanmoins improbable qu'une telle tendance puisse s'enraciner. Les économies d'échelle et l'érosion des préférences commerciales favorisent les producteurs notamment asiatiques, dans les secteurs à forte intensité de main-d'œuvre.

S'ajoutant à la concurrence internationale, l'enjeu de la gouvernance politique et économique en Afrique a des chances de demeurer un obstacle majeur au développement du secteur manufacturier[261].

GOUVERNANCE POLITIQUE ET ÉCONOMIQUE : UN FACTEUR DÉLAISSÉ BIEN QU'ESSENTIEL

En l'absence d'investissements fixes et de réformes majeures de l'environnement économique, il est peu probable qu'une diversification des économies africaines puisse se produire au cours des vingt prochaines années. Les économies africaines resteront donc, comme dans les décennies écoulées, dépendantes de l'exportation de leurs matières premières, la croissance restant tributaire des volumes de réserves en matières premières et des cours internationaux. Les opportunités résultant de rentrées financières conjoncturellement accrues resteront dépendantes des systèmes de gouvernance politique et économique. Si celles-ci ne sont pas modifiées, il est improbable que les scénarios les plus optimistes se réalisent en 2025.

En Afrique subsaharienne, la gouvernance se caractérise souvent par deux éléments inextricablement liés : des contrepouvoirs restreints – voire quasiment inexistants – et une économie de rente qui freine la diversification des activités économiques.

Fréquemment, la gouvernance économique africaine non seulement entrave la diversification, mais alimente également un terreau propice à la violence. La plupart des pays africains reposent sur une économie de rente où l'appareil d'État joue un rôle déterminant[262]. En général, les dirigeants ne comptent pas sur les impôts mais sur les cours internationaux des matières premières. De plus, les séquelles des régimes autoritaires vont continuer de peser sur le développement du secteur privé. Dans le sillage de la politique coloniale, un secteur privé autonome pouvait être perçu comme une menace politique par la grande majorité des régimes africains. Dans un tel contexte, il est peu surprenant que deux sortes d'entrepreneurs aient dominé le paysage économique africain : les étrangers et les proches des dirigeants. Les étrangers – compagnies internationales, ressortissants d'anciennes puissances coloniales ou diasporas extra-africaines (tels que les Libanais, les Indiens ou les Grecs) – ont joué un rôle économique de premier plan. Dans une moindre mesure que les proches des dirigeants, ils ont souvent bénéficié d'une concurrence restreinte, bien qu'ils aient également pu être l'objet de saisies et d'expulsions massives. Entravé par des facteurs politiques et les rentes de situation d'opérateurs étrangers ou nationaux, le secteur privé africain est la plupart du temps handicapé pour faire face à la concurrence internationale. Toutefois, des exceptions notables soulignent un dynamisme potentiel susceptible de contribuer à la croissance économique. C'est par exemple le cas de compagnies des télécommunications, notamment sud-africaines, et des réseaux commerçants qui relient leurs marchés à Dubaï, Djakarta ou Hong Kong.

Les évolutions de gouvernance politique sont également lentes. Si les élections se sont banalisées dans la majorité des pays africains depuis la fin de la guerre froide, cela n'a pas donné lieu à des systèmes de contrepouvoirs significatifs. Ainsi, l'indépendance de l'appareil judiciaire demeure l'exception plus que la règle[263] ; la corruption est un évident obstacle au renforcement d'un État de droit, tout en ayant de sérieuses répercussions sur l'environnement économique. Le poids que s'arrogent fréquemment les présidences place les parlements au second plan. De surcroît, les conceptions politiques des dirigeants comme des oppositions se rejoignent dans une adhésion restreinte au pluralisme politique : « le pouvoir se mange entier[264] » plus qu'il ne repose sur des coalitions durables. L'alternance au pouvoir reste un processus délicat qui engendre souvent de fortes tensions, voire des violences ouvertes. Le respect de la liberté de la presse reste un combat quotidiennement renouvelé, même s'il existe des groupes de médias dynamiques et indépendants en Afrique australe et orientale, ainsi que dans quelques pays d'Afrique de l'Ouest. Les mouvements sociaux ont été affaiblis par les répressions et les crises économiques du début des années 1990. En l'absence de possibilités de contestations non violentes, des conflits plus violents, voire des rébellions armées, sont apparus ou réapparus depuis la seconde partie des années 1990[265]. Si les enjeux de gouvernance restent délaissés, nombre de conflits risquent de perdurer. Qui plus est, ils tendent à acquérir une dimension de plus en plus régionale. Comme tout changement de gouvernance, il ne peut s'agir que de processus relativement lents. Du fait de l'inertie des systèmes de gouvernance, ces enjeux devraient demeurer une cause majeure de préoccupation et d'instabilité.

DIPLOMATIE : LE SAVOIR-FAIRE DES DIRIGEANTS AFRICAINS

Les changements intervenant dans les relations entre les dirigeants africains et étrangers seront également d'une importance déterminante. Les dirigeants africains ont su s'adapter aux demandes et aux discours extérieurs sans modifier leurs systèmes de gouvernance[266]. En jouant de la concurrence entre les acteurs internationaux, ils ont le plus souvent su contourner les conditionnalités ne correspondant pas à leurs propres objectifs. Le regain d'intérêt pour les matières premières africaines pourrait renforcer cette situation. Cette phase coïncide avec l'essor économique de puissances émergentes telles que la Chine, l'Inde ou le Brésil. Leurs investissements en Afrique sont appelés à se développer, comme lors des cinq dernières années. Pour pouvoir maintenir leur niveau élevé de croissance, ils ont développé une politique d'internationalisation et de sécurisation de l'accès aux matières premières les plus stratégiques. Dans ce contexte, le continent africain leur offre des opportunités résultant d'une moindre concurrence avec des entreprises occidentales désengagées, ainsi que de vastes réserves en matières premières.

Cette tendance pourrait fournir des moyens renouvelés pour permettre aux régimes non démocratiques de préserver ou de développer leurs appareils sécuritaires. De plus, ces revenus viennent s'ajouter aux fréquents détournements de l'aide publique au développement (APD)[267] pour conforter des pratiques clientélistes. En se concentrant habituellement sur les dirigeants africains, les acteurs étrangers se sont souvent coupés des soutiens potentiels aux réformes dans les sociétés africaines. Renforcer le soutien aux ONG africaines efficaces ou aux chefs d'entreprise dynamiques restera un enjeu majeur pour obtenir des changements durables sur le plan de la gouvernance. Cependant, l'usage des APD comme l'augmentation des recettes provenant de l'exportation des matières premières soulignent la responsabilité première des dirigeants africains dans l'amélioration de la stabilité politique et la réduction de la pauvreté.

La question du terrorisme international pourrait offrir un cadre supplémentaire pour obtenir des ressources auprès de puissances étrangères afin de renforcer les services de sécurité. À côté du pétrole, la lutte antiterroriste a suscité un regain d'intérêt de la part des États-Unis pour le continent africain. Cependant, diverses tentatives infructueuses, voire contre-productives, d'intervention militaire continueront d'entraver le déploiement des armées occidentales sur des théâtres africains. De plus, les anciennes puissances coloniales européennes continueront de réduire leur présence militaire directe. Il est donc probable qu'une politique d'intervention par procuration – notamment par l'intermédiaire des Nations unies et de l'Union africaine – se poursuive, voire qu'elle s'intensifie. Toutefois, de nouvelles alliances peuvent se nouer dans le sillage des politiques africaines mises en place par de nouveaux acteurs internationaux tels que la Chine, l'Inde ou le Brésil. Malgré leurs points faibles, les États subsahariens représentent néanmoins 44 votes dans les organisations multilatérales : un axe « Sud-Sud » pourrait progressivement se faire jour, qui verrait les États africains offrir un « bloc électoral » aux nouvelles puissances.

DES PÔLES DE CONFLITS MAINTENUS

Une absence de changement dans la gestion des affaires publiques restera porteuse de conflits. Si le nombre de conflits et le degré de violence ne sont pas plus élevés en Afrique que sur d'autres continents, l'image de l'Afrique est pourtant associée à une violence endémique[268]. De plus, les économies de rente forment souvent un vivier de conflits. Les mécontentements économiques et sociaux sont exacerbés par l'absence de redistribution des richesses. Cette dernière est souvent interprétée à travers le prisme du communautarisme, alimentant ainsi les tensions entre communautés. Cela s'insère dans un problème récurrent de xénophobie sur le continent, qui risque fortement de continuer à se poser dans les vingt prochaines années. La xénophobie, qu'elle s'exerce à l'encontre des ressortissants étrangers ou entre les diverses communautés d'un même pays, est un phénomène aussi répandu que sous-estimé[269]. Outre des stratégies de tension par des dirigeants africains pour conserver le pouvoir[270], ces tensions sociales tendent à rejaillir sur les pays frontaliers, du fait des interdépendances entre pays d'une même zone.

Trois zones d'instabilité vont probablement demeurer, voire connaître une nouvelle intensité de violence : l'Afrique de l'Ouest, la région des Grands Lacs et l'Afrique centrale. Si des progrès visibles sont intervenus en Sierra Leone et au Liberia, la Côte-d'Ivoire et la Guinée n'ont fait qu'amorcer leur dynamique de conflit. Une détérioration de la situation, tout particulièrement en Guinée, au cours des prochaines années, pourrait avoir des répercussions sur la Sierra Leone et le Liberia. De même, dans la région des Grands Lacs (Ouganda, Rwanda,

Burundi, république démocratique du Congo), les conflits se déplacent plus que n'est résolue la trame des violences. Un nouveau « triangle » de conflits (Darfour-Tchad-République centrafricaine) constitue un motif de préoccupation supplémentaire. Malgré des améliorations passagères, les arrivages d'armes, les politiques conflictuelles poursuivies par N'Djamena et Khartoum, et la multiplicité des tensions locales entretiennent un contexte propice à des violences généralisées. De surcroît, l'unité du Soudan sera en jeu en 2011, date à laquelle un référendum organisé au Sud-Soudan décidera de la sécession ou non de cette partie du pays.

Dans ces trois principales zones d'instabilité, les conflits découlent essentiellement d'une gestion brutale des affaires politiques et économiques. Elles attirent aussi l'attention sur un aspect primordial des conflits africains : plus l'appareil étatique est fonctionnel, plus la violence peut être massive et systématisée[271].

L'Afrique australe pourrait rester la partie la plus stable et la plus prometteuse d'Afrique. Mais l'évolution du Zimbabwe pourrait avoir des incidences régionales déstabilisantes. Il est plus qu'improbable que la grave détérioration économique et politique que le pays a subie se redresse de façon notable dans les années à venir. L'afflux d'immigrants du Zimbabwe vers les pays voisins risque de se poursuivre et la violence pourrait reprendre à l'intérieur du pays, comme dans les années 1980. En Afrique de l'Ouest, la stabilité intérieure du Nigeria fait l'objet d'une attention grandissante. Toutefois, outre le recours à des politiques répressives contre les mouvements sécessionnistes, la diversité de ce pays lui a fréquemment permis d'éviter des conflagrations à l'échelle nationale. Comme pour tous les conflits réels ou potentiels sur le sol africain, l'amélioration de la gouvernance doit rester au cœur de toute démarche visant à endiguer la violence.

9

Les États-Unis

Évalués avec les indicateurs classiques de la force économique et militaire, les États-Unis resteront la première puissance mondiale d'ici à 2025. Reste à savoir dans quelle mesure ils parviendront à conserver la position hégémonique qu'ils occupent depuis la fin de la guerre froide. Fait exceptionnel dans le monde industrialisé, la population américaine va croître de plus de 17 %, s'élevant à 364 millions d'individus d'ici à 2030, la majeure partie de cette hausse provenant de l'immigration hispanique. L'économie poursuivra sa croissance à un rythme respectable (2,3 % en moyenne annuelle), tirée par l'innovation technologique et la recherche et développement (R & D). Les dépenses en R & D représentent environ un tiers du total mondial[272]. Les États-Unis, qui comptent en outre 37 des 50 meilleures universités du globe et attirent un nombre unique de scientifiques venus de toute la planète[273], semblent déterminés à conserver pour les années à venir leur avantage concurrentiel dans le domaine de l'économie du savoir.

De 1997 à 2004, les États-Unis ont été le moteur économique du monde, comptant pour 46,6 % de la hausse de la demande mondiale cumulée[274]. Mais, avec un déficit record de la balance courante (de près de 800 milliards de dollars, soit 6,4 % du PIB) et un solde budgétaire passé d'un excédent de 1,3 % du PIB en 2000 à un déficit de 4,1 % en 2005, l'économie américaine est susceptible de subir des fluctuations périodiques qui pourraient avoir des répercussions négatives au niveau mondial. Il est désormais manifeste que la stabilité des finances américaines dépend dangereusement de sources extérieures : le pays doit importer chaque année de l'ordre de 1 000 milliards de dollars de capitaux étrangers pour financer son déficit et ses propres investissements directs étrangers. La réduction du déficit budgétaire américain, un réalignement monétaire et l'accroissement de la demande intérieure d'autres grandes économies font partie des solutions probables à cette situation[275].

CULTURE, SOCIÉTÉ ET POLITIQUE

La société américaine est traditionnellement associée aux concepts d'ouverture, de multiculturalisme, d'interventionnisme limité des autorités gouvernementales et d'État laïc. Certains de ces traits, tels que la laïcité constitutionnelle, ont soulevé des débats ces dernières années. On a même pu se demander si les États-Unis n'étaient pas en passe de devenir une théocratie occidentale[276]. Malgré ces controverses, les enquêtes d'opinion révèlent que les Américains restent attachés à leurs valeurs traditionnelles, et notamment à la laïcité de l'État[277]. En revanche, il est de plus en plus manifeste que certains principes anciens de la société américaine sont remis en question et risquent d'évoluer au cours des vingt prochaines années. Quatre aspects de la culture et de la société américaines requièrent à cet égard une attention particulière. Il s'agit des conséquences de l'immigration hispanique, des inégalités, du rôle croissant de l'État et de la place de la religion dans la politique américaine.

Des États-Unis plus hispaniques

Les États-Unis sont une terre d'immigration, et le multiculturalisme en est une caractéristique déterminante. Le pays a déjà absorbé des vagues massives d'immigrants, pour la plupart venus d'Europe, sans que son système politique et ses valeurs fondamentales soient véritablement mis en cause. Mais la vague toujours plus importante de migrants hispaniques, mexicains pour la plupart, commence à influer sur la composition sociale du pays et pourrait peu à peu faire pencher la société vers un modèle bilingue, faisant peser une lourde charge sur le système de protection sociale et affectant les attitudes à l'égard des immigrés. La vague de migration hispanique actuelle est différente des précédentes par l'ampleur et son caractère clandestin ; par la concentration régionale et la proximité des pays d'origine ; et enfin par une présence historique et une assimilation ambivalente.

En 2004, les Hispaniques représentaient entre 13 % et 14 % de l'ensemble de la population des États-Unis. Cette proportion devrait atteindre 20 % en 2030 et 25 % en 2050. Les Mexicains dominent nettement cette vague de migration, et leur part ne cesse de croître. En 2004, ils constituaient près d'un tiers (31 %) du total des Américains nés à l'étranger – un chiffre qui a plus que doublé depuis 1990. Une grande majorité des Mexicains pénètrent clandestinement dans le pays (quelque 400 000 à 500 000 par an). L'effectif total des migrants illégaux aux États-Unis était estimé à 10,3 millions en 2004[278].

L'ampleur de l'immigration hispanique, quoique spectaculaire, n'est pas en soi sans précédent. Les États-Unis ont connu des vagues migratoires comparables, en provenance notamment d'Allemagne et d'Irlande, à la fin du XIXe siècle et au début du suivant. Mais c'est la première fois dans l'histoire du pays que plus de la moitié des immigrants parlent une langue commune autre que l'anglais. De plus, l'apprentissage de l'anglais par les immigrés hispaniques, en particulier mexicains, est lent et met en évidence des attitudes ambivalentes[279]. Toutes générations confondues, les Mexicains accusent également un retard par rapport aux autres immigrés du point de vue économique et éducatif. Près de 70 % de la première génération d'immigrés ne possèdent pas de diplôme d'enseignement secondaire et la plupart vivent en dessous du seuil de pauvreté. La situation s'améliore cependant d'une génération à l'autre.

L'importance numérique de la communauté mexicaine est indiscutablement l'un des principaux facteurs qui retardent son intégration. Mais il faut également compter avec sa concentration régionale et la proximité du Mexique. L'immense majorité des Mexicains s'installe dans le sud-ouest des États-Unis, le long de la frontière mexicaine – en Californie, au Nouveau-Mexique, en Arizona et au Texas –, au contact de son pays d'origine. La présence de la famille et des amis de l'autre côté de la frontière facilite le renoncement à l'intégration.

Samuel Huntington a rappelé que, malgré la composition multiethnique et multiculturelle des États-Unis, les valeurs du pays sont fondamentalement anglo-protestantes. Que cette assertion soit fondée ou non, il ne fait pas de doute que l'afflux constant d'Hispaniques réduira la prédominance de la culture anglo-protestante et modifiera en profondeur la société américaine. Les États-Unis deviendront – dans les faits sinon officiellement – une société bilingue. Du point de vue politique, les migrants hispaniques réclament généralement des avantages sociaux plus importants et un renforcement du rôle de l'État. Mais des catégories non immigrantes de la population peuvent aussi, pour des raisons fort différentes, souhaiter une présence accrue de l'État.

Vers un renforcement du rôle de l'État

Traditionnellement, le modèle américain de relations entre l'État et la société veut que l'État tienne la place du « veilleur de nuit ». Il doit veiller à ce que les citoyens puissent jouir de leurs droits, s'enrichir et ne pas s'entretuer, mais il ne doit pas outrepasser son rôle ni se mêler de leur vie privée. Aujourd'hui, les Américains restent méfiants vis-à-vis de l'État et doutent davantage que les Européens de sa capacité à améliorer leur qualité de vie. Autrement dit, le modèle du « veilleur de nuit » est toujours en vigueur.

Mais, à l'ère du terrorisme, s'il veut être à même de remplir son rôle de protecteur des citoyens, le « veilleur de nuit » doit se faire de plus en plus indiscret. L'impact phénoménal des événements du 11 Septembre sur la mentalité des Américains a entraîné une modification progressive de leur perception du rôle de l'État. Parallèlement à la refonte des services de sécurité et à la création d'un grand ministère de la Sécurité intérieure, le gouvernement a adopté avec régularité de nouvelles mesures d'urgence qui, dans le meilleur des cas, ont provoqué des désagréments et, dans le pire des cas, porté atteinte aux libertés individuelles. Le président a reconnu avoir autorisé des écoutes de conversations téléphoniques privées à très grande échelle. Ces vastes réformes ont toutes bénéficié de l'assentiment de la nation, ce qui semble indiquer que les Américains sont de plus en plus disposés à accepter l'ingérence de l'État dans leur vie privée dans le but de renforcer leur sécurité. Cela pourrait marquer l'amorce d'un changement du modèle du « veilleur de nuit ». Reste à savoir si l'acceptation par les Américains d'un État plus interventionniste durera lorsque l'impact immédiat du 11 Septembre se sera dissipé.

La nécessité d'un État plus fort apparaît aussi dans le contexte d'une réforme de l'immigration. La principale difficulté concernant l'immigration clandestine vient du fait que l'État est dans l'incapacité de localiser ces immigrants et même de les empêcher de travailler. En vue de renforcer les moyens dont dispose l'État pour faire respecter la loi, le président et les deux chambres du Congrès ont débattu de réformes de l'immigration visant à augmenter les effectifs de garde-frontières, à mettre en place un système de permis de travail biométrique et à réglementer l'emploi illégal[280]. En Europe, ces propositions n'auraient rien de particulièrement nouveau ni de spectaculaire, mais elles constituent aux États-Unis un changement radical dans la vision de l'État comme acteur clé et comme solution du problème.

Si les États-Unis devaient subir un nouvel attentat terroriste sur leur territoire, il ne fait pas de doute que cela ne ferait que renforcer l'adhésion de la nation à un rôle toujours plus interventionniste de l'État. Cela ne veut pas nécessairement dire que les États-Unis s'éloigneront de leurs valeurs fondamentales (concernant surtout les libertés économiques), mais le renforcement du rôle de l'État risque d'entraîner une interprétation plus restrictive de certains droits individuels et libertés civiles.

Les inégalités

Si les tendances actuelles se poursuivent, les États-Unis deviendront non seulement une société plus diversifiée, en raison de l'accroissement des flux migratoires, mais aussi une société plus inégale. Ils affichent déjà de fortes inégalités de revenus pour un pays développé. L'écart entre les riches et les pauvres a commencé à se creuser au début des années 1980, la différence s'accentuant entre les faibles revenus et les revenus moyens. Depuis 2000, le travailleur médian a connu une hausse réelle de salaire de seulement 1 % (contre 6 % sur la période

1995-2000). À l'inverse, la part du revenu global profitant aux plus riches a fait un bond sur la période 1980-2004 : elle a doublé pour les 1 % d'individus les plus riches (passant de 8 % à 16 %), triplé pour les 0,1 % les plus riches (de 2 % à 7 %) et quadruplé pour les 0,01 % les plus riches (de 0,65 % à 2,87 %)[281].

Les inégalités en matière de répartition des richesses sont encore plus saillantes. Un tiers appartient aux 1 % les plus riches, un autre tiers aux 9 % suivants et le troisième tiers aux 90 % restants[282]. Dans le même temps, malgré tout, les valeurs américaines traditionnelles associées à la liberté économique et à l'entreprenariat individuel perdurent. Les Américains pensent généralement que la réussite est à la portée de n'importe quel individu et continuent d'envisager de façon positive les possibilités offertes par un modèle économique extrêmement flexible et dynamique.

Religion et politique

La société américaine est profondément religieuse, et même pieuse à bien des égards. 94 % de la population croit en Dieu, et une nette majorité pense que leur pays n'est pas assez religieux. Un Américain sur trois est convaincu que la Bible est la véritable parole de Dieu et qu'il faut l'appliquer au pied de la lettre. La plupart d'entre eux pensent que la vie sur terre a été créée par un Être suprême ou qu'elle a évolué suivant ses directives. Si l'on compare la religiosité américaine avec celle du reste du monde, certains traits la rapprochent du monde musulman, de l'Afrique ou de l'Amérique du Sud, mais l'éloignent de la majorité des pays européens.

Bien que les États-Unis soient constitutionnellement une république laïque, la religion est un élément important de leur politique. Certains ont affirmé que les conservateurs chrétiens avaient pris l'offensive ces dernières années et qu'ils avaient une influence tangible sur la politique qui compromettait la séparation constitutionnelle de l'Église et de l'État. Le président Bush, lui-même revenu à la foi chrétienne, n'a jamais caché que son programme politique était souvent inspiré par sa foi. Bien des membres du Congrès sont de fervents chrétiens, de même que certains membres de la Cour suprême. Les convictions et positions individuelles vis-à-vis de l'avortement ont régulièrement joué un rôle dans les débats sur les nominations à la Cour suprême. D'ailleurs, la majorité conservatrice actuelle de la Cour pourrait bien permettre de revenir sur la décision « Roe contre Wade » qui, en 1973, avait légalisé l'avortement.

Il serait toutefois prématuré de conclure de ces récentes évolutions que le courant d'inspiration religieuse s'étendra encore et renforcera son influence sur la politique américaine. S'il est certain que la religion continuera d'influer sur les convictions sociales des Américains, ces derniers n'ont pas varié d'opinion sur la nécessité de séparer la religion de la politique au jour le jour. Ainsi, un grand nombre d'entre eux estiment que les religions organisées ont trop de poids dans le pays, et près des trois quarts sont opposés à ce que le clergé accueille les campagnes politiques dans les églises. Les Américains continuent à avoir une approche pragmatique des questions religieuses, comme en atteste le fait que la plupart d'entre eux soutiennent la recherche sur les cellules souches et le droit des femmes à l'avortement[283].

Sur le terrain de la politique étrangère, il semble bien que la religiosité de la nation américaine ait une incidence sur sa position à l'égard d'Israël. Plus d'un tiers des Américains sont convaincus qu'Israël accomplit une prophétie biblique, et ils sont trois fois plus nombreux à se sentir plus solidaires des Israéliens que des Palestiniens[284]. Depuis quelque temps, il est également manifeste que les groupes conservateurs chrétiens sont devenus les plus ardents défenseurs d'Israël, et notamment du parti du Likoud. Mais, en dehors de ce cas précis, la preuve de l'incidence de la religion sur la politique extérieure est inexistante ou peu probante. Une large majorité d'Américains considèrent que leur foi ne regarde qu'eux et ne cherchent pas à imposer leurs convictions à autrui.

La religiosité des Américains ne semble pas devoir fléchir à l'avenir, mais il n'y a pas non plus lieu de croire que les croyances spirituelles auront une plus forte incidence sur la vie publique. Les enquêtes d'opinion indiquent plutôt le contraire. L'influence des convictions religieuses sur les opinions pouvant peser sur la politique étrangère restera négligeable.

LES DÉFIS DE POLITIQUE ÉTRANGÈRE

Le 11 Septembre et la guerre d'Irak

Les attentats terroristes du 11 Septembre 2001 et la réaction des États-Unis à ces événements, en particulier l'invasion de l'Irak, représentent incontestablement l'une des étapes les plus critiques de la politique extérieure américaine. Le 11 Septembre est arrivé à un moment où les États-Unis jouissaient d'une confiance croissante sur le plan international. La politique étrangère de Bill Clinton était marquée par la continuité, avec des priorités souvent issues de la période de la guerre froide (telles que les Balkans, la stabilisation de la Russie ou l'élargissement de l'OTAN) et une hégémonie plutôt tournée vers la coopération (dialogue avec la Chine, négociations avec la Corée du Nord, investissement dans le processus de paix au Moyen-Orient). L'arrivée de George Bush a coïncidé avec la montée en puissance d'un courant néoconservateur préconisant une approche plus unilatérale, plus sûre d'elle et plus militariste. En fait, les néoconservateurs arguaient que les États-Unis avaient les moyens de changer le monde et que c'était précisément ce qu'ils devaient faire[285]. Pourtant, au début de la présidence Bush, il n'était pas du tout évident – ni même probable – que le programme néoconservateur serait adopté par l'Administration, et les Américains ne semblaient pas pressés de voir leur armée se déployer pour aller reconstruire des nations et promouvoir la démocratie dans le monde. De fait, George Bush avait promis le contraire durant sa campagne électorale de 2000.

Mais les événements du 11 Septembre ont changé la donne. Les nouvelles menaces pesant sur les États-Unis ne pouvaient sans doute pas être maîtrisés par les voies diplomatiques habituelles et semblaient liées à l'instabilité régionale, le fanatisme religieux, les politiques autoritaires et les États déliquescents. En conséquence, l'argument néoconservateur selon lequel il fallait « aller changer le monde avant qu'il ne constitue une menace » l'a emporté. L'administration Bush a donc adopté la doctrine de l'action préventive, soutenue par deux tiers des Américains et appliquée à l'invasion de l'Irak.

Plus de quatre ans après l'intervention en Irak, l'échec de cette politique et de la doctrine qui étayait la guerre est manifeste. L'objectif officiel était de renforcer la sécurité des États-Unis et de construire un Irak démocratique, stable et pro-occidental. À bien des égards, c'est l'inverse qui s'est produit : l'instabilité et l'insurrection font désormais rage en Irak. Le conflit a déjà coûté la vie à 3 300 soldats américains (avril 2007) et il est estimé que le coût direct de la guerre s'élèvera au moins à 564 milliards de dollars jusqu'à l'année fiscale 2008. Les coûts indirects totaux, plus difficiles à évaluer, ont été chiffrés à 2 000 milliards de dollars par le groupe d'étude sur l'Irak présidé par James Baker[286]. Entre-temps, les États-Unis ont perdu les rares appuis qu'ils avaient dans la région, et leur image comme le respect de la communauté internationale à leur égard n'ont jamais été aussi négatifs. La guerre est de plus en plus impopulaire aux États-Unis mêmes : une majorité des citoyens pensent que c'était une erreur dont ils rendent responsable George Bush – comme le montre la baisse de sa cote de popularité, qui est passée de 85 % au lendemain du 11 Septembre à 28 % en mai 2007.

Si l'échec en Irak a sonné la fin du « moment néoconservateur », on ignore encore ce qui va le remplacer. Tout dépend de la persistance des menaces actuelles (terrorisme, prolifération nucléaire, États défaillants, etc.) et de la forme que prendront les nouvelles. Cela dépend également de l'écho que conservera aux États-Unis la politique de « changement de régime », qui met l'accent sur la forme de système politique des pays comme élément décisif d'intervention. Deux autres facteurs importants sont la prise de conscience grandissante du caractère limité des ressources des États-Unis et le pouvoir d'attraction déclinant de son *soft power* (« puissance douce »).

Le déclin du *soft power* américain

C'est par rapport à l'image des États-Unis dans le monde que les répercussions de la guerre en Irak ont été les plus perceptibles. Entre les événements du 11 Septembre 2001 et 2007, le pays a vu le nombre de ses alliés fondre : les opinions favorables ont été divisées par deux ou plus en France, en Allemagne, en Indonésie, au Maroc et en Turquie. Même dans des pays traditionnellement proaméricains tels que le Royaume-Uni, les Pays-

Bas et la Pologne, l'image positive des États-Unis s'est considérablement érodée. En outre, les États-Unis n'engendrent pas seulement de l'hostilité, mais aussi de la crainte. Ainsi, en 2006, une majorité d'habitants d'Europe de l'Ouest considérait que les États-Unis constituaient une plus grande menace pour la paix internationale que la Corée du Nord et l'Iran[287].

Si l'antiaméricanisme n'est pas un phénomène nouveau, le sentiment qui a suivi l'intervention en Irak paraît plus durable qu'auparavant et plus lourd de conséquences sur le plan politique. Cette hostilité avait jusqu'ici été alimentée par deux causes prédominantes : le rejet de l'influence culturelle démesurée des États-Unis et la perception négative de la politique étrangère américaine pendant la guerre froide. Toutefois, jusque-là, aucune de ces perceptions négatives n'avait conduit à une remise en question du rôle des États-Unis comme clé de voûte de la stabilité internationale. Elles n'influaient pas non plus sur les attitudes envers les citoyens américains, qui étaient généralement appréciés et respectés dans le monde entier[288]. De plus, bien des étrangers considéraient toujours les États-Unis comme un modèle à suivre et un pays aux possibilités illimitées.

Le regain d'antiaméricanisme après la guerre d'Irak est à la fois plus profond et plus large. Par le passé, ce sentiment d'hostilité se manifestait surtout parmi les couches les plus âgées de la population. Les retombées de la guerre d'Irak ont été telles que ce sont les plus jeunes qui semblent être devenus les plus violemment antiaméricains. Par exemple, en 2005, les jeunes de France, d'Espagne, d'Allemagne et des Pays-Bas étaient plus hostiles aux États-Unis que n'importe quelle autre tranche d'âge de ces pays. L'antiaméricanisme des jeunes de Grande-Bretagne et de Pologne, traditionnellement proaméricains on l'a vu, a été multiplié par deux.

Les Américains sont évidemment préoccupés par le fait que la génération des futurs décideurs mondiaux est, au mieux, indifférente à l'égard des États-Unis ou, au pire, les déteste. Autre conséquence importante de ce phénomène, dans l'ensemble du monde, un sentiment hostile tend à s'exprimer face au concept d'unipolarité au profit d'un rééquilibrage des rôles dans les relations internationales. Ainsi, les répercussions de la guerre d'Irak ont provoqué une poussée des partisans d'un rôle accru et plus indépendant de l'UE en matière de politique étrangère. Ce sentiment était, là encore, particulièrement saillant parmi les jeunes générations. La perception de la Chine, future rivale potentielle des États-Unis, s'est sensiblement améliorée, à tel point qu'elle bénéficie d'une meilleure image que les États-Unis dans la plupart des pays européens, y compris au Royaume-Uni[289].

Le renforcement du sous-secrétariat d'État à la diplomatie publique et l'accent mis sur les aspects normatifs de la politique étrangère de la Maison-Blanche (par exemple l'importance accordée à la promotion de la démocratie dans la stratégie de sécurité 2006) laissent penser que l'Administration est consciente de son déficit d'image et qu'elle s'emploie à le résorber. Aucun de ces changements n'indique toutefois que l'administration Bush soit prête à modifier sa politique en profondeur ; au contraire, elle semble décidée à continuer comme à l'accoutumée, tout en s'efforçant d'apparaître plus accommodante. Cette situation a peu de chances d'évoluer à court terme, non seulement à cause de la politique menée par l'actuelle Administration, mais aussi à cause des opinions du peuple américain, qui divergent fréquemment des opinions les plus répandues dans le monde. Les Américains sont en désaccord avec l'opinion publique mondiale sur les principales questions de gouvernance internationale, comme le protocole de Kyoto, les actions préventives, le rôle des Nations unies et l'assistance internationale. Tant que ces différences ne seront pas surmontées, le déclin de la « puissance douce » des États-Unis risque de se poursuivre.

La montée en puissance de la Chine

L'évolution des relations sino-américaines aura indiscutablement une importance cruciale pour l'avenir de l'ordre mondial. Aucune autre puissance ne remet en cause la domination mondiale exercée par les États-Unis comme la Chine est en voie de le faire. L'essor chinois a déjà modifié l'équilibre des pouvoirs en Asie de l'Est et la domination américaine dans la région. La présence économique croissante de la Chine en Afrique, au Moyen-Orient et en Amérique latine concurrence l'influence des États-Unis (et de l'UE) et a restreint les moyens de pression dont ils disposent contre les régimes avec lesquels ils ont des rapports tendus (tels que l'Iran, le Soudan ou le Venezuela)[290].

Si la montée en puissance de la Chine préoccupe les diplomates américains et les planificateurs du Pentagone, il serait toutefois prématuré de penser que la relation sino-américaine ne peut que s'envenimer : leurs liens sont beaucoup trop complexes pour que l'on se borne à ne les évaluer que du point de vue de la sécurité régionale. La relation a également des aspects positifs tels que le rôle joué par Washington pour réintégrer la Chine dans le système international et les liens étroits qui existent entre les sociétés des deux pays. Ainsi, une part considérable des jeunes et des élites montantes chinoises ont fait leurs études dans des universités américaines. En revanche, les deux États sont en conflit à propos de Taïwan et se disputent de plus en plus l'influence sur l'Asie de l'Est, dessinant dans la région un nouvel équilibre des pouvoirs.

L'avenir des relations sino-américaines dépendra avant tout de l'évolution de la Chine elle-même et de sa politique étrangère. Les questions prioritaires porteront sur l'évolution du système politique de la République populaire et sur le comportement de la Chine dans le contexte mondial comme régional. Mais l'avenir dépendra aussi de Washington. Si les faucons anti-Chinois sont très virulents aux États-Unis, ils n'occupent pas le devant de la scène dans l'Administration actuelle[291]. S'ils venaient à l'emporter et à acquérir une véritable influence, la Chine, acculée, pourrait réagir en constituant des alliances régionales et en s'efforçant ouvertement d'exclure les États-Unis d'Asie. Une riposte américaine pourrait alors entraîner une guerre froide régionale.

Néanmoins, tant que l'évolution chinoise ne menace pas les États-Unis, il est peu probable que l'opinion publique américaine se rallie à la cause d'une politique de confrontation et ce, pour de multiples raisons : les deux pays sont en réalité très interdépendants sur le plan économique – les États-Unis importent des biens chinois en masse, tandis que Pékin finance le déficit budgétaire américain par l'acquisition d'actions et de bons du Trésor. S'il est vrai que la Chine n'a pas toujours été conciliante, elle s'est montrée plutôt coopérative sur le plan international. Elle ne s'est que rarement élevée publiquement contre la position américaine au Conseil de sécurité de l'ONU, son intervention vis-à-vis de la Corée du Nord est considérée comme constructive et elle a su éviter d'entrer en conflit avec les États-Unis en dehors du contexte régional.

Les États-Unis s'efforceront très certainement de conserver leur influence en Asie de l'Est en étroite collaboration avec le Japon. Ils continueront également à soutenir Taïwan, mais l'ampleur de ce soutien dépend de Taïwan elle-même. Toutefois, tant que les voisins de la Chine ne se sentent pas menacés par son évolution, il est inévitable que la position américaine dans la région soit remise en question.

La sécurité énergétique

Sur le plan structurel et stratégique, la politique étrangère et de sécurité de Washington s'axera davantage sur la sécurité des approvisionnements énergétiques. Les États-Unis demeureront les premiers consommateurs mondiaux d'énergie pendant les deux prochaines décennies, et leur consommation devrait augmenter plus rapidement que celle des autres pays de l'OCDE, avec une croissance d'environ 31 % entre 2005 et 2030. Des choix technologiques et politiques ont été définis en vue d'accroître l'efficacité énergétique en matière de production et de consommation, et d'investir dans les énergies renouvelables, mais ces options demeurent insuffisantes pour satisfaire la demande croissante d'énergie. En 2030, les États-Unis devront probablement importer 66 % de leurs besoins en pétrole (contre 47 % actuellement) et environ 20 % de leur gaz (4 % aujourd'hui). De plus, la baisse de la production de gaz au Mexique et au Canada devrait faire s'envoler la demande américaine en gaz naturel liquéfié, ce qui aura de fortes répercussions sur un marché déjà tendu.

Contrairement à l'Europe, les États-Unis ne dépendent pas d'une région précise du monde pour leurs importations, mais certaines régions compteront très certainement plus que d'autres dans les années à venir. Comme l'a signalé George Bush dans son discours sur l'état de l'Union de 2006, les importations en provenance du Moyen-Orient devraient chuter de 75 % au cours des vingt prochaines années[292]. En revanche, celles de l'Afrique et de l'Amérique latine prendront une importance stratégique grandissante dans l'approvisionnement des États-Unis. L'Afrique devrait fournir 25 % de leurs importations de pétrole en 2025. Le

Nigeria, qui représente déjà 10 % des besoins pétroliers américains et devrait devenir une source importante de GNL, continuera de tenir un rang décisif. Cet État, comme d'autres pays africains dotés de pétrole tel que l'Angola, bénéficie régulièrement de la plupart des investissements ainsi que de l'aide civile et militaire des États-Unis dans la région[293]. En ce qui concerne l'Amérique du Sud, Washington est de plus en plus préoccupé par la tendance récente à renationaliser les ressources énergétiques.

Théories et pratique

Selon l'évolution des éléments présentés ci-dessus, la politique étrangère américaine pourrait s'inspirer d'un des deux principes idéologiques suivants, ou d'un panachage des deux :

Le wilsonisme réaliste

Cette approche est une symbiose entre l'internationalisme libéral et le réalisme. Elle part du principe que les institutions internationales sont indispensables à l'ère de la mondialisation et que les États-Unis doivent les promouvoir. Malgré le scepticisme de Washington quant à la valeur de la structure des Nations unies, cette conception souligne le rôle joué par des organisations fonctionnelles telles que l'OMC et par des cadres réglementaires portant sur le désarmement ou l'environnement. Le principe libéral selon lequel les dispositions internes d'autres États influent sur leur conduite à l'extérieur restera l'un des principes directeurs de la politique étrangère américaine, et les États-Unis feront la distinction entre démocraties et États autoritaires. Washington défendra la démocratie et les droits de l'homme mais ne cherchera pas à obtenir des changements de régime par des moyens militaires ou autres moyens coercitifs. Le principe qui sous-tend cette approche est qu'un changement authentique peut bénéficier d'une aide extérieure mais que, à terme, il ne peut provenir que de l'intérieur même des États et des sociétés. Les interventions militaires se limiteraient à l'autodéfense et à la prévention de catastrophes humanitaires (dans le cas des génocides uniquement)[294].

Le néo-jacksonisme

Cette tendance impliquerait un retour à une politique extérieure moins active. Cette idéologie pourrait gagner du terrain du fait de la capacité de l'Administration à assurer la sécurité intérieure du territoire et du sentiment d'hostilité grandissant à l'égard des engagements extérieurs, plus particulièrement en Irak et en Afghanistan. En matière de sécurité, la politique néo-jacksonienne se concentrerait sur la défense nationale, la protection du territoire et le développement d'un système de défense antimissile efficace. Les troupes américaines seraient retirées des zones d'engagement actuelles, à l'exception des bases permanentes en Europe, dans la région Asie-Pacifique et probablement au Moyen-Orient, qui seraient réduites. Washington limiterait sa participation aux organisations multilatérales, n'interviendrait pas dans les opérations de maintien de la paix et atténuerait son action diplomatique dans les conflits internationaux, y compris dans le conflit arabo-israélien[295]. Le fait qu'un État soit une démocratie ou non n'aurait aucune incidence sur les relations diplomatiques avec cet État.

Quelle que soit la tendance qui l'emportera, la politique étrangère américaine sera probablement marquée par trois caractéristiques déterminantes.

La première est le culte du pragmatisme. Les États-Unis demeureront la seule puissance dotée d'une influence véritablement mondiale ; ses responsabilités seront plus importantes que celles de n'importe quel autre pays, et elle restera la cible principale des acteurs qui cherchent à remettre en question l'ordre mondial. À l'image de sa situation intérieure, le modèle stratégique américain restera dicté par le culte du pragmatisme plutôt que par la théorie. La préoccupation première de chaque président des États-Unis sera d'éliminer toute menace envers la sécurité du territoire. Le fait que ce soit au moyen d'une intervention unilatérale ou des structures multilatérales existantes aura une importance secondaire pour le pouvoir exécutif.

Deuxièmement, l'attitude des États-Unis par rapport à l'usage de la force restera flexible, surtout en matière de légitime défense – un principe dont la définition américaine restera extensive. En revanche, le pays sera de plus en plus réticent à accepter d'autres formes de déploiement à des fins de maintien de la paix ou de stabilisation postconflit, en particulier sous l'égide des Nations unies.

Troisièmement, l'attitude américaine vis-à-vis du droit international induira un multilatéralisme à la carte. Contrairement à la plupart des pays européens, les États-Unis continuent de considérer leur droit interne comme supérieur au droit international. Les raisons en sont, là encore, structurelles : en tant que superpuissance, Washington vit les règlements internationaux comme des contraintes plutôt que comme des sources de pouvoir. Le cas échéant, il sera essentiel de savoir si – et comment – les États-Unis accepteront une institutionnalisation accrue des relations internationales, en réaction aux remises en question et à l'éventuel déclin de leur puissance.

10

La Chine

La Chine sera incontestablement l'un des acteurs décisifs de la scène internationale au XXIe siècle. Elle concentre actuellement 20 % de la population du globe et produit presque 5 % de ses richesses ; elle représente 12 % de la demande mondiale en énergie primaire et détient environ 1,3 trillion de dollars de réserves de devises, ce qui fait d'elle le premier récipiendaire mondial devant le Japon ; elle est devenue la deuxième destination des investissements directs étrangers (IDE)[296] derrière les États-Unis, et le montant de ses transactions en biens et services s'élève à 1 400 milliards de dollars, soit 7 % du total mondial. La République populaire est de toute évidence une puissance régionale majeure et l'un des premiers protagonistes de l'interdépendance politique et économique à l'échelle mondiale. À l'horizon 2025-2030, selon la plupart des extrapolations actuelles, la population chinoise sera de 1,44 milliard : le pays verra sa consommation énergétique exploser, avec une demande en pétrole accrue de 135 %, de 260 % pour le gaz et de 105 % pour le charbon. Des importations énergétiques et des investissements en infrastructures considérables seront nécessaires pour soutenir la croissance ; celle-ci devrait conduire la Chine à tripler son PIB d'ici à 2025, ce qui la hissera au deuxième rang mondial derrière les États-Unis (troisième si l'on considère le PIB cumulé de l'Union européenne) – et elle pourrait même les devancer en parité de pouvoir d'achat (PPA).

La Chine sera alors devenue la plus grande puissance commerciale du monde. Cette superpuissance économique exercera un attrait sans égal sur toute l'Asie de l'Est et du Sud – région qui produira de son côté environ 40 % du PIB mondial (en dollars PPA) en 2025. Il y a tout lieu de croire que la République populaire, qui joue déjà un rôle clé dans les relations internationales, aura une influence déterminante sur le futur ordre mondial ; elle pourrait structurer la politique et l'économie mondiales en coopération ou en concurrence avec deux ou trois autres « pôles » de pouvoir. La transformation de la Chine au cours des vingt prochaines années aura de ce fait des conséquences fondamentales sur la réorganisation du système mondial.

L'ampleur sans précédent de l'essor chinois suscite deux interrogations : d'une part, quelle sera la durabilité de la croissance prévue du pays et, d'autre part, quelles seront les priorités de la Chine en tant qu'acteur global. Ces deux questions sont étroitement liées. Les redoutables difficultés d'ordre économique, social et environnemental posées par le développement du pays risquent fort d'accaparer les élites chinoises dans un avenir prévisible et d'influer sur les perspectives stratégiques du pays, dans le sens d'une stabilisation de la situation intérieure et internationale[297]. Les efforts déployés par la Chine pour maintenir sa croissance et améliorer le niveau de vie de ses citoyens risquent en revanche d'avoir des répercussions inquiétantes à l'échelle internationale lorsqu'on met en balance les impératifs économiques immédiats de la Chine avec leurs implications pour le système international en termes de sécurité et d'environnement.

LES DÉFIS INTÉRIEURS

La sécurité d'approvisionnement énergétique et la production d'électricité

Dans les vingt prochaines années, la Chine devra relever des défis redoutables pour préserver sa croissance économique et asseoir la stabilité sociale dans le pays. Elle devra notamment garantir un approvisionnement énergétique régulier, enrayer la détérioration écologique, réformer le système de protection sociale et lutter contre la corruption. L'accroissement prévu de la demande énergétique pèsera lourdement sur le système d'approvisionnement et les capacités de production du pays. La Chine se sait vulnérable : presque la moitié de ses importations de pétrole proviennent de régions instables du Moyen-Orient, et 80 % de ses besoins en hydrocarbures sont acheminés par des voies maritimes passant par le détroit de Malacca, véritable veine jugulaire de la superpuissance émergente. Dans ce contexte, la Chine a commencé à rechercher activement d'autres sources et routes d'approvisionnement, et elle continuera de le faire au nom de ses intérêts nationaux les plus essentiels. Pékin a conclu d'importants accords énergétiques avec quatre pays clés, l'Arabie saoudite, l'Iran, l'Angola et la Russie, qui lui assurent aujourd'hui 45 % de ses besoins pétroliers – contre seulement 13 % en 1995[298]. La République populaire s'intéresse de façon croissante aux ressources pétrolières du continent africain et a conclu des accords avec des pays comme le Nigeria, le Soudan et la Libye. Pékin coopère également au développement d'installations portuaires au Pakistan et au Myanmar, qui lui permettront de sécuriser les voies d'approvisionnement énergétiques et de projeter sa puissance navale dans l'océan Indien[299]. Sur le continent, un gigantesque « réseau énergétique asiatique » est sérieusement envisagé, avec l'éventuelle prolongation jusqu'en Chine du gazoduc Iran-Inde – qui a suscité de nombreux débats – et l'exploitation des vastes réserves pétrolières d'Asie centrale grâce à de nouveaux oléoducs qui traverseraient l'Ouzbékistan et le Kazakhstan.

Mais garantir la sécurité d'approvisionnement énergétique en ayant recours aux importations n'est qu'un des aspects du problème. L'aménagement des infrastructures nécessaires à la production d'électricité risque de se révéler encore plus crucial. Pour maintenir ses taux de croissance, le pays devra multiplier par quatre sa production actuelle, passant de 360 à 1220 GW/an en 2030. Le charbon continuera de fournir approximativement les deux tiers de l'électricité (contre environ 80 % aujourd'hui), la Chine étant l'un des trois plus gros producteurs mondiaux avec les États-Unis et l'Inde. La capacité hydraulique installée devrait atteindre 200 à 240 GW, les centrales à gaz 111 GW, les énergies renouvelables 38 GW et le nucléaire 35 GW. Il convient toutefois d'apprécier ces prévisions en fonction des coûts tant financiers qu'environnementaux. Pour atteindre ces estimations, il faudrait que la Chine investisse 3 000 milliards de dollars en infrastructures énergétiques au cours des vingt à vingt-cinq prochaines années (soit 15 % du total de l'investissement énergétique mondial). Compte tenu des nombreux impératifs économiques et sociaux auxquels le budget chinois devra répondre, cette hypothèse semble peu réaliste.

La détérioration de l'environnement et l'urbanisation

Comme on a pu le lire dans le chapitre « Environnement », la crise écologique qui s'annonce en Chine est d'une telle envergure qu'une intervention massive sera nécessaire pour transformer les modes de production et de consommation d'énergie, améliorer la gestion des sols et de l'eau, et réformer l'agriculture. Les investissements en eau atteindraient à eux seuls des dizaines de milliards de dollars, et des projets gigantesques ont été lancés, telle la construction de canaux entre les zones riches en eau du Sud et les régions sèches du reste du pays[300]. Ces mesures mobiliseront d'importants moyens financiers mais, si elles sont entreprises avec détermination, elles contribueront à améliorer le niveau de vie du peuple chinois – autre priorité nationale pour maintenir la stabilité et la cohésion sociales. Même si depuis une vingtaine d'années l'enrichissement de la République populaire a permis à plus de 300 millions de Chinois de dépasser le seuil de pauvreté et si le revenu annuel par habitant est désormais de l'ordre de 1 700 dollars (soit 15 % de celui des américains, en PPA), le coût social de l'essor économique demeure extrêmement élevé.

Au moins 120 millions de personnes ont migré des provinces de l'intérieur vers l'est du pays et les régions côtières en plein essor. D'ici à une décennie, environ 230 millions d'habitants devraient avoir migré, essentiellement des campagnes vers les villes[301] ; la disparité de revenus entre les plus pauvres et les plus riches est de 1 à 8. Le taux d'urbanisation devrait passer de 41 % à 57 % en 2025. Les citadins seront plus de 800 millions, alors que la pollution des villes atteint déjà des niveaux inquiétants. L'insuffisance des infrastructures sanitaires constituera un sérieux danger en contribuant à la propagation de maladies contagieuses et à la pollution atmosphérique qui provoque déjà entre 300 000 et 500 000 décès prématurés par an. Le système de santé publique, inadapté, a peu de chances de répondre à ces défis à court terme, alors que moins de la moitié des citadins et seuls 10 % des ruraux bénéficient d'une assurance maladie[302].

La croissance économique et le pouvoir politique en Chine

Les remarquables réalisations économiques de la Chine ont tendance à occulter non seulement l'impact environnemental et social d'une croissance à tout-va, mais aussi les faiblesses inhérentes à son système économique, notamment la très forte emprise de l'État sur l'économie : on estime que les entreprises publiques, à faible rendement, représentent près de 40 % de l'économie[303], et le Parti recrute de nouvelles élites sociales pour s'assurer de leur soutien. D'où l'apparition d'un « capitalisme clientéliste[304] », qui voit les élites politiques tenir les rênes de sociétés publiques et profiter de leur pouvoir économique – en particulier dans le processus de privatisation. La collusion entre les intérêts politiques et économiques dégrade les performances des entreprises publiques, fragilise le système bancaire et génère une forte corruption[305].

Le problème essentiel qui se posera à l'avenir tient au fait que l'ordre social repose avant tout sur la réalisation d'objectifs de croissance ambitieux et, par là même, sur la hausse du niveau de vie moyen – faute de quoi le système risque de s'effondrer sous le poids de ses propres dysfonctionnements et contradictions. Parallèlement, des crédits substantiels devront être affectés à la mise en place d'un régime de retraite fiable, car le taux de personnes âgées passera de 7 % aujourd'hui à 20 % (soit 300 millions d'individus) en 2025, avec un ratio de 40 en 2015 et de 50 en 2030. Dans le but de maintenir le rythme de la croissance économique, l'innovation jouera un rôle crucial ; mais il reste beaucoup à faire pour obtenir le volume d'investissements nécessaires en sciences et technologie (S & T) et en recherche et développement (R & D), ainsi que pour maximiser la production[306]. L'innovation en soi sera sans doute utile à moyen ou long terme, mais elle ne peut être la principale réponse aux besoins sociaux urgents d'une population gigantesque et très diversifiée. Le système politique devra tenir compte de l'ampleur des problèmes qui se posent, pallier les carences de la gouvernance économique et faire face aux tensions sociales.

La modernisation économique de la République populaire ne s'est pas accompagnée de véritables réformes politiques, et peu d'éléments portent à croire que celles-ci seront prochainement mises en œuvre. La Chine demeure un État monopartite qui exerce un contrôle systématique sur les médias et affiche un sinistre bilan en matière de droits de l'homme. Depuis la répression de la place Tian'an-men, en 1989, des signes d'ouverture sont perceptibles : un certain degré de tolérance existe vis-à-vis des critiques antigouvernementales, comme ce fut le cas lors de l'apparition de l'épidémie de SRAS (syndrome respiratoire aigu sévère), et la primauté du droit est renforcée, notamment dans la lutte contre la corruption. Il s'agit là toutefois de concessions mineures dont le dessein manifeste est de réaffirmer la légitimité du régime communiste plutôt que de s'orienter vers une transition démocratique.

Le gouvernement chinois justifie l'autoritarisme du régime par le désordre que pourrait provoquer une ouverture trop rapide du système politique. Il existe cependant un risque que le décalage entre la ligne politique officielle et le pays réel devienne difficilement gérable. En outre, les fortes tendances centralisatrices de l'État chinois contrastent avec la réalité pluriculturelle et pluriethnique du pays, qui englobe des régions et nations aussi diverses que le Tibet et le Xinjiang, dont les populations ont subi la discrimination et l'assimilation forcée[307].

Alors que le marxisme disparaît progressivement en tant qu'idéologie dominante, un nouveau besoin idéologique se fait sentir dans la société et la politique chinoises. La montée du nationalisme (avec l'appui du gouvernement) en est une expression inquiétante. On assiste parallèlement à une renaissance de mouvements religieux comme la secte Falun Gong, mais aussi de l'islam, du christianisme et du bouddhisme. Le parti communiste ne s'élève pas contre ces religions par principe, mais parce qu'il n'a pas la haute main sur leurs organisations. C'est pourquoi l'État ouvre actuellement des églises « parallèles » placées sous sa tutelle. Il semble qu'il s'agisse là d'une future tendance : revenir sur le programme athée antireligieux, accepter (et même soutenir) l'existence de mouvements religieux, mais imposer le contrôle de l'État sur les organisations régissant ces mouvements.

Dans l'ensemble, même s'il est peu probable que le système politique chinois évolue dans un avenir prévisible vers une véritable démocratie, il se montrera sans doute plus participatif, plus ouvert à la diversité et plus attentif aux acteurs majeurs de la société civile, tels que les milieux d'affaires, mais aussi certaines organisations non gouvernementales (ONG), telles des associations de défense de l'environnement. Paradoxalement, le meilleur moyen de préserver la domination du parti communiste, en tout cas à moyen terme, est de renforcer l'économie de marché de façon à maintenir la croissance et à disposer des ressources nécessaires pour faire face aux questions sociales et environnementales pressantes. La Chine évoluera probablement vers un « autoritarisme mou » exercé par un parti unique (qui n'aurait plus rien de véritablement communiste) – un régime comparable, par exemple, à celui de Singapour. Si la République populaire parvient à maintenir son développement économique et sa stabilité politique, sa capacité à résoudre ses problématiques internes et à étendre son influence internationale ne pourra en être que renforcée.

LA CHINE ET LE MONDE

Les perspectives stratégiques

La Chine s'est toujours efforcée d'apaiser les préoccupations suscitées par sa montée en puissance auprès de la communauté internationale, adoptant pour ce faire différentes formules conciliatoires ; l'une des plus récentes décrit la trajectoire actuelle de la Chine comme une « ascension pacifique »[308]. Parmi les principes que Pékin soutient énergiquement dans les relations internationales, la « non-ingérence » dans la politique intérieure des États indépendants s'impose comme la clé de voûte de sa vision de l'ordre mondial. Que l'on considère la « démocratisation des relations internationales » préconisée par Pékin (par rapport à la démocratisation interne prônée par les Occidentaux), son opposition déclarée aux politiques hégémoniques et de coercition ou encore sa conception d'un monde multipolaire, la ligne de politique étrangère affichée par la Chine se définit implicitement par opposition à l'attitude volontariste de l'hyperpuissance américaine.

Il a été observé que le modèle de développement spécifique à la Chine – par opposition à l'ensemble d'idées et de directives connues sous le nom de « consensus de Washington » – s'est attiré de fortes sympathies au sein des pays en développement, qui y voient un exemple d'émancipation par rapport à l'influence occidentale[309]. De même, la priorité accordée au multilatéralisme et à la légitimité particulière du système des Nations unies joue en faveur de la Chine et des autres nations, pour qui les institutions multilatérales sont un rempart contre les « caprices » de la politique extérieure américaine. Dans l'ensemble, la politique étrangère de la République populaire a cherché à assurer la stabilité dans la région et à augmenter progressivement sa marge de manœuvre et son capital d'influence par le biais d'une politique économique extérieure adroite et pacifique. La capacité actuelle de la Chine à exprimer sa puissance en des termes non menaçants donne une certaine crédibilité aux récentes prétentions du président Hu Jintao d'instaurer une société internationale harmonieuse, prenant en compte les intérêts chinois. Cette politique articulée autour du consensus et de la neutralité a valu à la Chine le ralliement d'un certain nombre de pays, non seulement parmi les pays en développement – notamment les régimes controversés d'Iran, du Soudan, du Zimbabwe et du Venezuela –, mais aussi en Europe et dans certains pays démocratiques d'Asie.

Trois questions décisives

Pékin adopte-t-il une approche multilatéraliste et coopérative par commodité ou par conviction ?

La différence peut être imperceptible à court terme – toute politique étrangère mêle les deux –, mais elle revêt une grande importance à long terme. La Chine adhère à des structures multilatérales souples, centrées principalement sur la coopération économique, mais elle répugne à s'engager vis-à-vis de systèmes contraignants – sauf quand elle peut en retirer des avantages manifestes, comme dans le cas de l'OMC. Son appartenance au Conseil de sécurité des Nations unies est synonyme de pouvoir mais aussi de responsabilité. Jusqu'à présent, Pékin n'a pas laissé des considérations d'ordre juridique ou éthique relatives aux droits de l'homme ou à la bonne gestion des affaires publiques peser sur ses intérêts économiques ou énergétiques. En outre, dans le domaine énergétique, Pékin accompagne souvent ses accords d'un volet de mesures dans les domaines de l'économie, des techniques, de la culture et de la sécurité, en vue d'inciter les pays fournisseurs à resserrer leurs liens avec la Chine. Cette attitude pourrait aller à l'encontre des pressions politiques imposées par l'Occident aux régimes indésirables. Dès lors, on peut se demander, lorsqu'on prend en compte les dimensions sécuritaires, énergétiques, environnementales et commerciales de ses relations extérieures, si la Chine est prête à accepter les responsabilités qui vont de pair avec l'accroissement de sa puissance. Autrement dit, la Chine deviendra-t-elle un acteur impliqué – par opposition à un simple « gestionnaire » – de la gouvernance mondiale ?

La Chine sera-t-elle une puissance de statu quo ou un acteur « réformiste » ?

La Chine, acteur majeur potentiel, reprendra-t-elle à son compte les structures et les programmes mondiaux définis par les États-Unis et l'Union européenne – qui intègrent non seulement des règles commerciales mais aussi des principes de démocratie et de liberté – ou s'en distanciera-t-elle ? Il est possible d'avancer que, par sa seule taille et sa spécificité culturelle, la Chine transformera, qu'elle le veuille ou non, le statu quo.

Quelle sera la « voie chinoise » ?

L'identité de la Chine en tant que superpuissance émergente est encore indistincte, mais il est permis de penser qu'elle se définira un rôle spécifique et trouvera sa voie propre. Les points de vue des États-Unis, de l'Europe et d'autres nations étrangères seront pris en compte dans le calcul des intérêts nationaux, mais ils ne les détermineront en aucun cas. Les évolutions structurelles auront peut-être davantage d'influence, notamment le poids de l'interdépendance grandissante des États et la nécessité d'aborder les questions d'intérêt public international (environnement, énergie) autrement que dans une logique de jeu à somme nulle. La Chine est consciente de la relative faiblesse des assises intérieures de sa montée en puissance et de l'utilité d'une approche fondée sur la coopération. Cette dernière pourrait s'enraciner et prendre une dimension institutionnelle au-delà de calculs reposant uniquement sur la défense de ses propres intérêts politiques.

La dimension régionale

L'évolution récente des relations entre la Chine et ses voisins ainsi que les projets envisagés pour poursuivre l'intégration régionale auront valeur de test pour évaluer les principales orientations, tensions et contradictions de la politique extérieure chinoise. D'une part, cette politique a témoigné d'une certaine fermeté à l'échelon régional, dans le cas notamment de litiges frontaliers avec le Viêt Nam, la Corée du Sud et l'Inde (certains des différends avec cet autre géant asiatique semblent toutefois en passe d'être résolus). La question de Taïwan est un facteur d'instabilité systémique, alors que la détérioration des relations sino-japonaises pourrait conduire à l'adoption de dangereuses politiques de puissance au niveau régional. D'autre part, Pékin a activement cherché à s'associer à des instances régionales existantes et à conclure des accords de coopération diversifiés, illustrés par l'engagement chinois dans le processus ASEAN + 3 (Association des nations d'Asie du Sud-Est + Chine, Japon et Corée du Sud) et le projet d'instauration de la zone de libre-échange ASEAN-Chine d'ici 2010. Le sommet de l'Asie de l'Est de décembre 2005, fortement appuyé par la Chine, rassemblait toutes les puissances régionales hormis les États-Unis.

En parallèle, la Chine a entrepris d'élargir ses relations commerciales bilatérales en tentant de multiplier les accords de libre-échange. Un accord a été passé avec le Pakistan et la Thaïlande, et des discussions sont en cours avec l'Australie et la Nouvelle-Zélande. Des accords sont également envisagés avec l'Inde et la Corée du Sud, témoignant de l'évolution profonde des relations stratégiques dans la région et du rôle de l'économie comme vecteur de normalisation de la puissance chinoise.

Il faut voir là un symptôme de l'ambivalence de la politique d'intégration régionale menée par Pékin : elle vise à promouvoir le bien commun mais aussi à placer la politique de Washington dans un contexte multilatéral qui rendra plus difficile la poursuite d'alliances bilatérales et réduira à terme l'influence américaine. La consolidation de l'Organisation de coopération de Shanghai (OCS, qui inclut la Chine, la Russie, le Kazakhstan, le Kirghizistan, le Tadjikistan et l'Ouzbékistan) semble viser encore plus directement à définir des formes autonomes de gouvernance régionale en Asie centrale – sous la conduite de la Chine et de la Russie. Moteur essentiel de la croissance économique dans les régions avoisinantes, la Chine soutient également des régimes parias au Myanmar et en Ouzbékistan, sans guère se préoccuper des exigences de ses États clients en matière de développement durable.

11

L'Inde

L'Inde aime les contradictions. Pas seulement en raison de sa tradition bien ancrée d'argumentation et de débat, qui sont les fondements de sa démocratie[310], mais aussi par les multiples facettes de son spectaculaire – bien qu'inégal – développement socio-économique. Ainsi, si l'Inde héberge aujourd'hui 25 % des activités de services liées aux technologies de l'information délocalisées de la planète[311], son économie repose essentiellement sur l'agriculture, qui compte pour 22 % du PIB et emploie 55 % de la population active[312]. Si la classe moyenne indienne (entre 150 et 200 millions d'individus[313]) est désireuse de participer pleinement aux processus de production et de consommation mondiales, un tiers de la population (360 millions) vit toujours dans la misère (avec moins de un dollar par jour[314]). Dans un pays où le taux d'alphabétisation des adultes n'est que de 70 % pour les hommes et moins de 50 % pour les femmes, ils sont quelque 300 000 ingénieurs et diplômés en sciences, ainsi qu'environ 10 000 titulaires d'un doctorat à sortir tous les ans des 380 facultés et 1 500 instituts de recherche indiens.

Ces contradictions – et bien d'autres – n'ont rien de surprenant s'agissant d'une fédération complexe de 28 États (et 6 territoires de l'Union) hétérogènes par la langue, la richesse, le développement humain, la dynamique politique, les identités ethniques et religieuses. Il est même tout à fait remarquable que cette gigantesque nation de plus de un milliard d'individus soit parvenue non seulement à maintenir et à consolider une démocratie fonctionnelle, mais aussi, ces quinze dernières années, à ouvrir son système économique et à plus que doubler son PIB. La croissance devrait d'ailleurs se poursuivre à un rythme soutenu dans les vingt ans à venir, 6 % à 8 % par an en moyenne. L'Inde se hisserait ainsi au quatrième rang de l'économie mondiale, derrière les États-Unis, la Chine et le Japon.

LES PROBLÈMES INTÉRIEURS

La stabilité politique et sociale

Pour que cette croissance soit viable à long terme, l'Inde devra toutefois surmonter un certain nombre de contraintes dans les deux prochaines décennies : une croissance démographique d'environ 350 millions de personnes ; une dépendance énergétique de près de 40 % pour le gaz et de plus de 87 % pour le pétrole (mais l'Inde est autosuffisante pour le charbon) ; enfin, dans des secteurs clés comme les transports, la santé ou l'éducation, les dépenses publiques devraient doubler ou tripler, voire davantage. Toute la question est de savoir si l'Inde saura exploiter l'accroissement de son revenu national au bénéfice de l'ensemble de la population, et si elle pourra poser les bases lui permettant de devenir un pays à revenu intermédiaire stable dans une perspective à long terme. Du point de vue politique, l'instauration progressive d'un système de gouvernance plus ouvert et moins centralisé est de bon augure pour l'avenir de la démocratie indienne. Après des décennies de tensions sécessionnistes, le transfert des autorités économiques et fiscales aux gouvernements régionaux, assorti d'une autonomie politique accrue, a désamorcé les conflits et ouvert la voie à un régionalisme responsable[315]. Dans une société où les castes restent un aspect important de l'identité individuelle, une « révolution silencieuse » s'est opérée : le taux de participation aux élections des classes et tribus traditionnellement marginalisées a dépassé celui des classes supérieures, et les nouvelles formations politiques à qui elles ont apporté leur soutien ont réussi à accéder au pouvoir dans certains des plus grands États de la fédération. La « politisation des castes » a entraîné le développement d'une discrimination positive et d'un système des quotas en faveur des classes inférieures, ce qui s'est traduit par une nouvelle vague de « démocratisation » du système politique indien[316].

La stabilité politique, retrouvée après les affrontements entre hindous et musulmans qui se sont déroulés dans le Gujarat en 2002, semble être implantée sur des bases solides. Deux problèmes latents risquent néanmoins de menacer la cohésion de la société indienne dans les prochaines années. D'une part les disparités se creusent entre les régions et à l'intérieur de celles-ci, les investissements ayant tendance à se concentrer autour de quelques grands centres urbains[317]. Le développement attendu des migrations internes devrait peser sur des agglomérations déjà surpeuplées et pourrait provoquer des conflits entre différents groupes ethniques. D'autre part, la minorité musulmane (environ 130 millions d'individus, soit 12 % de la population) reste en marge de la politique et de la société. Si le niveau d'éducation et d'emploi parmi les musulmans n'était pas amélioré et leur représentation politique encouragée, cette marginalisation pourrait constituer un terreau favorable à l'extrémisme politique et religieux. Sur un plan général, il semble que le prochain défi majeur auquel l'Inde sera confrontée est de réformer l'économie tout en renforçant la cohésion sociale de la société, condition préalable à une croissance durable. De ce point de vue, le « système indien » sera mis à rude épreuve par l'expansion démographique, les défaillances des systèmes de santé et d'éducation, la surpopulation urbaine, l'insuffisance des infrastructures et la dépendance énergétique. Pour être surmontées, ces contraintes exigeront également une refonte complète du système administratif, de plus en plus inapte à fournir les services publics essentiels tels que l'éducation et la santé.

La démographie, la croissance et l'investissement

Grâce à des taux de fertilité élevés et une espérance de vie plus longue (70 ans en 2025), la population de l'Inde rattrapera quasiment celle de la Chine en 2025 et la dépassera probablement au cours de la décennie suivante. L'avantage de l'Inde sur la Chine et sur les pays développés sera la jeunesse de sa population, dont l'âge médian ne sera que de 30,4 ans en 2025 et de moins de 34 ans en 2035. Le ratio de dépendance des personnes âgées restera également très faible : les effectifs des 65 ans et plus seront certes multipliés par deux, pour atteindre 80 millions d'ici à 2025, mais ne représenteront encore que 6 % de la population.

L'Inde, qui dispose du réservoir de jeunes le plus important de la planète (la moitié de sa population a moins de 25 ans), représentera près du quart de la hausse mondiale de la population active au cours des cinq prochaines années[318]. L'accroissement de la population active, qui est de 7 millions de travailleurs supplémentaires par an actuellement, sera de 15 millions par an d'ici à 2025, ce qui signifie qu'entre 200 millions et 250 millions d'emplois seraient nécessaires pour absorber la main-d'œuvre à venir[319]. Toutefois, ces créations d'emploi ne pourront venir des secteurs économiques à forte intensité d'innovation, tels que l'informatique, les biotechnologies et la pharmacie, très prometteurs en termes économiques pour l'Inde (qui figure déjà parmi les premiers producteurs mondiaux de médicaments génériques), puisque ce sont également ceux qui réclament le moins de main-d'œuvre : ainsi, sur 400 millions d'actifs à l'heure actuelle, seuls 3 millions travaillent dans le domaine de l'informatique.

D'un autre côté, la disponibilité d'une main-d'œuvre bon marché attire de plus en plus d'investisseurs dans le secteur manufacturier, ce qui pourrait, en perspective, menacer le statut d'« atelier du monde » de la Chine[320]. Les multinationales indiennes augmentent également leurs activités à l'étranger, comme le montre la récente acquisition de Corus par Tata et surtout celle d'Arcelor par Mittal Steel, devenu ce faisant le numéro un mondial de l'acier. Il est toutefois encore impossible de dire si l'Inde sera en mesure de se bâtir un appareil industriel capable de répondre au défi posé par sa croissance démographique. L'industrie ne compte que pour 27 % du PIB indien, alors que les services en représentent 50 %. Des réformes en matière de gouvernance économique – notamment l'assouplissement de la législation du travail et la suppression des privilèges dont bénéficient certains secteurs industriels – font partie des mesures qui permettront de déclencher la révolution industrielle indienne. Mais la réalisation du formidable potentiel économique du pays dépend avant tout de l'investissement considérable que l'Inde devra faire sur le plan social.

Seuls 60 % des jeunes Indiens suivent un enseignement secondaire (alors que 300 millions d'adultes sont illettrés) et seuls 5 % des jeunes travailleurs du pays ont bénéficié d'une formation professionnelle. Il faut par ailleurs relativiser le nombre élevé – en volume brut – de diplômés et d'ingénieurs disponibles sur le marché indien, seuls 10 % à 20 % d'entre eux étant jugés concurrentiels sur le marché mondial. La proportion des scientifiques et des ingénieurs par rapport à l'ensemble de la population est trois fois plus importante en Chine qu'en Inde.[321] Pour que ses ressources humaines à fort coefficient de savoir et hautement qualifiées restent un facteur concurrentiel dans les industries axées sur l'innovation, l'Inde devra investir massivement dans l'éducation (qui devrait bénéficier du doublement de son budget) et en R & D[322]. D'autres éléments fondamentaux du développement sociétal devront être réformés pour qu'un climat socio-économique – et par conséquent un climat d'investissement – favorable puisse se développer, à commencer par le secteur de la santé. Seuls 35 % des habitants ont accès aux soins de base, et de fortes disparités existent entre riches et pauvres, ainsi qu'entre villes et campagnes. Les maladies transmissibles sont par ailleurs une sérieuse menace pour le développement : 2 millions de nouveaux cas de paludisme sont signalés tous les ans, et le bilan mortel lié au sida pourrait s'élever à 12,3 millions de personnes pour la période 2000-2015[323]. En outre, face à ces problèmes, les dépenses de santé pourraient être multipliées par quatre au cours des deux prochaines décennies.

Un investissement décisif est également prévu afin d'améliorer l'état insatisfaisant des infrastructures de transport, lesquelles risquent, dans leur état actuel, de freiner le potentiel de croissance économique. Le coût estimatif serait de 150 à 200 milliards de dollars dans les dix à quinze prochaines années[324]. Ces investissements sont impératifs puisque le transport de fret serait multiplié par cinq entre 2000 et 2020 et le nombre de passagers par quatre. La pression sur les infrastructures sera particulièrement sensible dans les zones urbaines, dont la population atteindra quelque 550 millions d'individus en 2025 – soit 40 % de la population totale. Un problème aggravé par le fait que cette croissance touchera essentiellement une soixantaine de grands centres urbains de plus de un million d'habitants, alors qu'un quart des citadins n'a pas accès à des installations sanitaires et que l'investissement public comme privé est fortement concentré autour de pôles économiques restreints. D'autre part, 56 % des foyers indiens n'ont pas l'électricité et les coupures de courant sont fréquentes.

Une dépendance énergétique croissante

Parmi les différents éléments qui mettront à l'épreuve le « système indien » dans les années à venir, la dépendance énergétique sera l'un des plus critiques. La demande d'énergie devrait augmenter de 109 % en 2025, et la dépendance à l'égard des importations de gaz et de pétrole croître dans une proportion considérable. Le pétrole représente un tiers de la consommation énergétique totale de l'Inde. La production nationale, qui couvrait la moitié des besoins dans les années 1980, ne répondra qu'à 10 % de la demande dans dix ans[325]. Quatre pays fournissent environs 62 % des importations (l'Arabie saoudite, le Koweït, l'Iran et le Nigeria). La consommation de gaz devrait exploser, faisant un bond de 190 %. Mais la découverte de nouvelles réserves pourrait permettre à l'Inde de satisfaire près de la moitié de sa demande. Des pressions d'ordre géographique et politique poussent le pays à investir en GNL et, d'ici à 2030, le GNL pourrait couvrir 27 % des besoins nationaux. Le gros des importations viendra probablement du Moyen-Orient (en particulier du Qatar, d'Oman et du Yémen), mais aussi d'Australie et de Malaisie. Le charbon devrait toutefois rester la principale source d'énergie primaire, en particulier pour la production électrique (64 % de la production en 2030). Bien que d'importants investissements soient nécessaires pour améliorer les centrales au charbon, la hausse des prix du pétrole et du gaz devrait maintenir la dépendance de l'Inde vis-à-vis du charbon, dont le pays détient 10 % des réserves mondiales.

La production d'électricité ne suffit déjà plus à satisfaire la demande énergétique moyenne. La demande indienne en électricité doit plus que tripler d'ici à 2025, ce qui nécessitera de multiplier par six à sept la capacité de production actuelle (de 124 GW en 2005 à environ 778 ou 962 GW en 2030[326]). En vue d'une demande accrue, des investissements majeurs sont prévus dans les énergies renouvelables et le secteur nucléaire. L'investissement annuel requis en nouvelles capacités de production d'électricité dépassera 2 % du PIB jusqu'en 2030[327].

L'Inde mène une stratégie sur plusieurs fronts pour réduire sa vulnérabilité énergétique ; elle comporte quatre éléments. D'une part, l'Inde envisage de développer la proportion du nucléaire dans sa production électrique : huit nouveaux réacteurs vont s'ajouter aux quinze actuels. En 2050, le secteur nucléaire devrait compter pour 20 % à 25 % de la production électrique du pays. Cependant, étant donné l'absence de réserves nationales d'uranium, l'Inde sera confrontée au dilemme d'une dépendance accrue à l'égard du marché international pour se procurer de l'uranium, ou de la recherche de solutions technologiques alternatives reposant sur la surgénération et le retraitement des combustibles et, à moyen terme, sur le cycle du thorium. Les avantages et les inconvénients de ce choix doivent être évalués par rapport aux conditions de l'accord nucléaire américano-indien (voir *infra*), conclu en mars 2006 et ratifié par le Congrès américain[328].

En parallèle, certains envisagent des solutions internes pour limiter l'importation de combustibles fossiles, à savoir l'expansion massive de plantations énergétiques afin de tirer de l'énergie de la biomasse, ainsi qu'un investissement soutenu dans la production de biocarburants, à l'exemple du Brésil. Plus en amont, l'Inde mène également une politique d'exploration de nouveaux gisements de pétrole et de gaz sur son propre territoire. Enfin, l'Inde passe des accords bilatéraux avec ses voisins en vue de s'assurer un approvisionnement à long terme. En dehors du projet d'oléoduc devant relier l'Iran à l'Inde via le Pakistan (un projet auquel les États-Unis sont fortement opposés), l'Inde a signé en 2005 avec l'Iran un accord à grande échelle sur la livraison de GNL en 2007, pour une période de vingt-cinq ans. Les importations de gaz viendront également du Myanmar – où des sociétés indiennes ont fait des investissements considérables dans des gisements récemment découverts – et sans doute du Bangladesh, où les réserves prouvées de gaz se montent à 14 000 milliards de pieds cubes.

LA POLITIQUE ÉTRANGÈRE

La définition d'une politique étrangère axée sur la sécurité énergétique ne représente qu'une des dimensions du dynamisme international grandissant de l'Inde. Puissance montante appelée à jouer un rôle de premier plan dans la gouvernance mondiale, l'Inde cherche à définir sa place dans les relations internationales. Au moins deux des trois facteurs qui limitaient sa capacité d'action internationale depuis son indépendance – la scission et l'hostilité persistante du Pakistan, son propre système socialiste et les étroites relations entretenues avec l'URSS pendant la guerre froide – ont disparu, augmentant d'autant sa marge de manœuvre en la matière[329]. Depuis la fin de la guerre froide et l'ouverture de son économie à la mondialisation, le discours de New Delhi en matière de politique étrangère a évolué : il est passé de la stratégie traditionnelle de non-alignement à une approche plus pragmatique, avec les grands acteurs mondiaux comme avec ses turbulents voisins ou avec des organisations régionales dans l'ensemble de l'Asie. L'Inde affiche une fidélité théorique au multilatéralisme mais s'est montrée, en pratique, pour le moins sceptique vis-à-vis de certaines initiatives phares de l'UE visant, par exemple, à réglementer l'emploi de la force, notamment à propos de la Cour pénale internationale et la Convention d'Ottawa sur l'interdiction des mines antipersonnel[330].

L'Inde et les États-Unis :
la naissance d'un partenariat stratégique ?

L'Inde aspire au statut de grande puissance, traditionnellement définie en fonction de la puissance militaire et économique, entre autres. Dans l'ensemble, l'Inde reconnaît que les États-Unis resteront la nation la plus puissante du monde aussi loin que l'on puisse prévoir et semble se contenter d'engranger les bénéfices de l'unipolarité tout en préservant et en élargissant sa liberté de manœuvre[331]. Selon un sondage effectué par l'institut Pew en 2005, le pourcentage des Indiens se déclarant favorables aux États-Unis était passé de 54 % en 2002 à 71 % en 2005, une tendance inverse, on l'a vu, à celle exprimée par la plupart des autres pays ayant participé à l'enquête[332]. Dans sa relation avec les États-Unis, le capital politique investi par l'Inde a commencé à avoir des retombées tangibles (notamment le « dividende démocratique » résultant de la stabilité de son régime démocratique). L'accord indo-américain de 2004 sur le futur de leur partenariat stratégique couvre ainsi la coopération dans le domaine des programmes spatiaux, des technologies à double usage et de l'énergie nucléaire civile. Après l'accord de coopération militaro-stratégique signé en juin 2005 avec Washington, l'accord nucléaire entre les deux pays permettra peut-être à New Delhi d'échapper aux restrictions imposées par son refus d'adhérer au traité de non-prolifération des armes nucléaires (TNP) et au traité d'interdiction complète des essais nucléaires (TICE).

Aux termes de l'accord avec les États-Unis, l'embargo décrété par le groupe des fournisseurs nucléaires (NSG) vis-à-vis de l'Inde pourrait être levé, ce qui permettrait notamment à New Delhi d'importer de l'uranium et d'élargir ses choix dans le domaine nucléaire. Dans le même temps, l'Inde placerait l'ensemble de ses installations nucléaires civiles sous la protection de l'Agence internationale de l'énergie atomique (AIEA) et appuierait la conclusion du projet de traité d'interdiction de la production de matières fissiles pour des armes nucléaires (TIPMF)[333]. Ses installations militaires ne seraient toutefois pas soumises à vérifications. Cet accord pourrait avoir des conséquences de grande portée. De toute évidence, il ouvrira un gigantesque marché aux industries nucléaires occidentales (et russes), et pourrait diminuer l'intérêt de l'Inde vis-à-vis du cycle du thorium, qui fait appel à des surgénérateurs. Mais cet accord accroîtra également la capacité militaire indienne, ce qui serait une source d'inquiétude pour le Pakistan et pourrait remettre en question la supériorité nucléaire stratégique actuelle de la Chine. Surtout, l'accord envoie un signal ambivalent quant au futur du TNP, démontrant que le développement de l'arme nucléaire par une puissance (officiellement) non nucléaire est une option de long terme crédible. L'argument selon lequel l'Inde ne serait pas un « proliférateur horizontal[334] », avancé entre autres par les États-Unis pour justifier leur politique discriminatoire, pourrait aller à l'encontre du but recherché et pousser certains États à quitter le TNP pour développer leurs propres capacités.

Il faut replacer cet accord dans le contexte de la relation qui s'amorce entre New Delhi et Washington[335]. D'un point de vue stratégique, l'appui indien servira aux États-Unis à contrebalancer la montée de la Chine et à constituer un rempart contre l'expansion du fondamentalisme islamique en Asie du Sud. La modernisation militaire de l'Inde s'accélère également : développement de la flotte sous-marine, acquisition d'un porte-avions russe, nouveau et ambitieux programme balistique, passation de marchés d'armement avec Israël et projets d'acquisition d'appareils de combats F-16 et F-18 auprès des États-Unis. La campagne de séduction américaine auprès de New Delhi ne faisant encore que commencer, il est probable que les États-Unis se montreront disposés à offrir bien plus pour se garantir le soutien de l'Inde dans la recherche d'un nouvel équilibre stratégique de l'Asie.

Le contexte régional

Si la relation stratégique avec les États-Unis semble très solidement établie, l'Inde pourrait s'engager aussi avec d'autres partenaires, en fonction des problématiques. New Delhi ressent sa relation avec Washington non seulement comme une police d'assurance au cas où la situation s'envenimerait avec ses rivaux de longue date que sont le Pakistan et la Chine, mais aussi et surtout comme un moyen de pression décisif dans les négociations bilatérales qu'elle conduit avec eux ; c'est également un atout majeur pour imposer son statut de puissance. Le dialogue avec le Pakistan a gagné en vigueur depuis la dernière explosion de violence au Cachemire, en 2004. Les mesures de confiance se sont multipliées dans le but d'accroître les échanges sur les plans économique, politique et culturel ; la période semble propice à l'entame de pourparlers sérieux, destinés à mettre un terme définitif à leur différend frontalier, sous la forte pression des États-Unis. Les deux pays, confrontés à la menace terroriste et au triple défi de l'explosion démographique, du développement économique et de la sécurité énergétique, pourraient considérer qu'ils ne peuvent plus s'offrir le luxe d'un conflit latent[336].

À l'échelle régionale, l'Inde a adopté une attitude volontariste afin d'étendre son influence. Après avoir préparé le terrain pour instaurer un climat de confiance avec le Pakistan à l'ouest, l'Inde se tourne de plus en plus vers l'est. La « diplomatie du tsunami » qui s'est mise en place après la catastrophe naturelle qui a frappé l'océan Indien, et qui a vu l'Inde apporter une aide financière aux autres pays touchés et envoyer sa marine porter secours à l'Indonésie, a permis de transmettre un message politique important[337]. Sur le plan institutionnel, le partenariat Inde-ASEAN 2004 pour la paix, le progrès et la prospérité doit aboutir à la création d'une zone de libre-échange comprenant le Brunei, l'Inde, l'Indonésie, la Malaisie, Singapour et la Thaïlande à partir de 2007, et s'étendre au Myanmar, au Cambodge, au Laos, au Viêt

Nam et aux Philippines en 2016. Des rapprochements économiques ont également eu lieu en 2005 avec Singapour, le partenaire commercial le plus important de New Delhi dans la sous-région. En 2006 a été mis en vigueur l'accord de libre-échange en Asie du Sud (SAFTA), une émanation de l'Association de l'Asie du Sud pour la coopération régionale (South Asian Association For Regional Cooperation, SAARC). Les perspectives économiques offertes par la SAFTA sont néanmoins restreintes à court terme, de par la faiblesse économique de la quasi-totalité des partenaires, de leur participation négligeable dans le commerce mondial (1,1 % pour l'ensemble de la SAFTA, 0,4 % si l'on retire l'Inde du décompte) et du très haut niveau de protectionnisme subsistant parmi les pays concernés. Il est de fait davantage perçu comme une sorte de mesure de confiance que comme le catalyseur d'un développement économique régional. L'Inde s'est néanmoins récemment servie de la SAARC pour proposer la mise en place d'une politique énergétique sur l'ensemble de la région, afin de répondre de manière optimale aux besoins croissants dans ce domaine[338]. L'organisation de coopération économique entre le Bangladesh, l'Inde, la Birmanie, le Sri Lanka et la Thaïlande (Bangladesh, India, Myanmar, Sri Lanka and Thailand Economic Cooperation, BIMST-EC) représente une nouvelle étape du renforcement de la gouvernance régionale. La consolidation des institutions traduit et encourage à la fois la croissance des courants d'échange interrégionaux. Depuis 2004, les pays de l'ASEAN + 3 (Chine, Japon, Corée du Sud) sont devenus, collectivement, le premier partenaire commercial de l'Inde, comptant pour 20 % de ses échanges. L'UE suit de près, à 19 %, tandis que les États-Unis demeurent le plus grand partenaire national, avec 11 % des échanges totaux pour l'exercice 2004-2005. La Chine arrive au second rang, après une hausse phénoménale de 80 % du volume des échanges entre les deux pays au cours de la même année.

Inde-Chine : du rapprochement stratégique au partenariat durable ?

Des liens économiques resserrés et le nouveau dialogue politique avec la Chine sont le signe d'un futur partenariat possible au-delà des manœuvres tactiques actuelles qui visent à améliorer les relations économiques mais laissent sans réponse certaines questions politiques. Si l'avenir des relations sino-indiennes est difficile à prévoir, il est possible de distinguer les obstacles à court terme des tendances à long terme. À l'heure actuelle, les deux pays ne s'accordent pas une confiance suffisante pour s'engager dans un partenariat stratégique structuré. Ainsi, les mesures qu'ils adoptent respectivement pour consolider leurs positions dans l'océan Indien et garantir la sécurité de leurs routes commerciales et de leurs approvisionnements énergétiques traduisent plutôt la compétition que la coopération. On pourrait dire la même chose de la pénétration commerciale, économique et culturelle de la Chine et de l'Inde en Asie du Sud-Ouest. De plus, le poids du « facteur américain » dans leurs calculs respectifs est encore prépondérant, qu'il soit perçu comme une opportunité, une éventuelle menace ou un mélange des deux. Beaucoup dépendra de la capacité de l'administration Bush à poursuivre en Asie sa stratégie de division, articulée autour d'accords bilatéraux destinés avant tout à freiner le développement de la Chine. En outre, depuis 2005, l'Inde et le Japon posent les bases de liens politiques, économiques et militaires plus étroits – une évolution justifiée au moins partiellement par leur intention de faire contrepoids à l'influence de la Chine dans la région[339].

En revanche, on peut déceler des forces structurelles plus profondes qui pourraient aboutir à une convergence de stratégies entre les deux puissances montantes à moyen ou long terme. Un nouveau partenariat stratégique pour la paix et la prospérité a été annoncé dans certains milieux à l'occasion de la visite du Premier ministre chinois en Inde, en 2005. Indépendamment d'un tel accord, qui reste pour l'instant un vœu pieu, les relations sino-indiennes progressent rapidement sur le plan économique. La Chine est déjà le second partenaire commercial de l'Inde et, si les tendances actuelles se poursuivent, en sera bientôt le premier. Dès 2007, le volume des échanges entre les deux pays pourrait atteindre 20 milliards de dollars alors qu'il ne dépassait pas les 2 milliards de dollars en 2000. Des projets communs d'exploitation énergétique sont en cours au Soudan et en Iran, et l'Inde a obtenu le statut d'observateur dans l'Organisation de coopération de Shanghai, à l'heure où des possibilités de joint-ventures sino-indiennes en Asie centrale sont à l'étude. Il se peut qu'une intégration interrégionale plus poussée, reposant sur une coopération accrue et une complémentarité économique, contienne les germes d'un partenariat renforcé. La Chine et l'Inde ont en commun le dessein sous-jacent de chercher à s'émanciper d'un système international déterminé par les puissances occidentales, et une même volonté de suivre des modèles de développement qui leur soient propres, influencés par leurs propres traditions culturelles. S'il est par conséquent prématuré d'évoquer une convergence stratégique des deux géants asiatiques, on devrait cependant la considérer comme une possibilité réelle dans une perspective à long terme.

12

L’Amérique latine

L’évolution de l’Amérique latine d’ici à 2025 dépendra de trois facteurs essentiels : les événements de politique intérieure, les relations avec les États-Unis et la capacité du continent à s’intégrer davantage dans le processus de la mondialisation. La population latino-américaine ne connaîtra pas de croissance importante durant cette période. Selon des estimations médianes, la population asiatique représentera environ 58 % de la population mondiale en 2025 et celle de l’Afrique quelque 17 %, alors que l’Amérique latine et les Caraïbes ne compteront que pour 8,5 %[340]. La relative stabilité démographique favorisera peut-être la stabilité politique et la croissance économique du continent. De plus, son éloignement géographique des principaux points de conflits stratégiques constitue un avantage pour l’avenir. Malgré ce contexte relativement positif, l’Amérique du Sud restera confrontée à de considérables défis économiques et politiques.

LES QUESTIONS RÉGIONALES

L’économie

La région d’Amérique latine a deux grands centres démographiques : le Brésil (188 millions d’habitants aujourd’hui, 230 millions attendus en 2025) et le Mexique (107 millions d’habitants actuellement, 130 millions en 2025). Leur évolution pourrait suivre différentes directions. En 2025, le Mexique sera de plus en plus lié au pôle économique nord-américain, en raison du volume d'échanges commerciaux entre les deux pays et de l'afflux migratoire constant du Mexique vers les États-Unis ; le Brésil, lui, deviendra probablement un pôle économique et politique indépendant et développera des relations avec ses voisins. D'autres centres d'intérêt seront la région andine, dotée de ressources énergétiques considérables, et l'extrémité sud du continent, où la croissance économique chilienne semble reposer sur des bases solides.

Les forts taux de croissance enregistrés dans la région en 2005 et 2006 (respectivement de 4,6 % et 5,5 %) sont largement dus aux prix élevés des matières premières. Ces bons résultats, obtenus dans un contexte international favorable, sont cependant trop récents pour indiquer une accélération durable du potentiel de croissance de la région (le taux de croissance moyen était de 1,1 % dans les années 1980 et de 3,3 % dans les années 1990). D'après les estimations actuelles, la croissance devrait être de l'ordre de 3 % jusqu'en 2020, soit bien inférieure à celle des pays émergents d'Asie[341]. Le Venezuela a cependant largement tiré parti de l'explosion des cours du pétrole, affichant une croissance de 17 % en 2004 et 9,3 % en 2005. Les infrastructures institutionnelles comme matérielles ont besoin d'être renforcées ; par rapport à d'autres régions en développement, elles ne se sont guère améliorées au cours de la décennie écoulée. Les pays d'Amérique latine, qui disposaient d'un réseau d'infrastructures de base (routes, électricité, télécommunications) plus important dans les années 1980, ont perdu du terrain par rapport à des économies en pleine expansion comme la Corée du Sud et même la Chine, dont le revenu par habitant est pourtant beaucoup moins élevé. Les dépenses en infrastructures comptent à l'heure actuelle pour moins de 2 % du PIB de la région, alors qu'il faudrait en moyenne de 4 % à 6 % pendant les vingt prochaines années pour rattraper la Corée du Sud. Ces investissements pourraient stimuler la croissance et contribuer à réduire les inégalités[342], mais la forte participation des pouvoirs publics sera déterminante, tout particulièrement pour encourager l'afflux d'investissements privés.

L'Amérique du Sud reste néanmoins une des destinations privilégiées des IDE, puisqu'elle a attiré 26 % des investissements vers les pays en développement en 2005, pour un montant de 61 milliards de dollars. Le Mexique, le Brésil et le Chili figurent parmi les dix premiers destinataires d'IDE des pays en développement[343]. Ces investissements concernent de plus en plus le secteur manufacturier, mais sont destinés avant tout à l'industrie extractive dans les pays riches en matières premières. La région détient d'importantes réserves minérales et biologiques, et les secteurs agricole et minier sont bien développés et compétitifs au niveau mondial. La diversification économique reste toutefois très faible et de nombreux pays de la zone sont spécialisés dans les matières premières. La demande internationale, en particulier celle de la Chine pour les matériaux ferreux et non ferreux, pourrait accroître la dépendance de la région à cet égard.

L'énergie

L'Amérique latine produit 9 % de l'énergie mondiale. Plus précisément, la région produit 15 % du pétrole de la planète (dont elle exporte près de la moitié) et 7,5 % du gaz. Avec plus de 9 % des réserves mondiales de pétrole et 4,5 % des réserves de gaz, la région jouera un rôle essentiel dans les futures stratégies d'approvisionnement énergétiques des pays développés et émergents, mais également dans celles des États-Unis[344]. Il existe cependant des différences notables entre les différents pays de la région. Seul le Venezuela détient d'importantes ressources de pétrole et de gaz. En dehors du Moyen-Orient, qui possède environ 61 % des réserves de pétrole (sables bitumeux non compris), le Venezuela dispose des plus grandes réserves mondiales, avec 6,6 % des réserves prouvées, devant la Fédération de Russie (6,2 %). La mise en exploitation de ses immenses réserves en sables bitumeux pourrait d'ailleurs fortement accroître son poids dans le domaine énergétique. Le Mexique détient 1,1 % des réserves mondiales de pétrole brut, le Brésil 1 %, l'Équateur 0,4 % et l'Argentine 0,2 %. Quant au gaz naturel, le Moyen-Orient et la Russie arrivent en tête avec respectivement 40 % et 26,6 %, tandis que le Venezuela possède 2,5 % des réserves mondiales de gaz ; d'autres pays latino-américains en détiennent des parts résiduelles mais qui restent importantes : la Bolivie (0,9 %), l'Argentine et Trinidad et Tobago (0,3 % chacune), le Brésil et le Pérou (0,2 % chacun). Du point de vue énergétique, la région est fortement intégrée : plusieurs pays sont soit parvenus à l'autonomie (tels le Venezuela, le Mexique et la Bolivie), soit uniquement tributaires de ressources régionales.

L'acquisition des ressources énergétiques latino-américaines risque de susciter une compétition croissante : les États-Unis envisagent déjà d'accroître leurs importations en provenance de la région ; la Chine intensifie sa présence, multiplie les investissements énergétiques et les joint-ventures avec des sociétés locales dans des pays tels que le Venezuela, le Pérou, l'Argentine, l'Équateur et le Brésil. Ce dernier est en passe de devenir l'un des principaux acteurs régionaux du secteur énergétique. Petrobras, la première compagnie pétrolière brésilienne, participe très activement à l'exploitation et à la distribution des ressources en Bolivie et en Argentine. Le poids économique relatif du Brésil sera un facteur déterminant pour la structure du futur marché énergétique sud-américain. Une tendance illustrée notamment par le projet d'« anneau énergétique » sud-américain, un gazoduc de 2,5 milliards de dollars qui relierait, à l'horizon 2010, les gisements péruviens et argentins au Brésil, au Chili et à l'Uruguay. Le Brésil est également le premier producteur mondial d'éthanol et pourrait devenir l'un des principaux exportateurs de ce biocarburant.

Paradoxalement, le cours élevé du brut coïncide avec un changement d'orientation net de la politique énergétique de certains États de la région, notamment ceux où l'extraction des ressources est supervisée par des compagnies pétrolières nationales (en particulier le Venezuela, la Bolivie et l'Équateur). Au Venezuela, la renationalisation des ressources a peut-être donné le départ d'une nouvelle tendance[345]. La Bolivie et, dans une moindre mesure, l'Équateur lui ont emboîté le pas. Si ces politiques sont poursuivies à long terme, elles pourraient entraver sérieusement le développement économique de ces pays. Des investissements dans le secteur énergétique seront capitaux pour répondre à la demande prévue des pays importateurs (en particulier les États-Unis et le Brésil pour le gaz, et aussi la Chine). L'investissement global nécessaire dans les infrastructures énergétiques est estimé à 1 milliard de dollars dans les vingt prochaines années. La libéralisation de ce secteur est considérée comme indispensable pour attirer l'investissement international et dynamiser les capacités de production nationales.

L'évolution politique

La guerre froide fut un sombre épisode pour l'Amérique latine. Les révolutions marxistes ont débouché à la fois sur des régimes répressifs et l'interventionnisme de Washington. La situation a changé dans les années 1990, lorsque la transition démocratique réussie de certains pays clés a laissé la place à une plus grande liberté et au respect des droits de l'homme. Au début du XXIe siècle, les élections qui se sont déroulées successivement en Argentine, au Brésil, en Colombie, au Mexique et au Pérou, entre autres, ont consolidé des systèmes démocratiques parvenus à maturité. Reste toutefois à savoir si ces transitions ont ouvert la voie à une démocratisation permanente et irréversible de l'Amérique latine ou si ce processus est encore susceptible de régresser.

Les deux principaux défis que la démocratie latino-américaine aura désormais à relever seront la lutte contre les inégalités et le combat contre la violence politique, le crime organisé et le terrorisme. En Amérique du Sud, le fossé qui sépare les plus riches des plus démunis est très important. En moyenne, 40 % à 47 % du revenu total est perçu par 10 % de la population, alors que les 20 % les plus pauvres ne reçoivent que 1 % à 2 %. La pauvreté est très répandue dans les sociétés latino-américaines. La part des pauvres dans la région représente en moyenne 24,6 % de l'ensemble de la population (environ 30 % au Mexique, en Amérique centrale et dans la Communauté andine, et 19 % au sud du continent)[346]. On peut s'attendre toutefois que des gouvernements responsables sur le plan démocratique contribuent à moyen terme à atténuer ces disparités économiques et encouragent la formation de classes moyennes. Le cas du Brésil semble aller dans ce sens, la croissance économique, favorisée par l'instauration de mesures libérales et les mesures de protection sociales mises en place par le gouvernement Lula, ayant contribué à réduire les inégalités. Entre 2002 et 2006, la part du revenu national allant à la moitié la plus pauvre du pays a ainsi augmenté de 9,8 % à 11,9 % alors que la part allant vers les 10 % de population les plus riches a baissé de 49,5 % à 47,1 %. Dans l'ensemble de la région, des forces politiques populistes promettent d'accélérer ce processus et d'instaurer l'égalité du jour au lendemain par le biais de politiques incertaines. Les classes les plus démunies de la société ont montré une propension à cautionner ces promesses lors d'élections démocratiques. Mais ces politiques risquent d'avoir des conséquences désastreuses pour les pays concernés. Au Venezuela, les velléités politiques du président Hugo Chavez risquent d'affecter le système des droits et libertés qui constitue la base des régimes démocratiques. Reste à savoir si ces cas ne sont que des exceptions ou s'ils préfigurent une tendance. Quoi qu'il en soit, on peut raisonnablement prévoir que, dans l'ensemble de la région, une consolidation progressive des pratiques démocratiques réduira à terme les inégalités sociales et renforcera la primauté du droit, ce qui permettra le développement d'États plus stables.

L'autre grande difficulté que doit affronter la démocratie est la lutte contre le crime organisé et la violence politique. Le renforcement des régimes démocratiques exige une action résolue contre ces deux fléaux mais également contre la corruption. Le trafic de stupéfiants frappe la plus grande partie de la région, et il n'est pas certain qu'il y aura à l'avenir une détermination suffisante pour réduire le problème. D'un côté, les politiques nationales et l'aide massive fournie par les États-Unis pour lutter contre la drogue (en 2005, Washington y a consacré 724,5 millions de dollars)[347] semblent avoir porté des fruits : on a observé une baisse de la production de cocaïne andine, qui est passée de 950 tonnes en 1996 à 645 tonnes en 2004[348]. Mais, de l'autre côté, on décèle certaines tendances inquiétantes : la déviation vers l'Europe des routes de la cocaïne, l'expansion probable des plantations de coca au Pérou et en Bolivie, et la spécialisation de certaines organisations criminelles dans le transit des stupéfiants et le blanchiment d'argent.

Le maintien de l'ordre dans les grandes agglomérations où le trafic de stupéfiants et d'autres trafics illégaux sont des pratiques bien établies sera un problème majeur pour les autorités locales et nationales. En revanche, il y a lieu d'être plus optimiste concernant le terrorisme et les troubles civils. Le terrorisme en Amérique latine n'est pas lié aux réseaux islamistes internationaux ni aux interminables conflits moyen-orientaux qui alimentent la capacité de résistance de ces mouvements. Il répond plutôt à des sensibilités et à des justifications locales. Les attentats terroristes sont essentiellement le fait de mouvements révolutionnaires[349]. La tendance générale dans les pays où le terrorisme est présent depuis quelques décennies est à l'affaiblissement de ce phénomène, dû à un ensemble de mesures policières, militaires et politiques, y compris à la participation des États-Unis à la guerre contre les drogues et le terrorisme (surtout en Colombie). La plupart des mouvements radicaux qui défendent les populations autochtones ont récemment choisi des modes de protestation pacifiques, à l'instar du mouvement zapatiste au Mexique.

Au vu de ces évolutions, il est fort probable que, dans vingt ans, le terrorisme résiduel ne menacera plus la stabilité politique de l'Amérique latine. Si la virulence des mouvements terroristes semble s'essouffler, il sera crucial pour le développement de la région de refréner la violence endémique. L'incapacité des gouvernements démocratiques à assurer la sécurité de leurs citoyens représente une menace tangible, en particulier au Brésil, qui connaît actuellement un taux de mortalité criminelle très élevé (28,3 meurtres pour 100 000 habitants). Pour donner un ordre d'idée de l'ampleur des dommages que subissent les économies et les collectivités, le coût de la violence en 1997 a été chiffré à 10,5 % du PIB au Brésil, 24,7 % en Colombie, 24,9 % au Salvador, 12,3 % au Mexique, 5,1 % au Pérou et 11,8 % au Venezuela[350]. La Banque mondiale estime que les activités terroristes au Pérou ont entraîné une perte cumulée de 20 milliards de dollars[351]. Dans la mesure où la pauvreté et le chômage urbains à grande échelle sont des causes de violence majeures, l'Amérique latine sera confrontée à un grave problème de gouvernance et de développement. Sa croissance économique exige un environnement économique sain pour favoriser l'investissement privé, mais elle réclame aussi un bon nombre de mesures sociales afin de réduire les inégalités et d'endiguer la progression de la violence.

LES RELATIONS EXTÉRIEURES

Les relations avec les États-Unis et la construction régionale

Les États-Unis sont sans conteste l'acteur extérieur le plus important en Amérique latine. Mais si, pendant la guerre froide, Washington avait maintenu une forte présence politique dans l'hémisphère occidental, au cours des quinze dernières années, la plupart des événements politiques se sont déroulés sans sa participation directe. Depuis l'époque de l'administration Clinton, la nature des problèmes entre les États-Unis et l'Amérique latine est d'ordre économique plus que politique. La création de l'Accord de libre-échange nord-américain (ALENA), la réaction américaine vis-à-vis de la crise du peso au Mexique, en décembre 1994, et le lancement du Sommet des Amériques la même année ont été des exemples du changement d'attitude de Washington.

En Amérique latine, la plupart des observateurs saluent cette politique de non-intervention, même si certains font remarquer que l'indifférence américaine (George Bush n'a pas cité une seule fois la région dans son discours sur l'état de l'Union de janvier 2006) n'est pas un motif de réjouissance. Si Washington continue d'axer sa politique extérieure sur la Chine et l'Asie – pour des raisons commerciales –, et sur le Moyen-Orient – pour ses réserves énergétiques et des questions de sécurité –, l'Amérique latine devra s'habituer à vivre avec un voisin pour lequel les problèmes politiques locaux et régionaux ne représentent pas une priorité. Un autre courant de pensée estime toutefois qu'à terme la proportion croissante d'Américains originaires d'Amérique latine sensibilisera la Maison-Blanche aux problèmes intérieurs de certains pays.

Depuis le milieu des années 1990, les « structures internationales » en Amérique latine ont consisté en trois principaux blocs commerciaux : l'ALENA, le Mercosur et la Communauté andine des nations (CAN). Ces cadres complètent l'instance régionale qui englobe tout, l'Organisation des États américains. De plus, il existe deux larges structures pour le dialogue transatlantique avec l'Amérique latine : les sommets UE-Amérique latine (le quatrième s'est déroulé à Vienne en mai 2006)[352] et la Communauté ibéro-américaine des nations (son XVe sommet s'est tenu à Salamanque en octobre 2005), à laquelle participent le Portugal et l'Espagne.

Dans ce contexte, de nouvelles dynamiques contradictoires sont en train de façonner l'ordre régional. Le projet péruvien de négocier un accord de libre-échange avec les États-Unis – similaire à celui signé entre le Chili et Washington – s'est attiré les critiques du président vénézuélien Hugo Chavez, qui propose de réorganiser les structures régionales. Chavez voudrait remplacer la « logique géographique » par une « logique politique » qui permettrait aux gouvernements de gauche de créer une « association des peuples », baptisée ALBA (Alternative bolivarienne pour les Amériques). Malgré ces propositions et en dépit des difficultés actuelles du cycle de Doha de l'OMC, on peut s'attendre que les échanges entre les pays latino-américains, entre ces pays et les États-Unis, et entre les pays d'Amérique latine et le reste du monde progressent dans les années à venir. L'intérêt pris par les pays latino-américains dans les efforts de construction régionale, dans le but de prendre modèle sur le processus d'intégration européenne, s'intensifiera également.

Toutefois, si l'Amérique latine est devenue en une décennie un continent largement démocratisé (32 pays sur un total de 34), ce processus coïncide avec la montée d'une vague antilibérale et antiaméricaine. Les conséquences ne sont pas bénignes pour les États-Unis, nombre de pays clés (Venezuela, Bolivie, Brésil, Argentine, Nicaragua) ayant entrepris de combattre l'influence américaine par une politique d'ouverture aux investissements de puissances perçues, à tort ou à raison, comme antiaméricaines, et plus particulièrement la Chine. Paradoxalement, les effets pourraient être plus positifs que négatifs, l'irruption de la concurrence asiatique pouvant motiver sur un long terme un plus grand intérêt économique de la part des États-Unis et un plus grand activisme politique de la part d'une Union européenne qui ne conçoit encore la région que comme un marché et non comme un ensemble stratégique.

L'Amérique latine, le commerce et la mondialisation

Les économies latino-américaines sont relativement ouvertes à la mondialisation et intégrées dans les principaux courants commerciaux. Le commerce interrégional ne représentait que 16 % du commerce total en 2004[353]. Aujourd'hui, la plus grande partie du commerce latino-américain se fait en direction de l'UE – qui demeure le premier partenaire commercial de la région – et des États-Unis. En 2004, l'UE était le premier partenaire commercial du Brésil, avec plus de 23 % de ses échanges, devant les États-Unis (20 %) et l'Argentine (8,2 %). Les partenaires commerciaux de l'Argentine étaient le Brésil (23,4 %), l'UE (21,1 %), les États-Unis (12,7 %) et le Chili (7,3 %). Enfin, le Chili a échangé avec l'UE (19,8 %), les États-Unis (13,9 %), la Chine (8,9 %) et l'Argentine (8,1 %). Le Mexique est un cas à part : en 2004, ses échanges avec les États-Unis représentaient 70,7 % du total, l'UE arrivant en seconde position avec seulement 6,9 %, devant la Chine (4,1 %). Les relations commerciales avec Pékin sont particulièrement dynamiques dans toute la région, notamment en raison de la forte demande chinoise en ressources naturelles. Les exportations latino-américaines vers la Chine ont été multipliées par cinq sur la période 2000-2004[354].

Dans vingt ans, le Mexique devrait demeurer fermement rattaché à l'économie des États-Unis. Le Brésil constituera un solide pôle économique doté de liens robustes avec tous ses voisins, en particulier l'Argentine. Les États andins entretiendront des relations commerciales avec les deux blocs. Pour sa part, l'UE maintiendra d'importants liens commerciaux avec les principaux acteurs d'Amérique latine. Il est difficile d'affirmer en revanche si la richesse du Venezuela en ressources naturelles entraînera un développement économique durable. L'expérience de pays bien dotés en ressources montre que la dépendance à l'exportation des produits énergétiques est plus souvent un fléau qu'une bénédiction.

Du point de vue socio-économique, ni le modèle asiatique ni le consensus de Washington n'apparaissent comme des formules idéales de développement pour l'Amérique latine. Le modèle asiatique ne peut être appliqué pour nombre de raisons d'ordre historique, culturel, social et politique. Le consensus de

Washington a montré ses limites vis-à-vis de l'Amérique latine dans les années 1990, lorsqu'une libéralisation extrême et des mesures de dérégulation ont déclenché des crises politiques et sociales dans certains pays. À l'avenir, ces mesures devront s'axer davantage sur la protection sociale, la primauté du droit et les pratiques démocratiques. L'Amérique latine devra alors trouver son propre modèle de développement économique et politique, en tirant les leçons des expériences menées récemment dans des pays aussi divers que la Chine, l'Inde, l'Irlande ou l'Espagne[355]. L'Amérique latine devrait s'inspirer de divers exemples de réussite économique et sociale dans le monde, où l'éducation, les investissements et l'ouverture ont été des éléments cruciaux. De fait, cette région peut et doit déterminer sa propre voie de développement, entre l'ultralibéralisme d'une part et les tentations populistes et « narcisso-léninistes » de l'autre. Des dirigeants comme l'ancien président chilien Ricardo Lagos et Luiz Inácio Lula Da Silva, l'actuel président brésilien, semblent avoir trouvé ce juste milieu. Si l'Amérique latine est capable d'inventer sa voie propre et de maintenir le cap, elle sera en mesure d'exploiter son considérable potentiel de croissance.

III

L'UNION EUROPÉENNE

13

Le monde en 2025 : une synthèse

L'analyse des tendances mondiales, des évolutions régionales et des transformations des puissances majeures de ces vingt prochaines années offre une image contrastée du monde en 2025. Le système international sera caractérisé à la fois par la continuité et la discontinuité. Certaines tendances de fond, comme la mondialisation de l'économie, se poursuivront et devraient s'accentuer, stimulant l'interdépendance, mais accentuant également les clivages au sein des États et entre les États. Simultanément, l'émergence de nouveaux acteurs mondiaux modifiera les équilibres établis et mettra la gouvernance mondiale à rude épreuve.

Le monde sera plus interconnecté et plus fragmenté qu'aujourd'hui. Il est peu probable que d'ici à vingt ans le système international soit dominé et structuré par un seul acteur mondial ou soumis à une seule tendance lourde. La complexité croissante du contexte international rendra plus délicate l'exercice du pouvoir et de l'autorité ; il sera également plus difficile de fixer des priorités internationales pour résoudre des défis communs. C'est pourquoi l'interprétation des phénomènes politiques, économiques, culturels ou environnementaux à venir ne passent pas par l'élaboration d'ambitieux schémas ou théories, mais par l'évaluation des interactions entre tendances et principes contraires.

Les facteurs structurels qui détermineront les phénomènes de coopération, de concurrence et de conflits dans les prochaines décennies sont amenés à évoluer. À côté des instruments traditionnels du pouvoir militaire et économique, d'autres critères sont appelés à jouer un rôle plus important qu'auparavant. Ces critères seront d'ordre matériel, intellectuel et normatif ; ils intégreront les ressources naturelles (combustibles fossiles, eau, sols arables), le savoir (science et innovation technologique) mais également des notions plus abstraites telles que la légitimité (aux sens politique, juridique et culturel). Il s'ensuit que les principaux acteurs mondiaux devront pouvoir être en mesure d'interagir sur différents plans et au sein de différentes sphères d'influence afin, tout à la fois, de défendre leurs intérêts et de surmonter ensemble les problèmes mondiaux.

LA DÉGRADATION DE L'ENVIRONNEMENT

Dans une vingtaine d'années, la santé de la planète sera profondément influencée par l'interaction des paramètres démographiques, écologiques, énergétiques et technologiques. Dans l'ensemble, les tendances actuelles laissent plutôt entrevoir une détérioration des conditions de vie de l'humanité. Certes, à l'horizon 2025, sauf catastrophes ou crises politiques majeures imprévisibles (mais pas forcément improbables), le point de rupture de la viabilité démographique, écologique et énergétique n'aura pas encore été atteint. Nos conclusions laissent toutefois apparaître que la situation sera beaucoup plus critique qu'elle ne l'est aujourd'hui. Des extrapolations plus lointaines, à l'horizon 2030-2040, montrent que de nombreux pays seront confrontés, à divers degrés, à de fortes contraintes environnementales et à des pénuries hydriques, alimentaires et énergétiques croissantes. Prévenir ces dangers annoncés exige que des décisions de principe soient prises au niveau régional et mondial, et que des investissements massifs soient réalisés dans les infrastructures et dans la recherche. Au-delà d'un certain seuil, la dégradation des conditions environnementales ne peut déboucher que sur l'instabilité politique et des cycles de désordre.

D'ici à 2025, la population du monde en développement devrait passer de 5,2 milliards à 6,6 milliards d'individus, alors que celle des pays développés devrait rester quasiment stable (1,2 milliard). Dans certaines régions, l'effet conjugué de l'expansion démographique massive et de la détérioration de l'environnement est particulièrement préoccupant, notamment au Moyen-Orient, en Afrique du Nord, dans de vastes régions d'Afrique subsaharienne. Les populations du Moyen-Orient et d'Afrique du Nord devraient croître d'environ 40 % avant 2025, alors que les zones arides ou désertiques, qui occupent actuellement 87 % de la superficie totale de cette zone géographique, gagneront encore du terrain sous l'effet de l'élévation des températures et du recul des précipitations. En conséquence, la quantité d'eau disponible par habitant pourrait être divisée par deux en 2025. Si la situation est plus diversifiée en Afrique subsaharienne, en dépit de taux de croissance démographique comparables, il n'en demeure pas moins que le stress hydrique ou la pénurie d'eau frappe déjà un certain nombre de pays du Sahel, ainsi que de l'est et du sud du continent. Compte tenu de l'incidence du changement climatique, les prévisions pour ces régions sont pessimistes. La Chine connaît également une situation préoccupante. La disparition des terres arables, la désertification, les insuffisances en eau, la dégradation de l'environnement et la pollution menacent en effet le développement du pays à moyen terme.

La pollution, l'urbanisation et l'industrialisation poseront des problèmes écologiques et sanitaires de grande envergure à nombre de pays en développement. La détérioration du milieu rural et les plus grandes possibilités d'emploi offertes par les villes encourageront un exode rural massif : en 2025, l'urbanisation ne touchera encore que 38 % de la population en Inde (550 millions de personnes), mais déjà 57 % en Chine (plus de 800 millions de personnes) et atteindra le taux de 70 % dans la région du Moyen-Orient et de l'Afrique du Nord (380 millions). Les migrations internes seront d'ailleurs beaucoup plus importantes que les migrations internationales. La densité démographique élevée des grands centres urbains ou des mégapoles des pays en développement atteint déjà des seuils critiques. Dans ces régions, la pollution humaine est, et restera, le principal problème, dans un contexte où les infrastructures sanitaires sont inadaptées à la prévention de la propagation des maladies infectieuses et des affections respiratoires. La détérioration des conditions climatiques ne fera qu'aggraver ces tendances.

Dans le domaine énergétique, la capacité des États à maîtriser leurs émissions de gaz à effet de serre semble douteuse, ce qui accentuera probablement les modifications climatiques en cours. La demande d'énergie croîtra de 50 % d'ici à 2025, les deux tiers de la hausse provenant des pays en développement. Les combustibles fossiles (pétrole, gaz et charbon) devraient représenter 81 % de la demande en 2025, le pétrole restant la principale source d'énergie utilisée pour le transport et le charbon pour la production d'électricité, en particulier en Inde et en Chine. Si des investissements notables sont prévus par les pouvoirs publics et certains acteurs privés afin de développer les énergies renouvelables, leur part dans la consommation mondiale d'énergie ne devrait pas dépasser 8 % dans vingt ans.

Malgré l'accroissement global de l'efficacité énergétique (notamment dans les pays développés) et les efforts des pays développés pour réduire leurs volumes nets d'émissions de gaz à effet de serre, celles-ci devraient s'accentuer, puisque étroitement dépendantes de l'augmentation de la demande et de la consommation d'énergie. La déforestation, notamment en Amérique du Sud et en Asie, représente une autre source d'émissions directes, le Brésil et l'Indonésie apparaissant désormais parmi les États les plus polluants en termes de gaz à effet de serre. Bien que l'adoption systématique, à grande échelle, de technologies propres soit susceptible de permettre une maîtrise, voire une diminution brute des émissions, il est peu probable que tel sera le cas, d'autant qu'à l'horizon 2030, les taux d'émissions nets des pays en développement pourraient dépasser ceux des pays développés.

L'élévation des températures à la surface de la terre semble par conséquent inévitable à moyen ou à long terme : toute la question sera de ralentir cette tendance et d'en atténuer les effets. Des actions préventives seront indispensables pour éviter des effets catastrophiques à plus longue échéance puisque, outre l'élévation globale des températures, les effets du réchauffement pourraient inclure une montée des eaux, la multiplication des phénomènes cataclysmiques, des vagues de chaleur et un refroidissement des régions côtières de l'Atlantique Nord, provoqué par la fonte des glaciers arctiques et par l'affaiblissement induit des échanges thermiques des courants océaniques. Les scientifiques ne s'accordent cependant pas encore sur l'intensité de ce dernier phénomène ni sur la période à laquelle il pourrait se produire.

Décrire le monde de 2025 de façon synthétique revient à décrire une planète plus peuplée, plus exploitée, plus aride et plus polluée, c'est-à-dire beaucoup moins hospitalière. À divers degrés, le bien-être de milliards d'individus sera remis en cause. Mais des choix politiques judicieux peuvent encore atténuer ces tendances et permettre une meilleure gestion des ressources naturelles. Il faudra notamment redoubler d'efforts pour distribuer des biens collectifs mondiaux à ceux qui sont dans le besoin, et dont les effectifs absolus vont augmenter. Ces « biens » comprennent, entre autres, l'accès à la santé et à l'éducation, ainsi que la possibilité de disposer d'un environnement propre. Une stratégie de sécurité viable à long terme doit s'axer sur la prévention, dans tous les domaines des politiques extérieures, et refléter la notion de « sécurité globale » traditionnellement soutenue par l'Union européenne et énoncée dans la stratégie européenne de sécurité.

MONDIALISATION ET DIVERSITÉ

Au niveau international, la mondialisation est – et restera – un facteur déterminant de la politique, de l'économie et de la culture. Mais elle englobe de multiples dimensions et induit des effets contradictoires – phénomène qui devrait d'ailleurs s'accentuer dans les décennies à venir.

Il est probable que la mondialisation économique s'accélérera, s'intensifiera et qu'un afflux de biens, de services et de capitaux toujours plus important irriguera un nombre grandissant de pays. La différence essentielle par rapport aux étapes précédentes de la globalisation tient à la délocalisation et à l'externalisation de la production et des services, rendues possibles par les technologies de l'information. Cela favorisera l'établissement de processus de production coordonnés au niveau mondial et régional, au sein duquel différents pays produisent différents maillons de la chaîne de valeur. De ce point de vue, le monde deviendra plus interdépendant dans les prochaines décennies.

Les répercussions de la mondialisation de l'économie sur les inégalités sont diverses. Du point de vue (plutôt étroit) du revenu par habitant, elle a réduit le fossé séparant les économies émergentes – comme la Chine, l'Inde et le Brésil – des pays développés. Cette tendance devrait se poursuivre. En revanche, les pays qui ne parviennent pas à s'intégrer dans les flux commerciaux et les courants d'investissements mondiaux risquent de se voir encore plus marginalisés. À l'heure actuelle, 25 pays représentent ensemble 80 % du commerce mondial, alors que, pris individuellement, 56 autres en représentent moins de 0,01 %.

Il convient toutefois d'évaluer les incidences de la mondialisation et du modèle actuel de développement économique à l'aune d'un plus grand nombre de paramètres. Le niveau de vie réel des populations ne sera plus seulement mesuré en termes de richesse relative, même si celle-ci restera un indicateur important. À moyen ou à long terme, il serait souhaitable de prendre en compte les coûts sociaux et environnementaux de la gouvernance pour évaluer les stratégies de développement et de croissance. Faute de quoi, la concurrence économique pourrait bientôt compromettre le maintien de la croissance.

La compétition internationale pour l'accès aux marchés et aux ressources mettra l'ensemble des économies et des sociétés sous pression. Les défis à relever différeront naturellement pour les pays développés et pour les pays en développement (et à l'intérieur de chacun de ces sous-ensembles), excluant l'adoption d'un modèle économique unique. Les pays riches devront adapter leurs systèmes économiques de manière à orienter leurs ressources vers les secteurs possédant un avantage relatif, à plus forte valeur ajoutée technologique. Les pays en développement devront surmonter en priorité leurs lacunes en termes de gouvernance politique et économique, et améliorer leurs infrastructures de manière à créer un climat favorable à l'investissement. Ces réaménagements entraîneront des tensions et traceront peut-être de nouvelles lignes de fracture au sein des sociétés et entre elles, entre ceux qui profitent de la mondialisation et ceux qui en pâtissent.

S'il est possible que les inégalités décroissent à l'échelle planétaire, les perspectives de quelques régions critiques, telles que le Moyen-Orient, l'Afrique du Nord et certaines parties de l'Afrique subsaharienne sont défavorables et semblent devoir empirer. La détérioration prévue d'autres facteurs structurels, comme la démographie et l'environnement, pourrait menacer la stabilité des pays qui ne parviennent pas à s'adapter à la mondialisation et cèdent du terrain aux économies émergentes. De plus, la conscience des disparités, des problèmes et des menaces qui s'annoncent sera amplifiée par la mondialisation de l'information et des perceptions, accentuant les frustrations de certaines franges de la population à l'égard d'un développement vécu comme inégal et injuste.

La mondialisation déborde donc du strict domaine économique pour influer sur les domaines politiques et culturels. Les populations et les sociétés de l'ensemble du monde sont touchées par ce phénomène qui devient un puissant déterminant des choix politiques et des tendances sociales. La situation s'accentuera à l'avenir, à mesure que la mondialisation sera de plus en plus « intégrée dans la vie quotidienne des pays et des sociétés[356] ».

La dimension culturelle de la mondialisation apparaît singulièrement contrastée. L'impact de la pénétration croissante des médias et des technologies de l'information et des communications au sein des sociétés sera double. Tandis que de grands groupes internationaux des médias et du spectacle continueront à diffuser à travers le globe les valeurs du consommateur occidental, de nouvelles chaînes satellitaires telles Al-Jazira et Al-Arabiya offriront des visions différentes de la réalité[357]. Simultanément, l'Internet et la communication mobile donnent de l'autonomie à l'individu, révèlent un potentiel inédit de connectivité, d'influence et d'initiative politique – mais aussi de violence organisée. La circulation mondiale des idées, de l'information et des images stimulera l'interconnexion. Mais un monde plus interconnecté ne deviendra pas forcément plus homogène. Une plus grande interconnexion favorise à la fois l'homogénéisation et la fragmentation. La convergence de comportements sociaux autour de modèles de consommation connus va de pair avec une fragmentation – et parfois une opposition – culturelle grandissante.

La mondialisation sera ainsi moins occidentalisée, plus plurielle, plus régionale (« glocalisation[358] ») et plus hybride, favorisant *in fine* la diversité culturelle[359]. Les futures tendances risquent d'accroître à la fois la contamination et la confrontation culturelles. Les sociétés réagiront différemment, suivant des variables culturelles, sociales, politiques et économiques endogènes. En outre, des évolutions scientifiques et sociétales continueront à susciter des conflits de valeur et des débats sur les incidences éthiques du progrès scientifique – notamment dans le domaine des biotechnologies[360].

Du point de vue politique, le rejet de la mondialisation pourrait revêtir trois formes : le nationalisme politique et économique, le fondamentalisme religieux et la contestation populaire. Concernant le premier point, la mondialisation peut entraîner la résurgence du nationalisme dans des sociétés repliées sur elles-mêmes (y compris dans certains pays riches), valorisant la préservation, la restauration ou la création d'une homogénéité politique, culturelle ou ethnique et le rejet de « l'autre ». Parallèlement, la mondialisation heurte les mouvements fondamentalistes religieux qui se multiplient tant dans les pays en développement – et en particulier dans le monde musulman – que dans les sociétés occidentales. Quand la modernité menace les modes de vie traditionnels des populations, le fondamentalisme propose une assise solide définissant des identités et des principes bien établis, assortis d'explications simples et compréhensibles[361]. Enfin, la mondialisation suscite diverses formes de contestation et de rejet, à l'échelle nationale comme internationale. Les acteurs de la société civile – ONG et réseaux transnationaux, par exemple – jouent un rôle important dans la définition des enjeux politiques, relativisant le pouvoir des États. Conjointement à la sensibilisation et à la mobilisation accrues de l'opinion publique, la dimension culturelle de la politique internationale pèsera sur les détenteurs traditionnels du pouvoir au sein des gouvernements.

Trait dominant des vingt prochaines années, la mondialisation ne sera toutefois ni entièrement globale (en dépit de leurs efforts, un certain nombre de pays ne parviendront peut-être pas à s'y intégrer), ni totale (à l'intérieur même des États, une partie de la population sera exclue ou craindra de le devenir). Un tel système est fondamentalement instable et recèle un important potentiel de tensions. Par son interaction avec les dynamiques locales et régionales, la mondialisation peut déboucher sur un monde plus fragmenté, avec des dynamiques en matière de sécurité très différentes suivant les régions.

14

Trois questions clés pour l'avenir

L'évolution politique est par définition difficile à anticiper, vu l'imprévisibilité du facteur humain. Mais, en s'appuyant sur l'évolution des tendances structurelles et en mettant en perspective la vision stratégique d'acteurs internationaux de premier plan, il est possible d'apporter quelques éclairages sur le futur système politique international. L'objectif ici n'est pas de tenter d'anticiper des faits précis, mais d'esquisser les contours du contexte mondial et de dégager les questions clés concernant l'évolution des sources du pouvoir, de la légitimité et de la démocratie. Quatre observations étayent cette analyse.

Tout d'abord, à défaut de système politique international bien défini, comparable à celui établi pendant la guerre froide, la mondialisation elle-même sera le facteur le plus décisif pour l'orientation de la politique internationale. Les voies et moyens qu'emprunteront les nouvelles puissances économiques pour traduire leur poids en influence politique seront des éléments déterminants de la définition des futurs systèmes politiques et des enjeux de sécurité.

Deuxièmement, la multipolarité sera une réalité incontournable. La montée en puissance de nouveaux acteurs mondiaux et régionaux comme la Chine, l'Inde, le Brésil ou l'Indonésie rendront le système international plus hétérogène.

Troisièmement, la gouvernance mondiale sera mise à rude épreuve : la nature des relations entre les anciennes et les nouvelles puissances sera cruciale. L'interdépendance et la complexité accrues du monde engendrent des problèmes qui appellent une réponse coordonnée. Mais aborder collectivement des questions systémiques telles que la pauvreté et la dégradation de l'environnement sera plus difficile.

Quatrièmement enfin, la capacité de l'Occident à influer sur les affaires internationales sera remise en cause, sa part dans la population et le PIB de la planète se réduisant. Les puissances émergentes ayant leur propre vision du monde, qui peut être fort différente de celles des puissances établies, il sera plus difficile aux pays occidentaux de définir des priorités internationales. De nouveaux incitateurs devront être trouvés pour développer la coopération internationale.

L'AVENIR DU SYSTÈME INTERNATIONAL

Le système politique international devrait devenir plus disparate au cours des années à venir. Trois tendances sont discernables dans son évolution. D'une part, les politiques de grande puissance devraient réapparaître ; d'autre part, les structures régionales multilatérales devraient se renforcer, l'UE en restant l'exemple le plus abouti ; enfin, la multiplication des États faibles est à envisager. Certains d'entre eux, incapables de faire respecter la primauté du droit en leur sein et de juguler la diffusion de l'instabilité hors de leurs frontières, pourraient devenir des facteurs d'insécurité.

La coexistence des politiques de puissance, d'une coopération internationale multilatérale et de pays ou régions instables et marginalisés n'est pas nouvelle en soi, mais deux éléments inédits se font jour. D'une part, au cours des vingt prochaines années, ces trois dimensions sont susceptibles de se consolider simultanément, sans qu'un modèle ne l'emporte sur les autres (comme cela a pu être le cas pour le bipolarisme pendant la guerre froide qui structurait les institutions internationales *et* les conflits périphériques). D'autre part, dans un monde interdépendant, ces dimensions s'entremêleront davantage que par le passé. De fait, certaines puissances pourront décider de recourir davantage aux mécanismes multilatéraux régionaux pour accroître leur influence, alors que la violence issue d'États faillis pourra non seulement rejaillir sur leurs voisins mais aussi encourager le terrorisme international et menacer les grandes puissances.

Dans deux décennies, il est peu probable qu'un pôle de pouvoir majeur devienne hégémonique[362]. Surtout si l'on tient compte de l'évolution des concepts de pouvoir et d'hégémonie, qui englobent, bien au-delà de l'étroite dimension militaire, des variables économiques et culturelles et, plus généralement, la capacité à obtenir un consensus international. L'hégémonie implique à la fois la suprématie matérielle et la reconnaissance de la primauté et de l'autorité d'un État de la part d'autres membres de la communauté internationale. L'absence de puissance hégémonique aura des incidences notables sur la constitution d'une gouvernance mondiale. La modification des équilibres entre grandes puissances établies et émergentes débouchera sur une redistribution de l'influence dans la désignation des priorités mondiales. Fait important, aucun État ne sera en mesure de fixer à lui seul les règles du jeu de l'économie mondiale, ni de modeler les institutions internationales, comme les États-Unis l'avaient fait dans une large mesure après la Seconde Guerre mondiale.

S'il est probable qu'un système multipolaire se mette en place, reste à savoir de quel type de système il s'agira. À mesure que de nouveaux États acquièrent le statut de puissance, ils pourront souhaiter tenir compte de leurs intérêts mutuels pour garantir la stabilité du système et défendre leurs nouvelles prérogatives. Cela pourrait aller de pair avec la consolidation de régimes juridiques multilatéraux, qui constituent les cadres les plus efficaces de la coopération internationale. Un système multipolaire de ce type serait relativement peu conflictuel, proche de l'esprit d'un traditionnel concert des puissances (de *statu quo)* et étayé par des engagements multilatéraux plutôt larges[363]. En revanche, la paralysie éventuelle des institutions internationales, la multiplication des disparités et l'éclosion d'un discours nationaliste ou protectionniste pourraient aboutir à une forme de multipolarisme plus conflictuelle, qui verrait les grandes puissances se disputer ressources, marchés et sphères d'influence[364].

Les évolutions qui se feront dans l'une ou l'autre de ces directions détermineront dans une large mesure l'avenir du système international ; elles auront également des répercussions non négligeables sur la capacité de la communauté internationale à affronter les défis communs, ainsi que sur la sécurité internationale. Reste à savoir si – et de quelle manière – les pays les plus puissants seront disposés à assumer les problèmes structurels des régions marginalisées. La déliquescence de certains États et l'extrême pauvreté de certaines régions périphériques ne représenteront peut-être pas une menace directe pour le monde développé, mais elles risquent de compromettre à longue échéance les conditions générales de sécurité des pays riches. Dans un monde interdépendant, le chaos et l'insécurité auront tendance à se propager.

En matière de sécurité, la question essentielle sera de savoir si un système de gouvernance collectif et largement ouvert s'établira selon des normes multilatérales ou si une nouvelle forme de bipolarité idéologique, qui séparerait les démocraties du reste du monde, l'emportera. La première solution reviendrait à concilier un monde multipolaire avec un système multilatéral efficace. La seconde serait inspirée par la primauté des intérêts occidentaux et induirait une approche plus conflictuelle ou plus frileuse du système international. Reste à savoir si l'UE pourra jouer un rôle moteur en favorisant la première solution, défendant ainsi ses valeurs propres et écartant le danger de nouveaux affrontements idéologiques.

L'AVENIR DE LA GOUVERNANCE MONDIALE : INTERDÉPENDANCE, HÉTÉROGÉNÉITÉ, LÉGITIMITÉ

Dans les vingt prochaines années, le besoin d'une gouvernance mondiale se fera beaucoup plus aigu, notamment pour gérer le phénomène contradictoire d'interdépendance et d'hétérogénéité croissantes. La mondialisation réclame la gouvernance : les marchés ont besoin de législations et de réglementations, de stabilité et de prévisibilité. Dans un monde interdépendant, il sera de plus en plus difficile de maintenir les frontières traditionnelles entre les différentes dimensions de la gouvernance mondiale. Le commerce, la finance, l'aide au développement, les flux migratoires, l'approvisionnement énergétique, la dégradation de l'environnement et de nouvelles menaces asymétriques transnationales interagiront pour former les dynamiques mondiales[365]. Les conséquences de la mondialisation économique, telles que des déséquilibres socio-économiques et une pression excessive sur les ressources naturelles, nécessiteront également un surcroît d'attention de la part de la communauté internationale. Parallèlement, le système international devient de plus en plus complexe et hétérogène. La gouvernance mondiale devra donc s'adapter à un équilibre de pouvoirs et d'intérêts en mutation, et faire face à la diversité grandissante des acteurs étatiques et non étatiques.

La diversité croissante au sein des sociétés et entre les différents pouvoirs étatiques va de pair avec la multiplication des échanges à tous les niveaux. La principale difficulté sera d'établir un équilibre durable entre ces deux tendances potentiellement conflictuelles. Les avancées technologiques, les dynamiques économiques et culturelles de la mondialisation, ainsi que les migrations internationales renforcent à la fois l'hétérogénéité et la proximité. En l'absence d'une gestion collective et cohérente de cette contradiction, celle-ci pourrait générer des tensions tangibles. L'institution de règles communes et la réforme progressive des institutions mondiales seront nécessaires afin de mettre en place des initiatives conjointes acceptables – et par conséquent légitimes – aux yeux de l'ensemble des États.

La légitimité sera la valeur forte des futures relations internationales et peut-être l'atout maître pour garantir la réussite à long terme de certaines initiatives. Il a été souligné à juste titre que la notion de légitimité n'est ni objective ni subjective, mais « intersubjective[366] ». Par conséquent, l'irruption de nouveaux acteurs sur le devant de la scène implique la prise en compte d'une plus grande diversité d'intérêts et de valeurs pour parvenir à un compromis durable. Si la recherche d'un accord sur la définition des priorités internationales pourra se révéler plus complexe, elle sera aussi de plus en plus nécessaire. Face au grand nombre de défis décryptés dans ce rapport, le choix de la responsabilité collective ou de l'irresponsabilité collective sera crucial. Autrement dit, la légitimité sera une composante essentielle de la puissance et conditionnera la capacité des États et des organisations internationales à atteindre des objectifs précis. Elle ne concernera pas seulement les domaines politique, économique, environnemental ou culturel mais également la sécurité et la défense.

Il va sans dire que les États conserveront une capacité unilatérale d'action, en particulier en cas de menace directe et imminente. Mais la lutte efficace contre le terrorisme transnational ou la restauration de l'ordre dans des zones de conflit dépendront dans une large mesure des conceptions et du jugement de la communauté des États ainsi que de l'opinion publique mondiale. Les facteurs culturels, les discours justifiant l'action militaire, ainsi que les valeurs des pays intervenants comme de ceux où les conflits se déroulent doivent être intériorisés dans la pensée stratégique pour que la légitimité d'une intervention militaire soit reconnue[367].

Par définition, la légitimité internationale suppose un consensus multilatéral. Les institutions internationales, qu'elles soient de dimension universelle ou régionale, concrétisent le multilatéralisme et l'encouragent par leurs activités et leurs résultats. Un multilatéralisme efficace et, par conséquent, la légitimité internationale, ne peuvent être obtenus sans institutions internationales qui fonctionnent. Le cadre institutionnel de la gouvernance mondiale devra subir une sérieuse refonte pour pouvoir suivre le rythme du changement et gérer les risques émergents. Faute de quoi, l'écart entre l'offre et la demande de gouvernance mondiale risque de se creuser. On peut toutefois douter que les conditions d'une telle réforme soient réunies.

L'échec de la tentative de réforme des Nations unies en 2005 est un motif de préoccupation et un revers majeur de la communauté internationale. Malgré toutes ses lacunes, la dimension universelle de l'ONU lui confère une légitimité unique. Or on ne peut écarter l'hypothèse de sa marginalisation, et notamment celle du Conseil de sécurité. Cela dépendra essentiellement des orientations retenues par les grands acteurs mondiaux dans la défense et la promotion de leurs intérêts, selon qu'ils agissent unilatéralement ou par le biais d'alliances *ad hoc*, ou selon qu'ils recherchent un consensus en vue de renforcer le système de sécurité collective au niveau international.

La réforme de la gouvernance mondiale doit viser une meilleure coordination entre les différentes institutions internationales. Des mesures allant dans ce sens peuvent être envisagées dans le domaine du développement, en vue de réaliser les objectifs du millénaire[368]. La mise en œuvre de stratégies globales de réduction de la pauvreté axées sur le renforcement des capacités et des engagements à long terme des donateurs est essentielle si l'on veut s'approcher des objectifs ambitieux avant 2015. Les progrès effectués dans ce domaine seront déterminants, étant donné le lien – reconnu par la stratégie européenne de sécurité – entre les problèmes de pauvreté, de santé et de sécurité. Il existe un rapport de proportionnalité directe entre le niveau de PIB par habitant dans un pays et les chances de ce pays de connaître une démocratisation durable. Réciproquement, le niveau de PIB par habitant est inversement proportionnel à la probabilité pour un pays de sombrer à nouveau dans le conflit[369].

La déconnexion entre les différentes branches de la gouvernance internationale pose également un problème pour l'avenir du commerce mondial, comme en témoigne l'impossibilité de clore le cycle de Doha. Les négociations commerciales mettent en évidence un élargissement de la fracture Nord-Sud sur les modalités de gestion du commerce mondial et de l'économie en général[370].

Les imperfections des institutions internationales amèneront peut-être d'autres structures de gouvernance à jouer un rôle plus important. Les réseaux transgouvernementaux pourraient bien devenir un trait essentiel de la gouvernance mondiale, parce qu'ils allient le savoir-faire nécessaire au règlement de questions complexes et la participation directe de responsables nationaux[371]. Un autre pilier de la gouvernance mondiale pourra se constituer autour de la « diplomatie du sommet » des dirigeants nationaux. Le G-8 et le G-20 sont devenus d'importants rendez-vous pour définir les priorités de la gouvernance mondiale[372]. Potentiellement, ils associent le poids des grands États à une certaine dose de flexibilité et à la capacité d'établir des passerelles entre différents enjeux. Reste à savoir si ces sommets parviendront à mettre en place un suivi approprié et à faire appliquer leurs conclusions ; devraient-ils être considérés comme un dispositif parallèle au système des Nations unies ou comme d'éventuels concurrents ? Les réseaux, que ce soit au niveau politique ou technique, n'ont pas la légitimité propre à l'ONU ; ils soulèvent un problème de transparence et risquent, du fait de leur superposition, voire de leur concurrence, de poursuivre des objectifs divergents.

Les organisations régionales pourraient également compléter les dispositifs mondiaux et/ou compenser en partie leur déclin. Le régionalisme est un phénomène qui s'amplifie : des organes tels que l'Union africaine, la CEDEAO (Communauté économique des États d'Afrique de l'Ouest) et l'ANASE (Association des nations de l'Asie du Sud-Est) étendent leur domaine de compétences au-delà de la sphère économique, y compris dans le domaine de la sécurité. L'interrégionalisme pourrait encore gagner du terrain, avec le soutien apporté par l'UE à des partenaires régionaux (sommet Asie-Europe, soutien à la force de paix de l'Union africaine), et des forums régionaux plus larges qui favorisent le dialogue entre les régions, tel le Forum régional de l'ASEAN[373]. Mais si l'on considère l'ampleur des difficultés à venir, il convient de relativiser l'éventuelle contribution des organisations régionales. Tout d'abord, ces dernières ne sont pas encore en mesure de régler les crises liées à la sécurité. À l'exception de l'UE et de l'OTAN, leur participation reste modeste et exige des appuis extérieurs[374]. Ensuite, il n'est pas certain que l'OTAN et l'UE continuent d'apporter indéfiniment le soutien nécessaire, en raison de limitations budgétaires et du fléchissement des volontés et des engagements politiques nationaux. Enfin les organisations régionales seront peut-être le cadre de rivalités hégémoniques, comme cela est le cas de l'Organisation de coopération de Shanghai[375]. Il n'est donc pas certain que le régionalisme sera apte à soutenir la gouvernance mondiale, en particulier dans le domaine de la sécurité.

L'AVENIR DE LA DÉMOCRATIE

Depuis la fin de la Seconde Guerre mondiale et après la guerre froide, les démocraties se sont multipliées dans le monde. Aujourd'hui, selon l'ONG américaine Freedom House, 122 États sont des démocraties électorales (64 % du total), contre 66 seulement il y a vingt ans (40 %). Cependant, moins de 50 % des États actuels sont considérés comme « libres », tandis que 30 % sont définis comme « partiellement libres » et 24 % « non libres »[376]. En d'autres termes, s'il y a un lien manifeste entre démocratie et liberté, celles-ci ne vont pas forcément de pair. Les récentes vagues de démocratisation ont soulevé de nouvelles questions concernant la définition même de la démocratie, son expansion future et les processus complexes qui président à sa mise en place. Mais la question peut également être posée de l'avenir de la démocratie dans le monde développé.

La distinction faite entre démocraties « illibérales » et autocraties « libérales » fournit une ligne directrice utile pour évaluer les évolutions politiques futures[377]. En tant que système politique, la démocratie désigne la façon dont un gouvernement est nommé, à partir du suffrage universel, et non la façon dont le pouvoir s'exerce. L'ADN constitutionnel des démocraties occidentales est représenté par l'ensemble des principes et des institutions propres au libéralisme, notamment le primat accordé à l'équilibre des pouvoirs et au respect des droits individuels. Mais les régimes politiques peuvent être démocratiques sans être libéraux. À l'inverse, certains régimes non démocratiques peuvent garantir la primauté du droit, des services adéquats et un certain respect des droits de l'homme et des droits civils, sans permettre pour autant une compétition électorale qui pourrait remettre en question l'élite dirigeante.

On l'a constaté dans ces pages, les démocraties « illibérales » se sont multipliées au cours des dernières années. Elles vont de la démocratie « souveraine » de la Russie aux nouvelles démocraties populistes d'Amérique du Sud. Des régimes hybrides sont apparus en Asie centrale et dans certaines parties de la région Moyen-Orient, d'Afrique du Nord et d'Afrique subsaharienne, où les élections sont la plupart du temps un rituel vide de sens destiné à conforter le pouvoir en place. À l'inverse, certaines autocraties peuvent se maintenir en dépit de leur croissance économique, en renforçant leur emprise sur les médias, sur l'exercice des droits politiques et sur le système éducatif[378]. Dans l'ensemble, hormis certains pays européens tels que l'Ukraine ou la Géorgie, la promotion de la démocratie semble être confrontée à nombre d'obstacles. De nouveaux moyens d'action devront donc être définis, loin de toute rigidité idéologique.

Il s'agit tout d'abord de savoir si l'on doit soutenir le déroulement d'un processus électoral ou s'il convient d'accorder plus d'attention aux conditions culturelles, sociales et économiques qui permettent la consolidation progressive de l'état de droit et, à terme, la mise en place d'un régime démocratique libéral. Un tour d'horizon des régions où la démocratie peine à s'enraciner, du monde arabe à l'Asie centrale en passant par l'Afrique subsaharienne, montre que le développement socio-économique et une réforme de la gouvernance sont des préalables essentiels à l'avènement d'une démocratie durable.

À vrai dire, la superposition d'une forme « démocratique » à une « structure » sociale, économique et culturelle réticente est rarement viable à long terme. Il est nécessaire de rallier les structures et réseaux sociaux préexistants au processus de la démocratisation afin de prévenir la constitution d'une opposition au processus lui-même. L'économie doit se développer de telle manière que les travailleurs et les chefs d'entreprise aient véritablement quelque chose à gagner dans la libéralisation des marchés et la primauté du droit, et demandent une plus grande transparence politique en échange de leurs contributions. D'une manière générale, les futures initiatives visant à encourager la démocratie devraient s'ancrer dans une bonne connaissance de l'histoire, de la culture et des régimes de gouvernance locaux.

La promotion de la démocratie exigera aussi qu'un arbitrage entre démocratie et stabilité soit fait. Des démocraties faibles, incapables d'imposer l'autorité de l'État sur leur territoire ou ressenties comme illégitimes par certaines catégories de la population peuvent en effet conduire à une défaillance de l'État et propager l'instabilité. Par ailleurs, les régimes démocratiques ne sont pas nécessairement pacifiques. Les nouvelles démocraties, si elles ne sont pas renforcées par de solides barrières constitutionnelles, sont un terrain fertile pour les dirigeants populistes enclins à renforcer leur pouvoir en mobilisant les masses au moyen d'un discours nationaliste musclé[379].

Les régimes démocratiques occidentaux auront, eux aussi, à relever d'importants défis. Le contrôle de certains intérêts privés sur les élites politiques, et la perte de prestige et d'influence qui en découle pour les partis politiques traditionnels – phénomène que l'on observe en particulier aux États-Unis mais aussi à travers l'Europe – nuisent à un débat démocratique ouvert et à la définition des préférences collectives. La personnalisation croissante de la politique va de pair avec le renforcement progressif de l'exécutif, au détriment de la branche législative. Les politiques conditionnées par les sondages d'opinion posent un problème de leadership, les responsables politiques étant de plus en plus disposés à céder aux demandes de la majorité plutôt qu'à appliquer des politiques impopulaires mais parfois nécessaires. Dans un même ordre d'idées, l'augmentation de la population âgée en Europe pourrait donner lieu à un discours politique de plus en plus conservateur et frileux.

Un grand nombre de ces phénomènes traduisent un malaise plus ample et plus profond, que l'on peut interpréter comme la « sécuritarisation » du discours politique ou comme la « politique de la survie[380] ». Une atmosphère d'insécurité et d'incertitude imprègne l'opinion publique occidentale (à divers degrés, selon les pays) et les perceptions collectives à l'égard des défis prévisibles tels que le réchauffement climatique ou la sécurité énergétique. Le sentiment d'un danger présent au sein même des sociétés occidentales, et non plus seulement à l'extérieur, est susceptible de changer les perceptions collectives de l'insécurité.

Cette évolution est particulièrement insidieuse lorsqu'elle est liée aux problèmes de multiculturalisme, surtout en Europe. Politiques d'intégration inadaptées, inégalités socio-économiques et juxtaposition parfois violente de systèmes de valeur différents constituent un dangereux cocktail. La « sécuritarisation » actuelle du débat sur l'immigration et l'intégration pourrait provoquer l'aliénation de différentes catégories de population au sein de nos sociétés. Ces évolutions encouragent les formations politiques extrêmes – des mouvements populistes xénophobes à droite jusqu'aux groupes antimondialistes et antilibéraux à gauche – qui nourrissent des sentiments populistes ou protectionnistes.

En trame de fond, les opinions publiques semblent douter de leurs systèmes politiques et de leurs élites, autant dans leur capacité à traiter les défis qui s'annoncent que dans leur aptitude à garantir une amélioration de leur bien-être. Si ces tendances devaient s'accentuer, les fondations libérales des régimes démocratiques occidentaux pourraient se trouver ébranlées. Un tel risque se poserait avec plus d'acuité si certaines des menaces les plus redoutées devaient se réaliser, telles que des attentats terroristes de grande envergure ou le déclenchement d'une pandémie, qui pourraient justifier le renforcement du rôle de l'État dans la gestion de la crise et, par ricochet, dans la vie de tout un chacun. De nouveaux dilemmes d'ordre éthique et politique risquent ainsi de se poser à l'avenir, qu'il serait utile d'anticiper.

15

L’avenir de l’Union européenne

LES DÉFIS INTÉRIEURS

En 2025, l’UE demeurera probablement l’une des régions du monde les plus riches et les plus sûres. Toutefois, dans certains domaines, l’Union pourra éprouver des difficultés à maintenir sa position. Dans nombre d’États membres, le vieillissement de la population va modifier radicalement le ratio de dépendance des personnes âgées. Ce phénomène démultipliera les budgets sociaux et médicaux et pèsera lourdement sur les finances publiques. Si bon nombre d’industries européennes devraient rester concurrentielles, elles continueront toutefois à délocaliser certains de leurs outils de production et de développement. Ainsi, la valeur économique sera de plus en plus créée à l’extérieur de l’Union.

L’Europe conservera sans doute l’avantage dans des secteurs technologiques clés comme les télécommunications ou les énergies renouvelables. Dans d’autres domaines, sa position pourra être moins assurée, soit parce que ses concurrents ont déjà pris de l’avance (comme les États-Unis pour l’informatique et les nanotechnologies), soit parce qu’ils ont considérablement accéléré leurs investissements dans la recherche ou rattrapent rapidement leur retard (comme l’Inde pour l’informatique ou la Chine pour la biotechnologie et les nanotechnologies).

Il faudra réformer en profondeur les systèmes de sécurité sociale et d’éducation, ainsi que les marchés du travail, pour parvenir à modifier ces tendances ou, à tout le moins, affronter leurs conséquences. Face aux défis de la mondialisation, de nombreux Européens se sentent moins en sécurité qu'auparavant du point de vue économique, culturel et physique, et perdent confiance dans les institutions publiques. L'enjeu sera de stimuler la capacité concurrentielle sans menacer la cohésion sociale. Le résultat sera décisif tant pour la stabilité intérieure de l'Europe que pour sa capacité à dégager les ressources nécessaires si elle veut peser dans les affaires internationales.

Dans un ensemble de secteurs (entre autres la recherche et développement, l'énergie ou l'immigration), une coopération et/ou une intégration plus étroites au niveau de l'Union permettrait d'optimiser le résultat des politiques mises en œuvre. Reste à savoir toutefois si une concurrence accrue à l'échelle internationale rapprochera les États membres ou les éloignera les uns des autres. L'intégration européenne est souvent perçue par les opinions publiques comme une menace supplémentaire pour leurs identités et intérêts nationaux plutôt que comme un moyen d'affronter les enjeux de la mondialisation. Le sentiment généralisé de crainte et de frilosité à l'égard de la mondialisation constitue un terreau fertile pour le populisme politique et le protectionnisme économique, ce qui peut à la fois freiner la poursuite de l'intégration européenne et l'élargissement. La polarisation sociale et le vieillissement de la population pourront encore renforcer ces tendances.

Concernant les approvisionnements énergétiques, l'UE se retrouvera dans une situation stratégique inconfortable. En 2025, les pays de l'OPEP – et en particulier l'Arabie saoudite, l'Iran, l'Irak et l'Algérie – devraient fournir environ la moitié des besoins européens en pétrole, le reste venant de Norvège et de Russie. Cette dernière restera sans doute le principal fournisseur de gaz, suivie par l'Algérie et la Norvège. Étant donné la répartition géographique des ressources énergétiques de la planète et la croissance attendue de la demande, les possibilités de diversification de l'approvisionnement sont limitées. La fourniture énergétique de l'Union dépendra par conséquent presque uniquement des importations en provenance de régions où le risque d'instabilité est le plus élevé. Une interruption des livraisons, même temporaire, aurait des incidences économiques majeures pour l'UE et des répercussions directes sur ses intérêts stratégiques.

DE TURBULENTS VOISINS

L'UE est cernée par des régions où les tensions et problèmes latents abondent. Les tendances à long terme de nombreux États de cette périphérie sont loin d'être prometteuses. En 2025, leurs effets ne se seront pas encore fait pleinement sentir, mais la situation politique et économique aux frontières de l'Union est susceptible de se détériorer, tout comme son environnement de sécurité.

La Russie

En Russie, l'économie progresse à un rythme soutenu et le gouvernement central a réaffirmé son autorité, mais la transition vers un régime démocratique et une économie de marché stable est loin d'être acquise. Un grand nombre d'incertitudes menacent le développement futur du pays et peuvent l'amener à suivre une trajectoire très différente au cours des vingt prochaines années. La croissance économique restera handicapée par un déficit persistant de diversification, un secteur privé encore sous-développé et une forte dépendance par rapport aux exportations énergétiques. La population russe continuera de décroître, affichant de faibles niveaux de fertilité et d'espérance de vie. Les problèmes sociaux persistent (pauvreté, alcoolisme, criminalité) et les disparités se creusent entre les différentes catégories sociales et les différentes régions, la richesse ayant tendance à se concentrer dans quelques grandes villes. Ces déséquilibres ainsi que la médiocrité des conditions de vie dans l'ensemble du pays ouvrent la voie à un regain de nationalisme et de xénophobie. En outre, dans certaines régions de Russie et de l'espace postsoviétique, le fondamentalisme islamique pourrait constituer à l'avenir une menace plus importante, potentiellement déstabilisante.

Au niveau international, la Russie cherchera à reconquérir son statut de grande puissance en jouant différentes cartes avec différents partenaires. L'énergie devrait rester un atout stratégique de la politique extérieure russe, et l'on peut s'attendre que le pays tente de diversifier ses débouchés à l'exportation. Les forces armées devraient être restructurées et les budgets de défense poursuivre leur croissance, les armées demeurant un instrument essentiel pour permettre à la Russie de défendre ses intérêts sur son flanc sud, théâtre de bien des turbulences. L'intérêt de la Russie pour la mise en place d'un partenariat stratégique avec l'UE pourrait progressivement s'atténuer, au profit d'un rééquilibrage vers les États-Unis et la Chine.

Le Moyen-Orient

Cette zone restera une région d'affrontements, déchirée par des tensions politiques et ethniques profondément ancrées. Les conflits endémiques de Palestine et d'Irak risquent de rester des facteurs d'instabilité généralisée. La question iranienne sera une variable essentielle dans l'équation de sécurité régionale. Par ailleurs, la région cumule un certain nombre de difficultés. La rareté de l'eau et une urbanisation rapide entraîneront une détérioration des conditions environnementales et des conditions de vie. L'incapacité d'un certain nombre d'États à réformer leurs économies privera probablement d'emplois des millions de jeunes arrivant sur le marché du travail dans les vingt prochaines années. Le taux de chômage et les inégalités sociales devraient s'aggraver et susciter le mécontentement, la marginalisation de certaines catégories de population et favoriser l'instabilité sociale, faisant apparaître les mouvements islamistes comme des alternatives aux régimes autoritaires en place. La gouvernance nationale restera une préoccupation majeure. Dans certains pays (comme l'Irak et peut-être le Liban), les conflits ethniques et la montée en puissance du sectarisme sont susceptibles d'alimenter les tensions politiques et de compromettre la démocratisation. Dans d'autres États (l'Arabie saoudite, l'Égypte), la transition politique vers des régimes moins répressifs pourrait laisser le champ à une agitation persistante et entraîner une grande instabilité dans la région.

On ne peut écarter le risque d'un effondrement systémique du Moyen-Orient, le long d'un « arc de crise[381] ». Cela pourrait mener à la faillite de certains États, à la chute de régimes autoritaires pro-occidentaux et à une corrélation plus étroite des différents conflits qui déchirent la région (Israël-Palestine, Irak, Afghanistan, Tchétchénie, Cachemire, Liban, Kurdistan). Même en l'absence de crise grave, les régimes moyen-orientaux risquent de demeurer des partenaires peu fiables pour l'Europe, en particulier si les ambivalences de l'Union demeurent, sur la façon de promouvoir une bonne gouvernance ou sur le choix des acteurs avec lesquels elle souhaite dialoguer (réformistes ou islamistes modérés non violents).

L'Afrique subsaharienne

Cette région restera probablement la proie de crises récurrentes, même si l'on décèle quelques signes de progrès et de réforme dans l'ensemble du continent, en particulier au sud. Dans nombre de régions, la dégradation de l'environnement risque de s'aggraver, notamment à cause de la pénurie d'eau, de la surexploitation des terres et d'une urbanisation déséquilibrée. En dépit de taux de fertilité élevés alimentant une croissance démographique explosive, l'espérance de vie risque de rester faible en raison de la pauvreté et du déficit des structures sanitaires. La plupart des économies resteront dominées par le secteur primaire et les matières premières demeureront la principale source d'exportation vers les marchés mondiaux. Si certains États sont susceptibles de connaître une forte croissance, le continent dans son ensemble va continuer de décliner par rapport à l'Asie et l'Amérique du Sud. La fuite des cerveaux pénalisera la formation d'élites politiques, économiques et culturelles et amoindrira les chances des pays africains de mettre en œuvre les réformes économiques et politiques nécessaires à leur développement. Dans un certain nombre d'États, une mauvaise gouvernance et des conflits ethniques pourront saper l'autorité chancelante de l'État et entraîner son éventuelle dissolution. Dans d'autres cas, c'est la façon même dont certains États forts exercent le pouvoir qui déclenchera l'instabilité intérieure et les conflits.

Le fait que des pans entiers du continent africain risquent de s'enfoncer dans la pauvreté, la famine et les conflits ne menacera peut-être pas directement l'Europe mais aura sans aucun doute des répercussions sur ses conditions générales de sécurité. La déliquescence de certains États peut créer des zones de non-droit où se multiplient les milices, les organisations criminelles et les organisations terroristes. En matière d'émigration, les tendances devraient rester stables mais pourraient connaître de soudaines variations et des pics imprévisibles. Sur un autre plan, la crédibilité de l'Union dans la promotion de la bonne gouvernance et de l'intégration pourrait être gravement remise en cause si le processus de réforme devait échouer dans cette région.

LE VRAI DÉFI DE L'UNION : FAÇONNER LE CHANGEMENT DU MONDE

Après trois siècles d'hégémonie occidentale, l'histoire semble entrer dans un nouveau cycle : de nouvelles puissances majeures émergent alors que les nations moins puissantes s'organisent en des pôles régionaux. Inévitablement, le pouvoir bascule de l'Occident vers le reste de la planète.

Ce processus ne constitue pas nécessairement une menace, mais il faut le prendre en compte si l'on veut négocier le changement de manière équilibrée et pacifique. L'UE, bien moins importante sur les plans démographique et économique et extrêmement dépendante de l'offre énergétique de ses voisins, ne sera pas nécessairement plus faible dans vingt ans qu'elle ne l'est maintenant. Elle restera une puissance économique de premier plan au niveau de vie inégalé, exception faite des autres pays développés tels que les États-Unis et le Japon. Ni l'état futur du monde, ni la place que l'Union y occupera ne sont irrémédiablement déterminés. Tout dépendra de la volonté politique des dirigeants européens et de leur capacité à puiser dans les avantages comparatifs de l'Union.

La première tâche de l'UE sera d'organiser le changement, et non de le subir. La plus grande force de l'Europe réside dans sa propre expérience en matière d'intégration et de stabilisation ainsi que dans son aptitude à créer et à diffuser une nouvelle syntaxe des relations internationales. Sa plus grande faiblesse réside dans son incapacité à ancrer son expérience et sa puissance normative dans un socle solide d'intérêts communs constamment définis et défendus.

L'identification et la formulation d'intérêts communs préalables à des positions communes sur des questions internationales majeures sont un exercice hautement politique. On ne peut guère attendre de l'UE qu'elle apporte plus de valeur ajoutée si ses États membres n'entament pas un débat politique sérieux sur ce qu'ils veulent faire ensemble et décident d'y investir les moyens nécessaires. Ce qui implique avant tout que les États nationaux fassent évoluer leur discours de politique étrangère et de sécurité d'un niveau national au niveau européen.

Si l'on considère les grandes tendances économiques, énergétiques, environnementales et démographiques qui façonneront le monde futur, il est évident que l'absence de décision collective au niveau européen induit à longue échéance une perte progressive de souveraineté. De ce point de vue, l'idée d'une « souveraineté européenne », complémentaire à la « souveraineté nationale », devrait servir de point de départ au débat. Dans les relations internationales de demain, la notion traditionnelle de souveraineté nationale – c'est-à-dire l'absence de toute autre autorité opposable à celle de l'État sur les populations vivant sur son territoire – semble stérile. L'action collective au niveau européen serait en revanche compatible avec une définition positive et contemporaine de la souveraineté, désormais définie comme la capacité d'obtenir des résultats par la coopération avec d'autres.

Le second défi pour l'UE est de favoriser la convergence entre un système politique multipolaire et un ordre multilatéral, en les rendant non seulement compatibles mais aussi complémentaires. Vu les perspectives stratégiques de grands acteurs mondiaux comme les États-Unis, la Russie, la Chine et l'Inde, et les grandes tendances présentées dans ce rapport, deux observations s'imposent. D'une part, il fait peu de doute que les grandes puissances du système international ne considèrent pas les normes et institutions internationales comme un but en soi – et elles ne le feront pas davantage à l'avenir –, mais comme l'un des moyens de servir leurs intérêts. En tant que tel, le multilatéralisme « à la carte » pourrait bien rester, dans un avenir prévisible, la formule préférée des puissances établies et émergentes. D'autre part, si l'on considère les implications des tendances mondiales qui se dessinent, les solutions multilatérales se révéleront les plus efficaces pour défendre les intérêts communs de toutes les parties prenantes.

Plus un État est puissant, plus il a des chances de tirer parti de normes et procédures multilatérales efficaces. Inversement, l'ordre multilatéral sera d'autant plus efficace qu'il sera soutenu par des acteurs puissants et respectés. Par conséquent, pour autant que l'opposition entre le calcul des intérêts nationaux et le recours aux institutions internationales ait jamais été fondé, cette opposition est probablement amenée à s'estomper. Les normes multilatérales deviendront des variables clés dans la définition des intérêts stratégiques des grands acteurs étatiques. Dans un monde de plus en plus interconnecté, les États disposant des réseaux les plus vastes et les plus efficaces seront les mieux placés pour tirer profit de la mondialisation, étendre leur influence et veiller à leur propre sécurité.

Étant donné la diversité et l'hétérogénéité croissantes du système mondial, l'une des valeurs fortes des relations internationales de demain sera la légitimité, tant vis-à-vis des gouvernements que des citoyens. L'interdépendance entraînera une demande accrue de politiques communes au niveau régional ou mondial, en vue de gérer, par exemple, les ressources énergétiques, l'environnement et les flux migratoires. Cela vaut aussi pour la résolution des conflits et le maintien de la paix. La mise en œuvre de ces politiques et l'offre de biens publics mondiaux dépendront avant tout de la capacité à trouver des compromis. Il sera plus facile d'y parvenir avec des institutions multilatérales à l'échelle universelle et régionale.

Préconiser un multilatéralisme efficace n'implique donc pas de nier les intérêts individuels des États, mais de les encadrer à travers des dispositifs institutionnels stables permettant de dégager des solutions internationales durables. La réponse aux défis contemporains exige une nouvelle grammaire des relations internationales, où les concepts traditionnels de pouvoir, d'intérêt et de souveraineté ne sont pas supprimés mais réexaminés. L'UE est la mieux placée dans ce processus ; elle dispose d'atouts intrinsèques pour définir et exporter les principes d'un multilatéralisme normatif et institutionnalisé.

Afin de saisir cette chance, l'Union européenne devra s'adapter au nouveau contexte mondial. Notre monde en 2025 sera vraisemblablement plus interdépendant, plus complexe et plus instable. Il est par conséquent d'autant plus vital que les États membres de l'UE choisissent la voie de la coopération et de l'intégration, qu'ils parviennent à s'exprimer d'une seule voix et à tenir le même discours dans les affaires internationales. Le débat en cours sur la réforme des politiques et des institutions européennes doit être examiné à la lumière des futurs défis que l'UE devra relever, et non uniquement à l'aune des controverses passées. Il ne fait pas de doute que la gestion d'une Union élargie, et appelée à s'agrandir davantage, est complexe et exige un effort intellectuel et un capital politique intenses. Mais les véritables enjeux de prospérité et de stabilité de l'Europe se situent au-delà de ses frontières : ils impliquent le règlement des tensions géopolitiques dans les zones avoisinantes et la prise en compte des nouveaux acteurs mondiaux dans la politique et l'économie internationales. En d'autres termes, le débat sur la réforme de l'Union devrait aller de pair avec une réflexion stratégique sur les valeurs, les intérêts et les objectifs de l'UE dans les affaires internationales. En envisageant avec méthode son propre avenir et sa position dans le monde, l'Union européenne sera mieux armée pour se réformer elle-même et aider à forger un monde meilleur et plus sûr.

Notes

1. Sauf précision contraire, les chiffres sur les évolutions démographiques des populations, leur vieillissement et les taux d'urbanisation cités dans le texte sont issus principalement de statistiques de l'ONU, de la Banque mondiale et des bases de données officielles de l'Union européenne et du gouvernement américain. Ils ont été consultés au printemps 2006 et ont pu évoluer marginalement. Une partie des données est consultable en ligne sur les sites suivants : http://esa.un.org/unpp ; http://devdata.worldbank.org/hnpstats/dp.asp ; http://epp.eurostat.cec.eu.int ; http://www.census.gov. Voir également les rapports *World Population Ageing : 1950-2050* [(Résumé disponible en français), Département des affaires économiques et sociales, Division de la population, Nations unies, New York, 2002] ; *World Urbanization Prospects : The 2003 Revision [(Perspectives de l'urbanisation mondiale : la Révision 2003* – Présentation du rapport en français) – Département des affaires économiques et sociales, Division de la population, Nations unies, New York, 2003] ; *World Population Prospects : the 2004 Revision* [(*Perspectives démographiques mondiales. La révision de 2004.* Résumé en français), Division de la population, Nations unies, 2005].

2. Sur les migrations, voir les statistiques de l'ONU (http://esa.un.org/unpp/) ainsi que les articles et rapports suivants : *Replacement Migration : is it a Solution to Declining and Ageing Populations ?* (United Nations Population Division, New York, 21 mars 2000) ; D. A. Coleman, *Who's Afraid of Low Support Ratios ? A UK Response to the UN Population Division Report on « Replacement Migration »*, document préparé pour la réunion du groupe d'experts des Nations unies qui s'est tenue à New York en octobre 2000, en vue de débattre du rapport *Migration de remplacement – Version révisée et abrégée* présentée par la Division de la population de l'ONU, 20 décembre 2000 ; Lindsey Grant, « Replacement Migration : the United Nations Population Division on European Population Decline », *Population and Environment*, vol. 22, n° 4, 2001 ; *Tendances des migrations internationales* (SOPEMI : OCDE, 2004). *World Economic and Social Survey : International Migration* (Département des affaires économiques et sociales des Nations unies, ONU, New York, 2004) ; *Trends in Total Migrant Stock : The 2005 Revision* (Département des affaires économiques et sociales, Division de la population, Nations unies, New York,

février 2006) ; *World Population Monitoring, Focusing on International Migration and Development* (Commission de la population et du développement, Conseil économique et social, 25 janvier 2006).

3. Voir *The impact of ageing on public expenditure : projections for the EU25 Member States on pensions, health care, long-term care, education and unemployment transfers (2004-2050), Special Report* n° 1/2006, Comité de politique économique et Commission européenne (DG ECFIN) ; Tobias Just et Magdalena Korb, « International Migration : Who, Where and Why ? » *in Current Issues : Demography Special* (Deutsche Bank Research, Francfort, 1er août 2003).

4. Les réfugiés palestiniens (4 millions de personnes) ne sont pas comptés.

5. La population relevant du mandat du Haut-Commissariat des Nations unies pour les réfugiés comprend, selon sa propre définition, les *« réfugiés, demandeurs d'asile, rapatriés (réfugiés ayant regagné leur lieu d'origine en 2005), personnes déplacées à l'intérieur de leur pays et ayant regagné leur lieu de résidence habituelle en 2005, apatrides et autres personnes relevant de la compétence du HCR mais n'entrant dans aucune des catégories ci-dessus »*. Voir sur l'ensemble de la question le rapport « Réfugiés – Tendances mondiales en 2005 » (Haut-Commissariat des Nations unies pour les réfugiés, Genève, 9 juin 2006).

6. Voir le portail internet de l'Organisation mondiale de la santé (OMS), sur le paludisme, la tuberculose et le sida : *HIV/AIDS, Tuberculosis and Malaria : the Status and Impact of the Three Diseases* (The Global Fund to Fight Aids, Tuberculosis and Malaria, 2005).

7. Le sida a tué plus de 25 millions de personnes depuis 1981. Actuellement, 40,3 millions d'individus (estimation moyenne) sont infectés par le virus du VIH et 3,1 millions (estimation moyenne) en sont morts en 2005. Des études américaines prévoient quelque 100 millions de cas de sida en 2010. Selon l'OMS, le paludisme fait environ un million de victimes par an. *AIDS Epidemic Update*, (ONUSIDA/OMS, 2005) ; *Addressing the HIV/AIDS Pandemic : A US Global AIDS Strategy for the Long Term* (Conseil des relations étrangères et Milbank Memorial Fund, 2004) ; *2004 Report on the Global HIV/AIDS Epidemic : 4th Global Report* (ONUSIDA, Genève, 2004). L. Gallup et J. D. Sachs, *The Economic Burden of Malaria*, CDI Working Paper 52, Center for International Development, Harvard University, Boston, 2000.

8. *Global Environment Outlook Year Book : An Overview of our Changing Environment 2004/5*, Programme des Nations unies pour l'environnement (PNUE), 2005 ; *The Global Infectious Disease Threat and its Implications for the United States* (National Intelligence Estimates, NIE 99-17D, janvier 2000) ; Erik R. Peterson, « SARS, Lessons for the Longer Term », CSIS (Centre d'études stratégiques et internationales), *FYI* 9, avril 2003.

9. Selon l'OMS, « entre 1972 et 1999, trente-cinq nouveaux agents pathogènes ont été découverts, beaucoup d'autres sont réapparus après de longues périodes d'inactivité ou gagnent des régions où ils n'avaient pas été signalés auparavant ». *Emerging Issues in Water and Infectious Diseases* (Organisation mondiale de la santé, 2003).

10. L'âge médian est celui qui partage la population en deux parties égales : 50 % des individus ont un âge supérieur à celui-ci, 50 % sont plus jeunes.

11. Le rapport de dépendance économique des personnes âgées est le rapport entre la population inactive de 65 ans et plus et la population active âgée de 15 à 64 ans. Sur l'ensemble de la question démographique européenne, voir également « Face aux changements démographiques, une nouvelle solidarité entre générations », Commission européenne, Livre vert, COM (2005) 94 Final, 16 mars 2005 ; Statistiques démographiques Eurostat ; Klaus Regling, « How Ageing Will Torpedo Europe's Growth Potential », *Europe's World*, printemps 2006 ; Jonathan Grant *et al., Low Fertility and Population Ageing : Causes, Consequences, and Policy Options*, MG-206-EC (Rand Corporation, Santa Monica, California, 2004) ; Alain Monnier, « Les évolutions démographiques de l'Union européenne », *Questions internationales*, n° 18, La Documentation française, Paris, mars-avril 2006.

12. Voir : Jeffrey S. Passel, « Estimates of the Size and Characteristics of the Undocumented Population » (Pew Hispanic Center, Washington D.C., 2005).

13. De 2000 à 2002 (dernières données disponibles), le nombre d'immigrants étrangers au Japon s'élevait à quelque 345 000 personnes (les Chinois et les Philippins représentant environ la moitié). Ces chiffres élevés ne traduisent pas seulement l'attrait exercé par l'économie japonaise, car tout individu qui séjourne plus de quatre-vingt-dix jours sur le territoire est considéré comme migrant. Voir *Trends in International Migration..., op. cit.* Pour une analyse plus détaillée de l'incidence économique du vieillissement, voir par exemple Masakazu Inada, Takashi Kozu et Yoshiko Sato, « Demographic Changes in Japon and their Macroeconomic Effects », Rapport n° 04-E-6, Banque du Japon, septembre 2003 ; Hamid Faruqee et Martin Mühleisen, « Japan : Population Ageing and the Fiscal Challenge », *Finance and Development* (FMI), vol. 38, n° 1, mars 2001.

14. « The Economic Consequences of HIV in Russia », Bureau russe de la Banque mondiale, 10 novembre 2002 ; S. Misikhina, V. Pokrovsky, N. Mashkilleyson et D. Pomazkin, « A model of social policy costs of HIV/AIDS in the Russian Federation », Research and Policy Analysis, Bureau international du travail, Genève (non daté) ; Celeste A. Wallander, *The Impending AIDS Crisis in Russia : The Shape of the Problem and Possible Solutions*, Conférence du groupe de travail du CSIS sur le sida, Centre d'études stratégiques et internationales (CSIS), 14 avril 2004. http//www.csis.org/media/csis/events/040415_wallander.pdf).

15. On estime par exemple que l'Afrique a perdu un tiers de son capital humain qualifié et que le rythme de cette hémorragie s'accélère. Depuis 1990, une moyenne annuelle de 20 000 individus dotés d'un haut niveau d'éducation et de formation (tels que médecins, ingénieurs et professeurs d'université) ont quitté le continent. Dans l'ensemble, quelque 300 000 Africains hautement qualifiés vivent à l'étranger, dont 10 % possèdent un doctorat. Ces données sont tirées d'informations fournies par l'Organisation internationale des migrations (OIM), citées dans « African Regional Document : Water Resources

Development in Africa », 4e Forum mondial de l'eau, 16-22 mars 2006. Accessibles sur http://www.worldwaterforum4.org. mx/home/tools.asp?lan.

16. Les Nations unies prévoient pour 2015 un déficit dû au VIH/sida de 84,1 millions de personnes par rapport aux taux de croissance potentiels dans les 40 pays d'Afrique les plus touchés par l'épidémie. Voir *World Population Prospects : The 2004 Revision*, Nations unies, Division de la population, 2005.

17. Voir le *Rapport sur l'épidémie mondiale de sida 2004 – 4e rapport mondial* (ONUSIDA, 2004). Nations unies (chiffres consultables sur http://esa.un.org/unpp/index.asp?panel=1) ; *Le sida en Afrique : Trois scénarios pour l'horizon 2025,* Programme commun des Nations unies sur le VIH/sida (ONUSIDA, 2005) ; *World Population Prospects : The 2004 Revision, op. cit.* ; « Community Realities & Responses to HIV/AIDS in Sub-Saharan Africa » (Nations unies, New York, juin 2005).

18. *Millennium Ecosystem Assessment. Ecosystems and Human Well-Being : a Health Synthesis* (Organisation mondiale de la santé, 2005) ; *Climate Change Futures : Health, Ecological and Economic Dimensions* (The Center of Health and the Global Environment, Harvard Medical School, novembre 2005).

19. Sept villes africaines sur seize connaîtront le plus fort taux de croissance démographique entre 2000 et 2015. *Perspectives de l'urbanisation mondiale : la révision de 2003*, *op. cit.*

20. *Levels and Trends of International Migration to Selected Countries in Asia* (Département des affaires économiques et sociales, Division de la population, Nations unies, 2003).

21. Mona Khalifa, Julie Da Vanzo, David M. Adamson, *Population Growth in Egypt. A Continuing Policy Challenge*, RAND Issue Paper, 2000 ; Paul Rivlin, Egypt's Demographic challenges and Economic Responses, MERIA Journal, vol. 7, n° 4, décembre 2003.

22. *Levels and Trends of International Migration to Selected Countries in Asia* (Département des affaires économiques et sociales, Division de la population, Nations unies, 2003).

23. *AIDS in Asia : Face the Facts. A Comprehensive Analysis of the AIDS Epidemics in Asia* (Monitoring the AIDS Pandemic [MAP] Network, 2004) ; *The Next Wave of HIV/AIDS : Nigeria, Ethiopia, India, Russia and China* (National Intelligence Council, Washington, D.C., septembre 2002).

24. Voir par exemple Wolfgang Lutz *et al.*, « China's Uncertain Demographic Present and Future », Interim Report IR-05-043 (International Institute for Applied Systems Analysis, Autriche, 5 septembre 2005) ; Tian Xiang Yue *et al.*, « Surface modelling of human population distribution in China », *Ecological Modelling*, n° 181, 2005.

25. L. Alan Winter et Shahid Yusuf, *Dancing with Giant. China, India, and the Global Economy*, Banque mondiale et The Institute of Policy Studies, Washingon, D.C., 2007.

26. En 2000, 42,1 % des 667 principales villes chinoises étaient situées en Chine orientale, dont la superficie représente 9,5 % du pays ; 34 % de ces villes étaient réparties en Chine centrale (17,4 % de la superficie du pays) et 23,8 % seulement en Chine occidentale (70,4 % de la superficie du pays). La densité démographique des villes de Chine orientale et centrale était respectivement 13,1 et 5,8 fois plus élevée que celle des villes de Chine occidentale. D'immenses étendues du pays sont donc pratiquement inhabitées et il convient de mesurer les effets de l'urbanisation à l'échelle régionale. Voir Tian Xiang Yue, « Surface modelling of human population distribution in China », *op. cit.*

27. *HIV/AIDS. Country Profile : India* (ONUSIDA, Division de la population du Département des affaires économiques et sociales du Secrétariat des Nations unies, mars 2003) ; *World Population Prospects : The 2002 Revision. Highlights (Perspectives démographiques mondiales. La révision de 2002.* Résumé en français.), Nations unies, New York, février 2002. *The Next Wave of HIV/AIDS : Nigeria, Ethiopia, Russia, India and China, op. cit.*

28. *Foresight 2020: Economic, Industry and Corporate Trends*, Economist Intelligence Unit, mars 2006 ; *Perspectives économiques mondiales 2007 – Gérer la prochaine vague de mondialisation,* Banque mondiale, Washington, D.C., 2007.

29. *Perspectives économiques mondiales 2007, op. cit.*

30. La délocalisation des industries manufacturières vers des pays en voie de développement touchera essentiellement des secteurs où la production nécessite une main-d'œuvre importante, entraîne des économies d'échelle et de faibles coûts de transport. Voir *Foresight 2020 : Economic, Industry and Corporate Trends, op. cit., Les échanges et l'ajustement structurel – Les enjeux de la mondialisation* (OCDE, Paris, 2005).

31. *World Investment Report : The Shift Towards Services, 2004 (Rapport sur l'investissement dans le monde 2004. La montée en puissance du secteur des services.* Vue d'ensemble en français.), Conférence des Nations unies sur le commerce et le développement (CNUCED), 2004.

32. Une entreprise peut délocaliser ses activités soit en produisant par l'intermédiaire d'une filiale étrangère (IDE), soit en confiant la sous-traitance à une autre société à l'étranger. Voir *World Investment Report : The Shift Towards Services, op. cit.*

33. L'un des moteurs déterminants des « IDE Sud-Sud » est l'objectif stratégique de garantir l'approvisionnement en matières premières, notamment le pétrole et le gaz. Voir Dilek Aykut et Dilip Ratha, « South-South FDI flows : how big are they ? », *Transnational Corporations*, vol. 13, n° 1, avril 2004 ; « FDI in developing countries takes off : is a new geography of investment emerging ? », CNUCED, communiqué de presse, 10 août 2004 ; *World Investment Report 2006. FDI from Developing and Transition Economies : Implications for Development,* Conférence des Nations unies sur le commerce et le développement (CNUCED), New York et Genève, 2006.

34. « Asian Development Outlook : routes for Asia's trade », Asian Development Bank, 2006.

35. Dominic Wilson, Roopa Purushothaman et Themistoklis Fiotakis, *The BRICs and global markets : crude, cars and capital*, Goldman Sachs Global Economics Paper n° 118, octobre 2004.

36. Les capacités de production actuelles resteront toutefois dans l'UE, les États-Unis et le Japon, parce que l'assemblage final est un processus à forte intensité de capital. Voir *Foresight 2020... op. cit.*

37. À l'heure qu'il est, 197 arrangements préférentiels notifiés à l'OMC sont en vigueur et quelque 70 sont en cours de négociation ou à l'état de proposition. À la création de l'OMC en 1995, seuls 50 accords commerciaux régionaux (ACR) notifiés à l'OMC étaient en vigueur et, entre janvier 2004 et février 2005, on a atteint le nombre record de 43 nouveaux ACR notifiés à l'OMC. Voir Jo-Ann Crawford et Roberto V. Fiorentino, *The Changing Landscape of Regional Trade Agreements,* Discussion Paper n° 8, Organisation mondiale du commerce, 2005.

38. Alan Ahearne, Jean Pisani-Ferry, André Sapir et Nicolas Véron, « The EU and the Governance of Globalisation », Bruegel Working Paper n° 2006/02, Bruegel, 20 septembre 2006.

39. « L'extrême pauvreté, définie par la Banque mondiale comme le fait de vivre avec moins de 1 dollar par jour, signifie que les ménages sont dans l'incapacité de subvenir aux besoins essentiels à leur survie. (...) Contrairement à la pauvreté modérée ou relative, l'extrême pauvreté ne subsiste actuellement que dans les pays en voie de développement. La pauvreté modérée, définie comme le fait de vivre avec entre 1 et 2 dollars par jour, désigne une situation dans laquelle les besoins essentiels sont satisfaits, mais de justesse. » Jeffrey D. Sachs, « The end of poverty », *Time Magazine*, 6 mars 2005.

40. Toutefois, en 2002, 437 millions de personnes étaient toujours confrontrées à l'extrême pauvreté en Asie du Sud, ce qui représente 31 % de la population de la région. L'Asie du Sud reste la région du monde qui regroupe les plus grands effectifs de population vivant dans des conditions d'extrême pauvreté, en chiffres absolus. Voir *World Development Report 2006 : Equity and Development* [*Rapport sur le développement dans le monde 2006. Équité et développement*, abrégé en français], Banque mondiale, 2005 ; *Perspectives économiques mondiales 2006 – Implications économiques des envois de fonds et de la migration,* Banque mondiale, 2006.

41. Le nombre de personnes vivant avec moins de 2 dollars par jour a augmenté en Afrique, mais aussi légèrement en Asie du Sud (de 996 millions à 1 091 millions). En 2002, il représentait 75 % de la population subsaharienne et 78 % de la population d'Asie du Sud. En Chine, le nombre de personnes vivant avec moins de 2 dollars par jour devrait chuter, passant de 533 millions à 181 millions en moins de dix ans.

42. « World Economic Outlook. Spillovers and Cycles in the Global Economy, World Economic and Financial Surveys », Fonds monétaire international, Washington, D.C., avril 2007.

43. En prix courants, la part du PIB mondial produite par les États-Unis, l'UE et le Japon atteignait pas moins de 70 % en 2005.

44. Voir Dominic Wilson et Roopa Purushothaman, *Dreaming with BRICs: The Path to 2050*, Goldman Sachs, Global Economics Paper n° 99, 1er octobre 2003. Le classement actuel des pays par PIB, en prix courants, est le suivant, par ordre d'importance : États-Unis, Japon, Allemagne, Royaume-Uni, France, Chine et Italie.

45. *Perspectives économiques mondiales* 2007, *op. cit.*

46. Giovanni Dosi, Patrick Llerena et Mauro Sylvos Labini, *Evaluating and comparing the innovation performance of the United States and the European Union*, Expert Report for the Trend Chart Policy Workshop 2005.

47. John Williamson, « What Follows the USA as the World's Growth Engine ? », India Policy Forum Public Lecture, juillet 2005 ; Alan J. Auerbach, William G. Gale et Peter R. Orszag, « Sources of the long term fiscal gap », Tax Note, 24 mai 2004, Tax Policy Center.

48. Voir *Situation économique mondiale et perspectives 2006* (Nations unies, New York, 2006) ; *The Long-Term Budget Outlook* (Congressional Budget Office, décembre 2005) ; Barry Eichengreen : « The Blind Men and the Elephant », *Issues in Economic Policy*, n° 1, janvier 2006 (The Brookings Institution, Washington).

49. L'incidence négative annuelle de la perte de main-d'œuvre sur le PIB est estimée à 0,5 % en moyenne de 2010 à 2030, bien qu'il y ait tout lieu de croire que la croissance de la productivité et/ou du temps de travail risque d'amortir cette tendance. Voir Klaus Regling, « How Ageing Will Torpedo Europe's Growth Potential », *Europe's World*, printemps 2006 ; *Perspectives économiques mondiales 2006 – Implications économiques des envois de fonds et de la migration, op. cit. ; Les incidences du vieillissement des populations sur les dépenses publiques des États membres en matière de retraites, de soins de santé, de soins de longue durée, d'éducation et de chômage (2004-2050),* Rapport spécial n° 1/2006, Comité de politique économique et Commission européenne ; *Une Europe réellement innovante et moderne*, Communication de la Commission au Conseil européen (Réunion informelle à Lathi, Finlande, le 20 octobre 2006), COM (2006) 589 final, Bruxelles, 12 octobre 2006.

50. *Economic reforms and competitiveness : key messages from the European Competitiveness Report 2006*, Communication de la Commission, COM (2006) 697 final, Bruxelles, 14 novembre 2006.

51. *Ibid* et CEPII-CIREM, « European industry's place in the international division of labour : situation and prospects », rapport préparé pour la direction générale du Commerce de la Commission européenne, juillet 2004.

52. *Une Europe réellement innovante et moderne*, Communication de la Commission, COM (2006) 589 final, *op. cit.*

53. Commission européenne, « Towards a European Research Area : Science, Technology and Innovation – Key Indicators 2005 », 2005.

54. Long-term Economic Forecast of the Japanese Economy (2001-2025), Japan Centre for Economic Research, Tokyo 2001 ; « Economic Survey of

Japan, 2006 », Policy Brief, OCDE, juillet 2006 ; Foresight 2020..., *op. cit.* ; Goldman Sachs, Dreaming with BRICs : the Path to 2050, *op. cit.*

55. Du côté des recettes, notamment, un élargissement de l'assiette de l'impôt ou une augmentation du taux de l'impôt sur la consommation pourrait se révéler nécessaire. De plus, les dépenses de Sécurité sociale et de santé devraient atteindre 20 % du PIB en 2025, contre 16 % aujourd'hui – et ce, même après la réforme des retraites récemment mise en place. Voir Daniel Citrin et Alexander Wolfson, « Japan's Back », *Finance and Development*, vol. 43, n° 2, juin 2006.

56. Les travailleurs étrangers, légaux et illégaux confondus, ne représentent pas plus de 1 % des emplois. Voir « Economic Survey of Japan, 2006 », *op. cit.*

57. « Growth and Trade Horizons for Asia : Long-term Forecasts for Regional Integration », ERD Working Paper Series n° 74, Asian Development Bank, Manille, novembre 2005.

58. Stefan Bergheim, *Global Growth Centres 2020*, Current Issues Working Paper, Deutsche Bank Research, Francfort, mars 2005 ; Carsten A. Holz, *China's Economic Growth 1978-2025 : What We Know Today about China's Economic Growth Tomorrow*, Centre on China's Transnational Relations, Working Paper n° 8, Université de science et de technologie de Hong Kong, juillet 2005.

59. Au début des années 1980, les matières premières et le pétrole représentaient 50 % des exportations chinoises ; au début des années 1990, le prêt-à-porter, avec un investissement massif en usines textiles, est devenu la locomotive de la croissance. Depuis le milieu des années 1990, les principaux secteurs d'exportation sont les pièces détachées d'automobiles et l'électronique grand public. L'industrie chimique et l'industrie automobile devraient être les futurs secteurs de la croissance. Voir : « Dynamic sectors give global growth centres the edge », Deutsche Bank Research, Francfort, octobre 2005 ; *Rapport de l'UNESCO sur la science 2005* (UNESCO, Paris 2005).

60. Voir Minxin Pei, « The Dark Side of China's Rise », in *Foreign Policy*, mars-avril 2006.

61. Jonathan Shaw, « The Great Global Experiment », *Harvard Magazine*, vol. 105, n° 2, novembre-décembre 2002, p. 87.

62. « India rising : A medium-term perspective », Deutsche Bank Research, Francfort, mai 2005.

63. Perspectives économiques mondiales 2006 – Implications économiques des envois de fonds et de la migration, *op. cit.*

64. « Human capital is the key to growth », Deutsche Bank Research, Francfort, août 2005.

65. L. Alan Winter et Shahid Yusuf, *Dancing with Giant. China, India, and the Global Economy* (Banque mondiale et The Institute for Policy Studies, Washington, D.C., 2007).

66. *India Vision 2020*, Planning Commission, gouvernement indien, New Delhi 2002 ; Chetan Ahya et Mihir Sheth, « India : Infrastructure : Changing Gears », Rapport Morgan Stanley, 2005.

67. *Rapport économique sur l'Afrique 2005* (Nations unies, novembre 2005).

68. En 2005, les pays exportateurs de pétrole ont vu leur excédent commercial augmenter (19,8 % du PIB), tandis que les pays non exportateurs de pétrole voyaient leur déficit se creuser (6,6 % du PIB). *Perspectives économiques en Afrique 2005-2006* (OCDE, Paris, 2006).

69. Entre 1992 et 2000, l'épidémie de VIH/sida a réduit la croissance du PIB par habitant de 33 pays d'Afrique de 0,7 % par an. Si l'épidémie devait se poursuivre au même rythme entre 2002 et 2020, on estime que la croissance de l'Afrique subsaharienne diminuerait de 18 % – soit une perte de 144 milliards de dollars. Il convient d'ajouter à ces chiffres les conséquences du VIH/sida sur le personnel des structures publiques et privées, ainsi que sur les dépenses de santé et les mesures visant à réduire la pauvreté. Voir le *Rapport économique sur l'Afrique 2005 – Relever le défi posé par le chômage et la pauvreté en Afrique* (Commission économique pour l'Afrique, Nations unies, 2005).

70. Harry Broadman, *Africa's Silk Road,* Banque mondiale, 2007 ; *World Investment Report 2006. FDI from Developing and Transition Economies : Implications for Development,* CNUCED, *op. cit.*

71. « Middle East and North Africa. Oil booms and revenue management : Economic Developments and Prospects 2005 », Report on the Middle East and North Africa Region (Banque mondiale, Washington D.C., 2005).

72. « Trade, Investment, and Development in the Middle East and North Africa – Engaging with the World », (« Commerce extérieur, investissement et développement au Moyen-Orient et en Afrique du Nord », aperçu général en français), *MENA Development Report* (Banque mondiale, Washington D.C., 2003).

73. « Unlocking the employment potential in the Middle East and North Africa – Towards a new social contract », *MENA Development Report* (Banque mondiale, Washington D.C., 2005) ; Marcus Noland et Howard Pack, « Islam, Globalisation and Economic Performance in the Middle East », *in International Economics Policy Briefs*, juin 2004.

74. *Global Development Finance : The Development Potential of Surging Capital Flows* (Banque mondiale, Washington D.C., 2006) ; « Trade, Investment, and Development in the Middle East and North Africa – Engaging with the World », *op. cit.*

75. *Dreaming with BRICS : The Path to 2050*, *op. cit.* ; « Russia 2010 : scenarios for economic development », Deutsche Bank Research, Francfort, mars 2003.

76. Cleutinx Christian, *Le Dialogue énergétique UE-Russie* (Direction générale de l'énergie et des transports, Commission européenne, Vienne, décembre 2003).

77. Estimations de la BERD, citées dans le rapport *Russia : Investment Destination* (Foreign Investment Advisory Council, mars 2005) : http://www.pbnco.com/fiacsurvey/.

78. Voir « The Economic Consequences of HIV in Russia », Bureau russe de la Banque mondiale, 10 novembre 2002.

79. Sauf précision contraire, les chiffres de production, offre, demande et consommation énergétiques utilisés dans ce chapitre proviennent du *World Energy Outlook (WEO) 2006* (Agence internationale de l'énergie, Paris, 2007). Les données relatives au gaz proviennent, sauf indication contraire, du *WEO 2005* (AIE, Paris, 2006). Pour des références plus générales sur le sujet, voir les *WEO* 2003 et 2004 ; *Review of long-term energy scenarios : implications for nuclear energy*, Moscou, Académie des sciences de Russie, avril 2002 ; *World Energy Investment Outlook* (AIE, Paris, 2003) ; *Energy Security : Responding to the Challenge*, Brookings Briefing, 29 novembre, 2005 (The Brookings Institution, Washington D.C.) ; *Dawn of a New Age : Global Energy Scenarios*, Conférence du CERA (Cambridge Energy Research Associates), 6 décembre 2005, Cambridge, Massachusetts ; « Réflexions sur la dynamique des marchés du pétrole et du gaz naturel », *Déclaration 2004 du CME* (Conseil mondial de l'énergie) ; *Oil Outlook to 2025*, OPEP Review Paper, 2004 ; *The World Energy Book*, Conseil mondial de l'énergie, n° 1, automne 2005, Londres ; ExxonMobil, *The Outlook for Energy : A 2030 View*, édition 2005 ; *Oil Outlook to 2025*, document du secrétariat général de l'OPEP, 10e Forum international de l'énergie, Doha, 22-24 avril 2006 ; *International Energy Outlook 2006*, DOE/EIA-0484(2006), juillet 2005 (Energy Information Administration, États-Unis, juin 2006).

80. *Energy, Electricity and Nuclear Power Estimates for the Period up to 2030* (Agence internationale de l'énergie atomique [AIEA], Vienne, juillet 2005) ; « Energy Prospects after the Petroleum Age », *Current Issues*, 2 décembre 2004, Deutsche Bank Research, Francfort. Le dernier document cite le Conseil mondial de l'énergie, *Énergie Für Deutschland*, 2004 ; Khatib Hisham, *Energy Considerations – Global Warming Perspectives*, Energy Permanent Monitoring Panel of the World Federation of Science, 19 août 2004.

81. Le cours de référence du baril pour ces estimations est de 60 dollars, tel qu'il était fin 2005. Le doublement de la valeur nominale du pétrole et du gaz d'ici à 2030 et les incertitudes que cela entraîne en termes de sécurité énergétique contribuent à expliquer les changements de répartition déjà entamés dans les sources d'approvisionnement et plus particulièrement le renouveau d'intérêt porté au charbon. Les cours du charbon sont eux aussi amenés à s'apprécier, mais probablement dans une moindre mesure.

82. *WEO 2006*.

83. L'Agence internationale de l'énergie a également publié le *World Alternative Policy Scenario*, qui prend en compte des mesures d'efficacité énergétique et environnementale qui ont été envisagées mais n'ont pas encore été adoptées. Selon ce scénario, la demande globale d'énergie serait inférieure de 10 % à celle du scénario de référence. La demande en gaz et en pétrole serait également inférieure de 10 %, tandis que la demande de charbon serait inférieure

de 23 %. Le recours aux énergies renouvelables, en revanche, serait supérieur de 27 %. Voir AIE, *WEO 2005*, *op. cit.* Voir également « Energy Prospects after the Petroleum Age », Deutsche Bank, *op. cit.*, et Christophe-Alexandre Paillard, « L'influence des prix du pétrole sur l'économie mondiale », *Questions internationales*, n° 18, La Documentation française, Paris, mars-avril 2006.

84. « Quantifying Energy », *BP Statistical Review of World Energy*, juin 2006.

85. Les chiffres fournis par le ministère américain de l'Énergie sont plus élevés. De 2003 à 2030, le ministère prévoit une augmentation de 47 % de la demande, dont 43 % pourrait provenir des pays d'Asie hors OPEP. *International Energy Outlook 2006*, DOE/EIA-0484 (2006) (Energy Information Administration, États-Unis, juin 2006).

86. Werner Zittel et Jörg Schindler, « The Countdown for the Peak of Oil Production Has Begun – But what are the Views of the Most Important International Energy Agencies ? », *EnergyBulletin.net / EnergieKrise.de,* 14 octobre 2004.

87. *Oil Outlook to 2025*, document du secrétariat général de l'OPEP, 10e Forum international de l'énergie, Doha, 22-24 avril 2006. Il existe toutefois des analyses très pessimistes sur les perspectives dans les pays de l'OPEP eux-mêmes, en particulier l'Arabie saoudite. Voir Matthew R. Simmons, *Twilight in the Desert : The Coming Saudi Oil Shock and the World Economy* (John Wiley & Sons Inc., NJ, 2005) ; W. Zittel et J. Schindler, « The Countdown for the Peak of Oil Production Has Begun », *op. cit.*

88. AIE, *World Energy Outlook 2004*, *op. cit*, et Warren R. True, « WGC : Growth in gas trade faces range of challenges », *Oil and Gas Journal*, 12 juin 2006 ; « Energy Prospects after the Petroleum Age », Deutsche Bank, *op. cit.* ; ExxonMobil, 2005, *op. cit.* et Warren R. True, « WGC : Growth in gas Trade… », *op. cit.*

89. L'augmentation des cours du gaz est également conditionnée par leur indexation partielle avec les cours du pétrole. 95 % des contrats gaziers passés en Europe sont indexés sur les prix du pétrole, mais seulement 10 % de ceux passés au Canada et aux États-Unis. La Russie régulait ses prix sans indexation, mais cette politique connaît des évolutions. Voir *WEO 2006.*

90. « Climate change, energy and sustainable development : How to tame King Coal ? », document stratégique du groupe de travail sur le charbon du délégué interministériel au Développement durable, France, 9 juin 2005. Version révisée, 12 janvier 2006. Document traduit par la suite en français sous le titre *Charbon propre : mythe ou réalité ?*, 2006.

91. *Ibid.*

92. Rapport d'information par la commission des Affaires étrangères en conclusion des travaux d'une mission d'information constituée le 8 février 2006, sur « Énergie et géopolitique », rapport n° 3468, rapporteur M. Jean-Jacques Guillet, 12e législature, enregistré à la présidence de l'Assemblée nationale le 29 novembre 2006.

93. L'énergie nucléaire ne serait compétitive avec le charbon que si les cours de ce dernier s'envolaient au-delà de 70 dollars la tonne (le cours devrait plafonner à 60 dollars la tonne sur la période 2007-2030 selon les prévisions de l'AIE. Voir *WEO 2006*.

94. Voir *Une stratégie européenne pour une énergie sûre, compétitive et durable*, Livre vert, Commission européenne, {COM (2006) 105 final}, SEC (2006) 317/2, Bruxelles, 8 mars 2006. Voir également C. A. Paillard, « Strategies for energy : Which way forward for Europe ? », Fondation Robert Schuman, février 2006.

95. Le secteur nucléaire représente actuellement une « non-émission » de près de 180 millions de tonnes de CO_2. Voir « Énergie nucléaire : peut-on s'en passer ? », Commission européenne, *RTD Info*, n° 40, février 2004.

96. *The Energy Challenge, Energy Review Report 2006*, ministère du Commerce et de l'Industrie, Royaume-Uni, juillet 2006 ; déclaration des ministres des Finances du G-7 et des gouverneurs de la Banque centrale, HP-350, ministère des Finances des États-Unis, 13 avril 2007, consultable sur http://www.ustreas.gov/press/releases/hp350.htm.

97. La France et la Bulgarie devraient construire de nouvelles centrales dans un très proche avenir, la décision étant déjà arrêtée et les sites sélectionnés.

98. Les chiffres concernant la production, l'offre, la demande et la consommation des États-Unis proviennent des rapports *Annual Energy Outlook* AEO 2007, DOE/EIA-0383 (2007), (Energy Information Administration, États-Unis, février 2007), *International Energy Outlook 2006*, DOE/EIA-0484(2006) (Energy Information Administration, États-Unis, juin 2006) ; *Annual Energy Outlook (AEO) 2006*, DOE/EIA-0383(2006), février 2006.

99. *A European Strategy for Sustainable, Competitive and Secure Energy : What is at Stake,* Background document, Document du groupe de travail de la Commission européenne, annexe au Livre vert *Une stratégie européenne pour une énergie sûre, compétitive et durable* {COM (2006) 105 final}, SEC (2006) 317/2, Bruxelles, 2006 ; *Livre vert sur l'efficacité énergétique ou Comment consommer mieux avec moins,* Commission européenne, Bruxelles, 22 juin 2005.

100. *WEO 2006*.

101. *Ibid.*

102. La part attendue du commerce maritime mondial du pétrole et du gaz est en augmentation constante. Des goulets d'étranglement naturels comme les détroits de Malacca et d'Hormuz seront très empruntés : l'AIE prévoit que le volume de gaz et de pétrole transitant par ces deux passages devrait au moins tripler. Voir *WEO 2005* (AIE, 2005). La présence de ces goulets d'étranglement et les éventuelles difficultés en matière de capacité maritime pourraient inciter certains pays énergétiquement dépendants à investir en oléoducs et en gazoducs. La Chine envisage ainsi de construire plusieurs conduites afin de réduire sa dépendance maritime. En revanche, des pays producteurs comme la Russie pourront préférer mettre en place des accès directs aux routes maritimes, pour s'assurer des recettes pétrolières et gazières et éviter de dépendre

de clients particuliers, compte tenu du manque de souplesse des infrastructures terrestres.

103. *WEO 2003* et *WEO 2006.*

104. L'accès à l'électricité dans de nombreuses régions d'Afrique est inférieur à 200 kWh par personne et par an. Dans certains pays, ce chiffre tombe à moins de 30 kWh/personne/an. À titre de comparaison, les niveaux d'accès à l'électricité aux États-Unis sont supérieurs à 12 000 kWh/personne/an. Voir : « African Regional Document : Water Resources Development in Africa », 4e Forum mondial de l'eau, 16-22 mars 2006. Consultable sur : http://www.worldwaterforum4.org.mx/home/tools.asp?lan= ; voir également : *The Energy Challenge for Achieving the Millennium Development Goals* (Nations unies, UN-Energy, 2005) ; Jamal Saghir, *Energy and Poverty : Myths, Links and Policy Issues*, Energy Working Notes, Energy and Mining Sector Board, Groupe de la Banque mondiale, n° 4, mai 2005.

105. Le nationalisme énergétique est la politique menée par des pays producteurs d'énergie en vue d'exclure ou de limiter la participation étrangère dans l'exploitation des ressources énergétiques ou d'accorder des avantages aux entreprises nationales dans l'exploitation de ces ressources – ou les deux à la fois. Voir Vladimir Milov (dir.), *Deepening the integration between energy producing and consuming nations*, Institute of Energy Policy (Moscou), 25 janvier 2006.

106. Voir AIE, *World Energy Outlook 2005*, *op. cit.*, p. 89. EUROGOLFE. *An EU-GCC Dialogue for Energy Stability and Sustainability*, Rapport de recherche (présenté lors de la conférence de bilan du Forum sur l'énergie au Koweït, 2-3 avril 2005), Réf. : 4.1041/D/02-008-S07 21089, 2005.

107. Voir pour les chiffres concernant le Moyen-Orient, AIE, *World Energy Outlook 2005* et *2006.*

108. *WEO 2006* et l'analyse par pays de l'Energy Information Administration (EIA) pour le Venezuela (http://www.eia.doe.gov/).

109. *Annual Statistical Bulletin*, OPEP 2004 ; *WEO 2006* et l'analyse par pays de l'EIA pour l'Angola, la Libye, le Nigeria et le Venezuela (http://www.eia.doe.gov/).

110. *WEO 2005.*

111. *Oil Outlook to 2025*, OPEP, 2004, *op. cit* ; Jan Leijonhielm et Robert L. Larsson, *Russia's Strategic Commodities : Energy and Metals as Security Levers*, Swedish Defence Research Agency, novembre 2004 ; AIE, *World Energy Outlook 2004* et *2006, op. cit* ; *Rising Energy Competition and Energy Security in Northeast Asia : Issues for American Policy,* Congressional Research Service (CRS), 14 juillet 2004.

112. Déclaration de Sergeï Oganesyan (Directeur de l'Agence fédérale de l'énergie) *in* « Russia : Oil production to be flat in 2005 », *Associated Press*, Moscou, 4 juin 2004.

113. *WEO 2006.*

114. Voir http://eng.gazpromquestions.ru/page7.shtml ; Marina Kim, « Russian Oil and Gas : Impacts on Global Supplies to 2020 », *Australian Commodities*, vol. 12, n° 2, juin 2005 ; AIE, *World Energy Outlook 2005* ; AIE, *World Energy Outlook 2004*, *op. cit.* ; Christian Cleutinx, *Le Dialogue énergétique UE-Russie* (Direction générale de l'énergie et des transports, Commission européenne, Vienne, décembre 2003).

115. Voir Alan Larson, « Geopolitics of Oil and Natural Gas », *Economic Perspective*, vol. 9, n° 2, mai 2004 ; *Caspian Oil and Gas : Production and Prospects*, Congressional Research Service (CRS), 4 mars 2005. Energy Information Administration (EIA), Official Energy Statistics from the US Government, http://www.eia.doe.gov/emeu/cabs/Caspian/Background.html ; Lynch Dov (dir.), *Le Sud-Caucase : un défi pour l'UE* (Cahiers de Chaillot n° 65, IES-UE, Paris, décembre 2003). *British Petroleum Statistical Review of World Energy*, 2002. W. Zittel et J. Schindler, « The Countdown for the Peak of Oil Production Has Begun… » ; l'OPEP prévoit que la région Caspienne et d'autres producteurs de l'ex-URSS (hors Russie) produiront quelque 3,9 millions de barils par jour (mb/j) d'ici à 2010 et 5.3 mb/j en 2025 ; *Oil Outlook to 2025*, document du secrétariat général de l'OPEP, *op. cit.*

116. Voir *WEO 2006* ; les analyses de l'EIA sur les différents producteurs africains ; *BP Statistical Review of World Energy*, juin 2006.

117. Sur les problématiques énergétiques européennes, voir *Vers une stratégie européenne d'approvisionnement énergétique*, Livre vert de la Commission européenne {(COM 2000) 769 final}, 29 novembre 2000 ; *European Energy and Transport Trends to 2030* (Direction générale de l'énergie et des transports, Commission européenne, janvier 2003) ; *Livre vert sur l'efficacité énergétique ou comment consommer mieux avec moins* (COM 20(15) 265 final), Bruxelles, 22 juin 2005 ; *A European Strategy for Sustainable, Competitive and Secure Energy : What is at Stake*, Background Paper, Document du groupe de travail de la Commission, annexe au Livre vert *Une stratégie européenne pour une énergie sûre, compétitive et durable* {COM (2006) 105 final}, SEC (2006) 317/2, Bruxelles, 2006 ; « Une politique extérieure au service des intérêts de l'Europe en matière énergétique », document de la Commission et du secrétaire général/haut représentant communiqué au Conseil européen en juin 2006 ; Robert Willenborg *et al.*, *Europe's Oil Defences. An Analysis of Europe's oil supply vulnerability and its emergency oil stockholding systems* (The Clingendael Institute, La Haye, 2004) ; EUROGOLFE, *An EU-GCC Dialogue for Energy Stability and Sustainability*, rapport de recherche (présenté lors de la conférence de bilan du Forum sur l'énergie au Koweït, 2-3 avril 2005), Réf. : 4.1041/D/02-008-S07 21089, 2005.

118. Lars-Hendrik Röller, Juan Delgado et Hans W. Friederiszick, *Energy : Choices for Europe*, Bruegel Blueprint Series, Bruegel, Bruxelles, 2007.

119. *A European Strategy for Sustainable, Competitive and Secure Energy : What is at Stake*, *op. cit.* ; Conclusions de la présidence, Conseil européen de Bruxelles, 8-9 mars 2007, [7224/07], CONCL 1. Sur l'énergie nucléaire, les perceptions européennes évoluent et, selon la Commission, « L'UE peut jouer un rôle utile en veillant à ce que tous les coûts, avantages et désavantages de

l'énergie nucléaire soient identifiés en vue d'un débat éclairé, objectif et transparent. » [Livre vert *Une stratégie européenne pour une énergie sûre, compétitive et durable* {COM (2006) 105 final}, SEC (2006) 317/2, 8 mars 2006.]

120. *Livre vert sur l'efficacité énergétique ou comment consommer mieux avec moins*, Commission européenne, *op. cit.* ; conclusions de la présidence, Conseil européen de Bruxelles 8-9 mars 2007, *op. cit.*

121. Directive 2003/30/CE du Parlement européen et du Conseil du 8 mai 2003 visant à promouvoir l'utilisation de biocarburants ou autres carburants renouvelables dans les transports.

122. *Rapport de situation sur les biocarburants. Rapport sur les progrès accomplis en matière d'utilisation de biocarburants et d'autres carburants dans les États membres de l'Union européenne*, communication de la Commission au Conseil et au Parlement européen, Commission européenne, [SEC (2006) 1721, SEC (2007)12], COM (2006) 845 final, Bruxelles, 10 janvier 2007.

123. Directive 2003/30/CE, *op. cit* et *Biofuels in the European Union : a Vision for 2030 and Beyond*, Final draft report, Biofuels Research Advisory Council (BIOFRAC), 14 mars 2006. Une réorientation massive vers la biomasse en tant que source d'énergie renouvelable pourrait toutefois être difficile à maintenir. Par exemple, pour atteindre les objectifs fixés par la Commission européenne pour les biocarburants en 2010 (stratégie de l'UE en faveur des biocarburants, COM (2006) 34 final, Bruxelles, 8 février 2006), « les cultures supplémentaires nécessaires pour produire l'augmentation voulue de la production de biocarburants (en partant du principe d'un remplacement du carburant par des biocarburants de 5,75 % et de l'essence par l'éthanol de 5,75 %) remplaceraient 27 % de la production céréalière de l'UE prévue pour 2012, soit environ 22 % de la totalité des terres cultivables (sans compter les terres gelées) ou environ 19 % de la totalité des terres cultivables, y compris les terres gelées. », *Well-to-Wheels Analysis of Future Automotive Fuels and Powertrains in the European Context*, Well-to-Wheels Report, Version 2b, EUCAR, CONCAWE et JRC, mai 2006 ; *How Much Bioenergy can Europe Produce Without Harming the Environment ?*, rapport AEE n° 7/2006, Agence européenne pour l'environnement, 2006.

124. *Une politique extérieure au service des intérêts de l'Europe en matière énergétique*, Document de la Commission et du SG/HR pour le Conseil européen, S160/06, Conseil européen, 15-16 juillet 2006.

125. Discours sur l'état de l'Union prononcé par le président George W. Bush au Capitole, Washington D.C., 2006 ; « World Total Energy Consumption by Region and Fuel, Reference Case, 1990-2025 », Energy Information Administration, http://www.eia.doe.gov/oiaf/ieo/pdf/ieoreftab_2.pdf.

126. Discours sur l'état de l'Union prononcé par le président George W. Bush au Capitole, Washington D.C., 2007.

127. ExxonMobil, 2005, *op. cit.*, et aussi *Evaluation of China's Energy Strategy Options*, The China Sustainable Energy Program, China Energy Group, Berkeley, Californie, 2005 ; voir également AIE, *World Energy Outlook 2005* et *2006*, *op. cit.*

128. *Rising Energy Competition and Energy Security in Northeast Asia : Issues for US policy, op. cit.* Plus précisément, selon le ministère américain de l'Énergie, « les Chinois ont sensiblement augmenté le nombre et la répartition géographique de leurs ressources et investissements énergétiques, bien que l'ensemble des investissements pétroliers effectués par les sociétés chinoises à l'étranger demeure peu élevé comparé aux investissements des grandes compagnies internationales. Cinquante-six compagnies chinoises ont investi dans des opérations pétrolières dans plus de 20 pays, faisant des offres pour obtenir des contrats d'exploitation de champs pétrolifères, des contrats pour des oléoducs et des projets de raffineries en Iran, au Soudan, au Kazakhstan et au Koweït, entre autres. Par ailleurs, les Chinois ont récemment mis la priorité sur l'accroissement de leur participation en Afrique du Nord, en Asie centrale, en Asie du Sud-Est, en Amérique latine et, plus récemment, en Amérique du Nord, où ils ont acquis des parts dans des compagnies canadiennes de sables bitumineux ; ils ont par ailleurs tenté (en vain) d'acquérir la société américaine Unocal. » Energy Policy Act 2005, section 1837 : *National Security Review of International Energy Requirements*, préparé par le ministère américain de l'Énergie, février 2006.

129. Jonathan E. Sinton, Rachel E. Stern, Nathaniel T. Aden et Mark D. Levine, *Evaluation of China's Energy Strategy Options*, rapport préparé pour le China Sustainable Energy Program, 16 mai 2005 ; *World Energy Investment Outlook – 2003.*

130. *Integranted Energy Policy*, Report of the Expert Committee, Governement of India, Planning Commission, New Delhi, août 2006 ; Henry Sokolski, *Gauging U.S-India Strategic Cooperation*, Strategic Studies Institute, mars 2007. Toutefois, si un investissement cohérent dans la modernisation des infrastructures est réalisé, l'efficacité énergétique induite pourrait permettre d'économiser entre 67 et 108 GW d'ici à 2032.

131. En 2003, la dépendance de l'Inde aux importations de pétrole était déjà de 70 % ; voir AIE, *World Energy Outlook 2004* ; Brahma Chellaney, « India's Future Security Challenge : Energy Security », *in India as a New Global Leader* (The Foreign Policy Centre, 2005).

132. Voir le chapitre sur l'Inde p. 178.

133. Rapport du Comité « India Vision 2020 », Planning Commission, gouvernement indien, New Delhi, 2002.

134. *Environmental Outlook 2001* (OCDE, Paris, 2001) ; *Sustainable Use and Management of Natural Resources*, Rapport AEE 9/2005 (Agence européenne pour l'environnement, 2005) ; *Europe's Environment : The Third Assessment,* EEA Environmental Assessment Report n° 10 *(L'environnement en Europe. Troisième évaluation.* Résumé en français, Agence européenne pour l'environnement, 2003) ; Kirsten Halsnæs et Priyadarshi R. Shukla, *Mainstreaming International Climate Agenda in Economic and Development Policies* (Organisation météorologique mondiale, 2005) ; *Analysis of Costs to Abate International Ozone-Depleting Substance Substitute Emissions* (Agence de protection de l'environnement des États-Unis, EPA 430-R-04-006, 2004) ; *Deploying Climate-friendly Technologies through Collaboration with Developing Countries,*

document d'information de l'AIE (Agence internationale de l'énergie, 2005) ; *Using the Market for Cost-Effective Environmental Policy*, Rapport AEE 1/2006 (Agence européenne pour l'environnement, 2006) ; Stephen R. Connors, Warren W. Schenler, *Climate Change and Competition – On a Collision Course* (Massachusetts Institute of Technology, 1999).

135. Groupe d'experts intergouvernemental sur l'évolution du climat, *Bilan 2007 des changements climatiques – Résumé à l'intention des décideurs,* contribution du groupe de travail III au 4e rapport d'évaluation du groupe d'experts intergouvernemental sur l'évolution du climat, 5 mai 2007 (répertorié par la suite comme GIEC 2007). Le rapport 2001 du GIEC a également été utilisé ici. Les données du GIEC, comme celles du rapport Stern cité par la suite, peuvent être contestées. Voir à propos du GIEC, Bernd Siebenhüner, *The Changing Role of Nation States in International Environmental Assessments : the Case of the IPCC*, Global Governance Project, Working Paper n° 7, juillet 2003.

136. *Stern Review on the Economics of Climate Change*, « Rapport Stern », ministère des Finances britannique, octobre 2006, accessible sur http://www.hm-treasury.gov.uk/independent_reviews/stern_review_economics_climate_change/stern_review_report.cfm.

137. Le degré d'élévation de température prend comme année de référence 1850, date du début de la révolution industrielle. Ainsi une augmentation de température de 1 °C correspond à une augmentation de 1 °C par rapport aux températures moyennes observées avant 1850.

138. L'Agence européenne pour l'environnement estime que la démographie et l'industrialisation sont les deux principaux facteurs de stress environnemental ; voir *Sustainable Use and Management of Natural Resources*, rapport AEE 9/2005, 2005 (Agence européenne pour l'environnement, janvier 2005) ; *L'avenir de l'environnement mondial 3 – GEO-3*, (Programme des Nations unies pour l'environnement, 2002) ; Jill Boberg, *Liquid Assets : How Demographic Changes and Water Management Policies Affect Freshwater Resources* (MG-358, Rand Corporation, 2005).

139. Rapport Stern, *op. cit.*

140. *Piégeage et stockage du dioxyde de carbone. Résumé à l'intention des décideurs et résumé technique*, Groupe d'experts intergouvernemental sur l'évolution du climat, 2005.

141. Des phénomènes cycliques naturels, tels que l'oscillation australe El Niño (ENSO) et l'oscillation nord-atlantique (NAO), modifieront à l'échelle régionale les effets du réchauffement climatique. Les émissions d'aérosols pourront modifier ces tendances à l'échelle locale. Les données actuelles semblent indiquer qu'environ 90 % des catastrophes naturelles survenues récemment sont liées à la météorologie et au climat. Les statistiques montrent également une nette augmentation des phénomènes naturels violents, mais leur rapport exact avec le réchauffement climatique n'a pas encore été établi. Les tendances cycliques, provoquées par exemple par El Niño, peuvent également être à l'origine de certains d'entre eux. Voir : *Baseline Document for Thematic Area*

n° 5, « Risk Management », 4e Forum mondial de l'eau, 16-22 mars, 2006. Consultable sur www.worldwaterforum4.org.mx/uploads/TBK_DOCS_50_33.pdf. Voir également les études statistiques du secrétariat interagence pour la stratégie internationale de prévention des catastrophes des Nations unies (ONU/SIPC) ou Emergency Disasters Database (http://www.em-dat.net/index.htm).

142. Version française du résumé du rapport Stern.

143. *Climate Change 2007*, Summary for Policymakers, *op. cit.*

144. *Impacts of a Warming Arctic*, Arctic Climate Impact Assessment (ACIA), Cambridge University Press, 2004 (accessible at http://amap.no/acia) et GIEC 2007. De récentes études montrent qu'au Groenland la hausse des températures estivales entre 1979 et 2005 a été de 2,4 °C. Voir le site de l'Institut polaire français Paul-Émile Victor http://www.institut-polaire.fr/

145. *Impacts of a Warming Arctic*, *op. cit* ; *L'environnement en Europe : état et perspectives 2005* (Agence européenne pour l'environnement, 2005) ; *Annuaire de l'avenir de l'environnement mondial – GEO 2006*, Division de préalerte et d'évaluation environnementale, Programme des Nations unies pour l'environnement, 2006 ; GIEC 2007.

146. Les conséquences du réchauffement climatique sur les pays en voie de développement et sur les pays développés sont résumées dans *Climate Change Futures : Health, Ecological and Economic Dimensions* (The Center for Health and the Global Environment, Harvard Medical School, 2005). *Poverty and Climate Change : Reducing the Vulnerability of the Poor through Adaptation*, Contribution à la huitième conférence des parties à la Convention-cadre des Nations unies sur les changements climatiques (CCNUCC), octobre 2002 ; *World Resources, 2005 : The Wealth of the Poor – Managing Ecosystems to Fight Poverty*, l'Institut des ressources mondiales (WRI) en collaboration avec le Programme des Nations unies pour le développement (Programme des Nations unies pour l'environnement et la Banque mondiale, 2005). (En français : *Guide de lecture de ressources mondiales : richesse des pauvres – gérer les écosystèmes pour combattre la pauvreté.)*

147. *Challenges to International Waters – Regional Assessments in a Global Perspective* (Programme des Nations unies pour l'environnement, Nairobi, Kenya, 2006) ; Jill Boberg, *Liquid Assets*, *op. cit.* ; *Let it Reign : The New Water Paradigm for Global Food Security* (Agence suédoise pour le développement international, 2005).

148. *Faire face à la pénurie d'eau,* Journée internationale de l'eau 2007, ONU-Eau et FAO, 22 mars 2007 ; David Molden, *Water for Food, Water for Life – Comprehensive Assessment of Water Management in Agriculture*, International Water Management Institute, Earthscan, 2007.

149. Rapport Stern, *op. cit.*

150. Murl Baker *et al.*, *Conflict Timber : Dimensions of the Problem in Asia and Africa*, Rapport final présenté à l'Agence américaine pour le développement international (USAID), ARD, 2003 ; *Agriculture mondiale : horizon 2015/2030.* (Organisation des Nations unies pour l'alimentation et l'agriculture,

2005) ; *Évaluation des ressources forestières mondiales 2005* (Organisation des Nations unies pour l'alimentation et l'agriculture, 2005) ; *Situation des forêts du monde 2001* et *2006* (Organisation des Nations unies pour l'alimentation et l'agriculture, 2001 et 2006).

151. Les données concernant les températures et les précipitations sont tirées du rapport 2001 du GIEC sur le changement climatique. Les données plus spécifiquement européennes proviennent de *Impact of Europe's Changing Climate*, Rapport AEE 2/2004 (Agence européenne pour l'environnement, 2004) ; *Analysis of Post 2012 Climate Policy Scenarios with Limited Participation* (Institute for Prospective Technological Studies, EUR 21758 EN, 2005) ; *Energy and Environment in the European Union* (Agence européenne pour l'environnement, 2002). Il est à noter enfin que l'oscillation nord-atlantique est susceptible de modifier ces tendances de façon intermittente. Voir James Hurell, Yochanan Kushnir, Geir Ottersen et Martin Visbeck, « The North Atlantic Oscillation : Climate Significance and Environmental Impact », *Geophysical Monograph* 134, 2003.

152. La canicule de l'été 2003 a entraîné une diminution de 30 % des récoltes dans le sud de l'Europe (y compris la France et l'Autriche) ; voir *Impact of Europe's Changing Climate*, *op. cit.*

153. « Vulnérabilité et adaptation aux changements climatiques en Europe », Rapport technique n° 7/2005, décembre 2005 (Agence européenne pour l'environnement, 2005). Les vagues de chaleur sont devenues plus fréquentes en Europe au cours des trente dernières années. Selon l'Organisation mondiale de la santé, « L'étude du climat européen confirme que l'Europe a connu un rythme de réchauffement sans précédent au cours des dernières décennies. » *Heat-waves : risks and responses*, Health and Global Environmental Change Series n° 2 (OMS, Bureau régional de l'Europe, 2004).

154. *Progress Towards Achieving the Community's Kyoto Target*, Report from the Commission, COM (2005) 655 final, Brussels, 15 décembre 2005.

155. *A European Strategy for Sustainable, Competitive and Secure Energy : What is at Stake,* Background Paper, Document du groupe de travail de la Commission. Annexe au Livre vert *Une stratégie européenne pour une énergie sûre, compétitive et durable* {COM (2006) 105 final}, SEC (2006) 317/2, Bruxelles, 2006.

156. *Limiter le réchauffement de la planète à 2 degrés Celsius. Route à suivre à l'horizon 2020 et au-delà*, Communication de la Commission au Conseil, au Parlement européen, au Comité économique et social européen et au Comité des régions, Commission européenne, [SEC (2007) 7, SEC (2007) 8], COM (2007) 2 final, Bruxelles, 10 janvier 2007.

157. Directive 2003/87/EC of the European Parliament and of the Council of 13 October 2003 establishing a scheme for greenhouse gas emission allowance trading within the Community and amending Council Directive 96/61/EC ; *Limiter le réchauffement de la planète à 2 degrés Celsius, route à suivre à l'horizon 2020 et au-delà*, Communication de la Commission, *op. cit.*

158. GIEC 2007 ; site Internet de la National Oceanic and Atmospheric Administration (NOAA – http://www.aoml.noaa.gov/hrd/tcfaq/G4.html).

159. L'intensité des gaz à effet de serre a été définie par l'Administration américaine comme étant « le rapport entre les émissions de gaz à effet de serre (GES) et la production économique. Cette nouvelle approche vise avant tout à réduire la croissance des émissions de GES, tout en maintenant une croissance économique suffisante pour financer l'investissement dans des technologies nouvelles et propres. Elle permet aux États-Unis d'amorcer un ralentissement de la croissance des émissions de gaz à effet de serre, de mettre un terme à cette croissance puis de l'inverser. » *Global Climate Change Policy Book*, la Maison-Blanche, février 2002 (http://www.whitehouse.gov/news/releases/2002/02/climatechange.html).

160. *Climate Action Plan*, Climate Action Team Report to Governor Schwarzenegger and the Legislature, California Environmental Protection Agency, mars 2006.

161. *GEO Annuaire 2007 – Tour d'horizon d'un environnement en pleine mutation*, aperçu général 2006, Programme des Nations unies pour l'environnement, 2007. Sur le rôle des Etats fédérés américains, voir Patricio Silva, *Evaluating US States' Climate Change Initiatives*, rédigé pour la conférence « Federalism and US Climate Change Policy, Business and Policy Implications of US States' Climate Actions », CFE-IFRI, Paris, 24 mai, 2004.

162. *Bilan 2001 des changements climatiques : conséquences, adaptation et vulnérabilité,* GIEC, 2001 ; *Changements climatiques 2001 : rapport de synthèse,* GIEC, *op. cit.* Voir également le site de la National Oceanic and Atmospheric Administration : http://www.noaa.gov/ ; Wood Hole Research Center http://www.whrc.org/southamerica/index.htm) et GEO 2007, *op. cit.*

163. *L'avenir de l'environnement mondial 3 – GEO-3*, Programme des Nations unies pour l'environnement, 2002 ; *Challenges to International Waters – Regional Assessments in a Global Perspective…, op. cit.*

164. Sara J. Scherr, *Soil Degradation : A Threat to Developing-Country Food Security by 2020 ?* (Discussion Paper n° 27, International Food Policy Research Institute, Washington D.C., 1999) ; Joachim von Braun *et al.*, *New risks and opportunities for Food Security : Scenario analyses for 2015 and 2050* (Discussion Paper 39, International Food Policy Research Institute, Washington D.C., 2005).

165. Statistiques de l'Organisation mondiale de la santé.

166. GIEC 2007.

167. Les 263 bassins fluviaux internationaux concentrent environ 60 % de l'eau douce mondiale et 40 % de la population du globe. 60 % de ces bassins ne sont pas gérés par une structure internationale. *Challenges to International Waters – Regional Assessments in a Global Perspective…, op. cit.*

168. Les sols arides irrigués constituent déjà une part importante (18 millions d'hectares sur 26 millions) de l'ensemble des terres irriguées du Proche-Orient

et d'Afrique du Nord. De plus, les importations alimentaires couvrent plus de 50 % des besoins locaux, tandis que 80 % des cultures régionales sont tributaires de précipitations irrégulières. Il est par conséquent essentiel d'améliorer les infrastructures en eau. En 2002, l'Arabie saoudite a consacré à ce secteur 1,7 % de son PIB (soit approximativement 3,4 milliards de dollars), tandis que l'Égypte investissait parallèlement 750 millions de dollars en approvisionnement en eau et en assainissement. Concernant l'Égypte, le secteur de l'eau – y compris l'irrigation – représente 20 % du budget de l'État. Les pays du Conseil de coopération du Golfe (CCG) ont investi pas moins de 4,9 milliards de dollars en approvisionnement en eau. Voir *Middle East and North Africa Regional Water Initiative*, Regional Water Initiative Report (Le Groupe Banque mondiale, printemps 2002) ; FAO, *World Agriculture Towards 2015/2030…*, *op. cit.*

169. L'indicateur « PIB vert » adopté par la Chine consiste à déduire du PIB « noir » les coûts liés à la dégradation de l'environnement ; la différence s'élèverait à environ 200 milliards de dollars. « L'energia al potere », *Aspenia*, n° 32, 2006. Voir également Joshua Cooper Ramo, *The Beijing Consensus* (The Foreign Policy Centre, 2004).

170. Selon l'Académie des sciences chinoise (CAS), la superficie totale des déserts de Chine est de 1 570 000 km^2. Les terres arides du nord du pays sont un sujet de préoccupation car une grande partie de ces régions, selon des textes officiels, en sont aux premiers stades de la désertification. Dans la province de Qinghai, au nord-ouest de la Chine, une élévation de la température menace les glaciers. 17 % d'entre eux ont disparu au cours des trente dernières années, entraînant un déficit de 2,39 milliards de m^3 d'eau.

171. Li ZhiDong, « Energy and Environmental Problems behind China's High Economic Growth – A Comprehensive Study of Medium- and Long-term Problems, Measures and International Cooperation », IEEJ, mars 2003, et ministère chinois de l'Environnement, *Report On the State of the Environment In China*, 2004 (http://www.zhb.gov.cn/english/SOE/soechina2004/land.htm) ; Li Chenggui, Wang Hongchun, « China's Food Security and International Trade », *China & World Economy*, n° 4, 2002 ; Yingling Liu, « Shrinking Arable Lands Jeopardizing China's Food Security », Worldwatch Institute, 18 avril 2006.

172. Nathan Nankivell, « The National Security Implications of China's Emerging Water Crisis », *China Brief*, vol. 5, n° 17, The Jamestown Foundation, 2 août 2005.

173. Voir Norman Myers, « Environmental refugees : an emergent security issue », 13e Forum économique, Session III – Environment and Migration, Prague, 23-27 mai 2005. Pour un point de vue plus contrasté, voir Richard Black, « Environmental refugees : myth or reality ? », Working Paper n° 34, disponible sur le site du *Journal of Humanitarian Assistance* (http://www.jha.ac/articles/u034.pdf).

174. Agence de presse Xinhua, 5 mars 2003.

175. Ti Le-Huu, « Natural Disasters : overview of recent trends in natural disasters in Asia and the Pacific », *Water Resources* (Journal ST/ESCAP/SER.C/217, décembre 2005).

176. La région Asie-Pacifique, dont un grand nombre de villes sont situées sur la côte, reste particulièrement vulnérable aux catastrophes naturelles liées à l'eau. Ces dernières ont ainsi coûté la vie à quelque 62 000 personnes entre 2001 et 2005. Voir « Asia-Pacific Regional Document », Forum mondial de l'eau, 16-22 mars 2006. Consultable sur : http://www.worldwaterforum4.org.mx/uploads/TBL_DOCS_107_49.pdf.

177. Voir *The Asian Brown Cloud : Climate and Other Environmental Impacts*, Programme des Nations unies pour l'environnement, Center for Clouds, Chemistry and Climate, UNEP/DEWA/RS.02-3, 2002 ; G.S. Bhalla *et al.*, *Prospects for India's Cereal Supply and Demand to 2020* (International Food Policy Research Institute, Discussion Paper 29, Washington D.C., novembre 1999) ; Mary M. Kent et Sandra Yin, « Controlling Infectious Diseases », *Population Bulletin*, vol. 61, n° 2, juin 2006.

178. Philip S. Anton, Richard Silberglitt et James Schneider, *The Global Technology Revolution*, RAND MR-1307 (Santa Monica, California, 2001) ; Joseph F. Coates, John Mahaffie et Andy Hines, *2025 : Scenarios of US and Global Society Reshaped by Science and Technology* (Oakhill Press, Greensboro, 1998).

179. Selon certaines études, la technologie à base de silicium pourrait durer encore dix à quinze ans. Voir Richard O. Hundley *et al.*, *The Global Course of the Information Revolution : Recurring Themes and Regional Variations*, RAND MR-1680-NIC (Santa Monica, California, 2003). D'autres spécialistes, dont Gordon Moore lui-même, estiment que les limites fondamentales de la taille d'un transistor seront atteintes vers 2015-2025. Voir Manek Dubash, « Moore's Law is dead says Gordon Moore », *Techworld*, 13 avril 2005.

180. L'exploitation du spin des électrons pour augmenter la puissance de calcul – ou « spintronique » – pourrait voir le jour peu après. Voir Michael Kanellos, « Intel sketches out nanotechnology road map », news.com, 25 octobre 2005. Disponible sur http://news.com.com/2102-1006_3-5424766.html?tag=st.util.print.

181. Les informations concernant le « Cascade project » sont tirées de « Cray Fact Sheet », octobre 2005, consultable sur le site : http://www.cray.com/downloads/cray_factsheet.pdf.

182. Voir l'article « Nanotechnology-Enabled Memory Market to Surpass $7 Billion in 2010, Says New NanoMarkets Report », Nanotechwire.com, 6 février 2006. Consultable sur http://nanotechwire.com/news.asp?nid=2879.

183. La capacité des bandes passantes se mesurera certainement en gigaoctets par seconde (Go/s). Les avancées dans le domaine du wifi et de l'ultra-wideband (UWB) permettront également de télécharger des quantités de données considérables sur des appareils portables. Les technologies miroirs (copies de données) peuvent donner l'illusion d'une large bande passante sans qu'il soit nécessaire de faire transiter les informations par des réseaux. Voir Michael

Rader *et al.*, « Key Factors Driving the Future Information Society in the European Research Area », Technical Report Series, European Commission, Institute for Prospective Technological Studies, Joint Research Centre, septembre 2004.

184. Ian Foster, « The Grid : Computing without Bounds », *Scientific American*, vol. 288, n° 4, avril 2003. Pour plus de données sur l'informatique en réseau, voir http://www.gridcomputing.com/ ; « Key Factors Driving the Future Information Society in the European Research Area », *op. cit.* ; « Platform 2015 : Intel Processor and Platform Evolution for the Next Decade », Livre blanc Intel, 2005.

185. Parmi les secteurs qui génèrent le plus de recettes figurent les applications nanotechnologiques dans le domaine du polissage mécano-chimique, des supports d'enregistrement magnétique, des crèmes solaires, des supports de catalyseurs pour automobiles, du biomarquage, des revêtements électroconducteurs et des fibres optiques. Voir la partie du site de la NNI consacrée aux applications et produits, consultable sur http://www.nano.gov/html/facts/appsprod.html.

186. Fürgen Altmann, « Military Uses of Nanotechnology : Perspectives and Concerns », *Security Dialogue*, vol. 35, n° 1, pp. 61-79, mars 2004 ; John Teresko, « Get Ready for the Age of Nanotechnology », Forbes.com, octobre 2003, consultable sur http://www.forbes.com/2003/10/02/1002 nanotechnologypinnacor_print.html.

187. Philip S. Anton *et al.*, *The Global Technology Revolution*, *op. cit.* ; d'après des chiffres cités dans « Nanotechnology in Health Care », The Freedonia Group, mai 2005, accessibles sur *Nanotechnology Now* : http://www.nanotechnow.com/news.cgi?story_id=09445 (30 janvier 2006).

188. D'après la définition statistique de la biotechnologie donnée par l'OCDE. Voir http://www.oecd.org/document/42/ 0,2340,en_2649_37437_1933994_1_1_1_37437,00.html.

189. Par exemple, les avancées en biotechnologie industrielle pourraient déboucher sur des technologies plus économiques capables de transformer la biomasse renouvelable (comme les cultures) en biocarburant. « Biotechnologies to 2025 », rapport préparé pour les organismes néo-zélandais par le ministère de la Recherche, de la Science et de la Technologie, janvier 2005. Consultable sur http://www.morst.govt.nz/uploadedfiles/Biotechnology/FutureWatch BookFull.pdf. ; Philip S. Anton *et al. The Global Technology Revolution*, *op. cit.*

190. « Biotechnologies to 2025 », *op. cit.*

191. Andrew Pollack, « Genetically-engineered Crops : The Next Generation », *The International Herald Tribune*, 15 février 2006.

192. « Biotechnologies to 2025 », *op. cit.*

193. Ce chapitre ne tient pas compte des investissements actuels en R & D susceptibles de porter leurs fruits après 2025 (tels les projets de fusion nucléaire).

Dans le secteur public, la R & D est généralement orientée vers la recherche fondamentale et l'élaboration à long terme de nouvelles technologies, alors que le secteur privé privilégie la mise au point et le déploiement de technologies existantes à court et à moyen terme. Voir Brian S. Fisher *et al.*, « Technological development and economic growth », *Abare Research Report*, janvier 2006.

194. *Rapport de l'UNESCO sur la science 2005*, Paris 2005. Pour plus de données concernant l'UE, voir « Creating an Innovative Europe », Rapport du groupe d'experts indépendants sur la R & D et l'innovation nommé à la suite du sommet de Hampton Court, janvier 2006. Accessible sur http://europa.eu.int/invest-in-research/.

195. Ping Zhou et Loet Leydesdorff, « The Emergence of China as a Leading Nation in Science », Document d'orientation à paraître sur : www.leydesdorff.net/ChinaScience/ChinaScience.pdf.

196. Les cinq premiers utilisateurs du système de brevetage international ont été les États-Unis, le Japon, l'Allemagne, la France et le Royaume-Uni. En 2005, les États-Unis représentaient 33,6 % (en hausse de 3,8 % par rapport à 2004) de l'ensemble des demandes de brevet. À titre de comparaison, le Japon, la République de Corée et la Chine totalisaient 24,1 % des demandes en 2005. « Exceptional Growth from North East Asia in Record Year for International Patent Filings », Organisation mondiale de la propriété intellectuelle (OMPI), communiqué de presse n° 436, Genève, 3 février 2006. Accessible sur : http://www.wipo.int/edocs/prdocs/en/2006/wipo_pr_2006_436.html?printable=true.

197. Michael Kanellos, *op. cit.*

198. « The National Nanotechnology Initiative : Research and Development Leading to a Revolution in Technology and Industry », Supplément à l'exercice budgétaire 2006 du président, mars 2005.

199. Cette somme ne comprend pas les financements à l'échelle des États membres de l'UE. « Key Factors Driving the Future Information Society in the European Research Area », *op. cit.*

200. Ping Zhou et Loet Leydesdorff, *op. cit.* Voir également Carsten A. Holz, *China's Economic Growth 1978-2025 : What We Know Today about China's Growth Tomorrow*, Centre on China's Transnational Relations, Working Paper n° 8, université de science et de technologie de Hong Kong, juillet 2005.

201. *Rapport de l'UNESCO sur la science 2005*, Paris 2005. *Academic Rankings of World Universities 2005* (« Classement académique des universités mondiales 2005 ») publié par l'Institute of Higher Education, université Jiao Tong de Shanghai. Consultable sur http://ed.sjtu.edu.cn/rank/2005/ARWU2005TOP500list.htm.

202. Un dialogue international portant sur les meilleurs moyens de garantir un développement responsable des nanotechnologies a été entamé. On peut consulter le compte rendu de la première réunion de travail (2003) sur le site : http://www.nano.gov/nni_societal_implications.pdf.

203. Philip S. Anton *et al.*, *The Global Technology Revolution*, *op. cit.* ; « Biotechnologies to 2025 », *op. cit.*

204. Pour une excellente étude des IDE en Russie, voir *Russia : Investment Destination* (Conseil consultatif des investissements étrangers – FIAC, mars 2005) : http://www.pbnco.com/fiacsurvey/.

205. *Eurasia 2020. Global Trends. 2020 Regional Report* (en liaison avec le NIC 2020 Project) avril 2004 : www.dni.gov/nic/PDF_GIF_2020_Support/2004_04_25_papers/eurasia_summary.pdf. Sur la « poussée des jeunes », voir « Youth in Central Asia : Losing the New Generation, » International Crisis Group, *Asia Report* n° 66, octobre 2003. Par exemple, l'Ouzbékistan a affiché une croissance démographique moyenne de 3 % par an ; voir http://www.umid.uz/Main/Uzbekistan/Population/population.html.

206. L'importance de l'islam, aux plans culturel et religieux, a grandi depuis l'effondrement de l'URSS dans toute l'Asie centrale et dans certaines parties de la Russie. Cette montée en puissance s'est également accompagnée par la multiplication de groupes islamiques politiques radicaux qui ont remis en cause l'autorité de l'État dans plusieurs régions depuis 1992 (par exemple, pendant la guerre civile au Tadjikistan de 1992 à 1997, en Ouzbékistan en 1999 et en 2000, et dans le Nord-Caucase russe pendant les première et seconde guerres de Tchétchénie).

207. Concernant cette question pour l'Asie centrale, voir « Is Radical Islam inevitable in Central Asia ? Priorities for Engagement », International Crisis Group, *Asia Report*, n° 72, décembre 2003.

208. Voir *Growth, Poverty and Inequality in Eastern Europe and the Former Soviet Union* (Rapport de la Banque mondiale sous la direction d'Asad Alam, octobre 2005), accessible sur : http://web.worldbank.org/wbsite/external/countries/ecaext/0,,contentMDK :20627214~pagePK :146736~piPK :146830~theSitePK :258599,00.html.

209. Selon le Rapport mondial du PNUD sur le développement 2005, le Tadjikistan a obtenu les plus mauvais résultats pour 2005 en Europe orientale et dans la CEI, à la 122e place sur 177 pays, suivi par le Kirghizistan à la 109e place, la Moldavie à la 115e, la Géorgie à la 100e, l'Ukraine à la 78e et la Russie à la 62e. Voir le *Rapport mondial sur le développement humain 2005*, http://hdr.undp.org/statistics/data/countries.cfm.

210. Pour une vue d'ensemble, voir Mark Galeotti (dir.), *Russian and Post-Soviet Organized Crime* (Ashgate, 2002) et sur l'Asie centrale en particulier, voir Erica Marat, « Impact of Drug Trade and Organized Crime on State Functioning in Kyrgyzstan and Tajikistan », *China and Eurasia Forum Quarterly*, vol. 4, n° 2, 2006.

211. *Russian Economic Report* – avril 2006 (Bureau russe de la Banque mondiale, Economics Unit).

212. Jan Leijonhielm et Robert L. Larsson, *Russia's Strategic Commodities : Energy and Metals as Security Levers*, Swedish Defence Research Agency, novembre 2004, p. 14. Voir sur la problématique du gaz http://eng.gazprom-

questions.ru/page7.shtml. Voir également : Marina Kim, « Russian Oil and Gas. Impacts on Global Supplies to 2020 », *Australian Commodities*, vol. 12, n° 2, juin 2005 et, par exemple, AIE, *World Energy Outlook 2005*, *op. cit.*

213. Voir Dominic Wilson et Roopa Purushothaman, *Dreaming with BRICs : The Path to 2050*, Global Economics Paper n° 99, Goldman Sachs, 1er octobre 2003.

214. « Russia's Wrong Direction : What the United States Can and Should Do » (Conseil des relations étrangères, mars 2006).

215. Fareed Zakaria, « The Rise of Illiberal Democracy », *Foreign Affairs,* vol. 76, n° 6, novembre-décembre 1997.

216. Le cas le plus intéressant est celui de la région de Primorskii Krai : située à la frontière avec la Chine, elle a resserré ses liens économiques avec ce pays, et le nombre de visites de ressortissants chinois vers la Fédération russe pour des motifs économiques s'est accru. Pour les premières tendances, voir Mikhail A. Alexseev, *Instrumental Internationalisation : Regional Foreign and Security Policy Interests in Primorskii Krai* (Swiss Federal Institute of Technology, Working Paper n° 18, mars 2002, Zurich).

217. Voir Russia *Country Analysis* (Energy Information Administration, American Government : http://www.eia.doe.gov/cabs/Russia/Background.html.

218. Andrew Dean, *Challenges for the Russian Economy* (Département économique de l'OCDE, Moscou, 7 juillet 2004).

219. En 2006, le Fonds de stabilisation a atteint 62 milliards de dollars. Voir « The Russian bear is back and this time it's gas-powered », *The Guardian*, 13 mai 2006, et *BOFIT Russia Reviews* (Banque de Finlande ; http://www.bof.fi/).

220. Christian Cleutinx, *Le Dialogue énergétique UE-Russie* (Direction générale de l'énergie et des transports, Commission européenne, Vienne, décembre 2003).

221. Sous Vladimir Poutine, le respect de la Russie vis-à-vis des droits de la propriété intellectuelle s'est considérablement amélioré. Toutefois, le renforcement de la mainmise de l'État sur certains éléments du secteur énergétique a affaibli les droits de propriété étrangers dans ce secteur crucial.

222. Sur cette question, voir Stephan Barisitz, *The Evolution of the Russian Banking Sector since Perestroika* (Banque centrale, république d'Autriche, 2004 : http://www.oenb.at/en/geldp_volksw/zentral_osteuropa/banksecfmstab/barisitz_1_2004.jsp).

223. La corruption est considérée comme le plus grand obstacle à l'investissement direct étranger en Russie ; voir *Russia : Investment Destination* (Conseil consultatif des investissements étrangers – FIAC, mars 2005) : http://www.pbnco.com/fiacsurvey/.

224. Des échanges naissants dans le secteur de l'énergie vont probablement renforcer les relations entre la Russie et les États-Unis, même si l'échelle des

exportations énergétiques russes prévues vers les États-Unis restera inférieure à celles destinées à l'Europe.

225. Au cours de la flambée actuelle des prix du pétrole, seules 25 % des recettes supplémentaires à l'exportation ont été dépensées (contre 60 % pendant le boom de 1973). Plusieurs pays ont choisi de consacrer ces recettes supplémentaires à la réduction de leur dette extérieure. Voir *« Middle East and North Africa. Economic and Development Prospects 2005 : Oil Booms and Revenue Management »,* bureau de l'économiste en chef, région du Moyen-Orient et d'Afrique du Nord, Banque mondiale, 2005. Cet important rapport traite de certains éléments abordés dans ce chapitre.

226. *Ibid.*

227. Le secteur privé représente en moyenne moins de 50 % du PIB et se concentre sur un petit nombre de grandes entreprises et un grand nombre de micro-entreprises. Le secteur public fournit en moyenne un tiers des emplois de la région. Cette proportion s'échelonne de 10 % au Maroc à 93 % au Koweït. *Ibid.*

228. Soit 0,9 % des IDE mondiaux et 3,8 % des IDE dirigés vers les pays en développement. Voir *Global Development Finance : The Development Potential of Surging Capital Flows* (The World Bank, Washington D.C., 2006).

229. Entre 2003 et 2004, les exportations ont représenté de 70 % à 80 % des recettes de l'Arabie saoudite. Avec le gaz, les exportations énergétiques correspondent à 40 % du PIB de l'Arabie saoudite et du Koweït, et de 40 % à 50 % de celui de l'Algérie. Quant à l'Iran, les exportations d'hydrocarbures représenteraient de 40 % à 50 % du budget de l'État. Voir Energy Information Administration, *Country Analysis Briefs* (http://www.eia.doe.gov/) et le *CIA World Fact Book* (http://www.cia.gov/cia/publications/factbook/geos/ag.html).

230. Martin Baldwin-Edwards, *Migration in the Middle East and Mediterranean*, Étude régionale préparée pour la Commission mondiale sur les migrations internationales, Mediterranean Migration Observatory, janvier 2005.

231. Dans certains cas, comme celui de l'Arabie saoudite, les deux tendances sont liées. D'une part, l'Arabie saoudite prévoit de réduire la part de ses immigrants à 20 % des effectifs actuels. D'autre part, sa propre population devrait quasiment doubler au cours des vingt prochaines années, ce qui exercera des tensions considérables sur une économie qui dépend du pétrole.

232. *Unlocking the Employment Potential in the Middle East and North Africa* (Banque mondiale, Washington D.C., 2005).

233. Il est intéressant de noter, par exemple, que les exportations hors pétrole de l'ensemble de la région MOAN sont inférieures aux exportations de la Finlande. Voir Daniel Muller-Jentsch. 2005, « Deeper Integration in Trade Services in the Euro-Mediterranean Region : Southern Dimensions of the European Neighborhood Policy », Draft Working Paper (Banque mondiale, Washington D.C., 2005).

234. La demande en eau est d'environ 200 km³ par an, alors que les ressources en eau renouvelable s'élèvent à quelque 335 km³/an. Autrement dit, selon un expert, « le rythme d'exploitation actuel des eaux souterraines de la région MOAN ne peut être considéré comme viable à longue échéance car il dépasse de loin le rythme du remplissage et appauvrira assez rapidement les aquifères ». Mamdouh Nasr, « Assessing Desertification in the Middle East and North Africa : Policy Implications », *in* Hans Günter Brauch *et al.* (dir.), *Security and the Environment in the Mediterranean : Conceptualising Security and Environmental Conflicts* (Springer Verlag, Berlin-Heidelberg, 2003).

235. Les importations alimentaires couvrent déjà plus de 50 % des besoins locaux, alors que 80 % des cultures régionales sont tributaires de précipitations irrégulières.

236. Fred Halliday, *The Middle East in International Relations : Power, Politics and Ideology* (Cambridge University Press, 2005), p. 154-164.

237. Par démocratisation, nous entendons l'adoption et la mise en place de systèmes parlementaires comportant des élections régulières et le respect de la liberté de la presse dans les pays de la région MOAN ; la démocratisation débouche alors sur le parlementarisme, ce qui est différent de la démocratie libérale. Concernant l'« islamisation », nous proposons, comme Günter Seufert, de l'entendre comme tous les actes et attitudes qui visent à reconnaître la religion musulmane comme le pouvoir qui structure la politique, la société et l'économie. Cf. Günter Seufert, *Politischer Islam in der Türkei. Islamismus als Symbolische Repräsentation einer sich modernisierenden muslimischen Gesellschaft* (Beiruter Texte und Studien 67/Türkische Welten 5, Istanbul/Stuttgart 1997), p. 25, note 1.

238. L'ouvrage de référence sur l'évolution future de l'islamisme est : Olivier Roy, *L'Islam mondialisé* (Seuil, Paris, 2002). Pour une autre interprétation, voir Ahmad S. Mousalli, *Islamic Fundamentalism : Myths and Realities* (Ithaca, Reading, 1998) ; pour une analyse complète sur la problématique de l'emploi des termes « fondamentalisme », « islamisme », etc., voir Gilbert Achcar, « Maxime Rodinson on Islamic "Fundamentalism" », *Middle East Report*, vol. 34, n° 233, hiver 2004, p. 2-4.

239. L'ouvrage de référence reste Richard P. Mitchell, *The Society of the Muslim Brotherhood*, (Oxford University Press, 1969, réédition 1993).

240. Sur l'état de la démocratisation, voir Ghassan Salamé (dir.), *Democracy Without Democrats ? The Renewal of Politics in the Muslim World* (I.B. Tauris, Londres-New York, 1994) ; sur le débat politique en cours, voir Sigrid Faath (dir.), *Politische und gesellschaftliche Debatten in Nordafrika, Nah- und Mittelost. Inhalte, Träger, Perspektiven* (DOI Mitteilungen 72, Hamburg 2004). Sur la démocratisation dans le monde arabe, voir Alan Richards, « Democracy in the Arab Region : Getting There from Here », *in Middle East Policy*, vol. XII, n° 2, été 2005, p. 28-36.

241. Voir par exemple la table ronde : « Democracy : Rising Tide or Mirage ? » *in Middle East Policy*, vol. XII, n° 2, printemps 2005, p. 1-27 ; Jillian Schwedler et Laryssa Chomiak, « And the Winner Is... Authoritarian Elections in

the Arab World », *Middle East Report*, vol. 36, n° 238, printemps 2006, p. 12-19.

242. Gilles Kepel, *Jihad : Expansion et déclin de l'islamisme* (Gallimard, Paris, 2000) ; Fawaz A. Gerges, *The Far Enemy. Why Jihad Went Global* (Cambridge University Press, New York, 2005). John L. Esposito, *Unholy Wars : Terror in the Name of Islam* (Oxford University Press, New York 2002).

243. Parmi les innombrables ouvrages sur Al-Qaida, les indispensables sont les suivants : Marc Sageman, *Le Vrai Visage des terroristes : psychologie et sociologie des auteurs du djihad* (Denoël, Paris, 2005) ; Peter Bergen, *Holy War Inc. : Inside the Secret World of Osama bin Laden* (Free Press, New York, 2002) ; Karen J. Greenberg, *Al Qaeda Now. Understanding Today's Terrorists* (Cambridge University Press, 2005) ; Gilles Kepel et Jean-Pierre Milleli, *Al-Qaida dans le texte* (Presses universitaires de France, Paris, 2005).

244. Concernant la question kurde, les études suivantes font autorité : Martin van Bruinessen, *Agha, Sheikh and State. The Social and Political Structures of Kurdistan* (Zed Books, Londres 1992) ; Hamit Bozarslan, *La Question kurde, États et minorités au Moyen-Orient* (Presses de Sciences Po, Paris, 1997) ; David McDowall, *A Modern History of the Kurds* (I.B. Tauris, Londres, 1997) ; Martin Strohmeier et Lale Yalçin-Heckmann, *Die Kurden. Geschichte, Politik, Kultur* (C.H.Beck, Munich, 2000). Le livre de référence *Les Kurdes et le Kurdistan,* de Gérard Chaliand (dir.) (Maspero, Paris, 1978) est aujourd'hui dépassé.

245. Sur la définition des États *de facto*, voir Dov Lynch, *Engaging Eurasia's Separatist States. Unresolved Conflicts and De Facto States* (United States Institute of Peace, Washington D.C., 2004) ; sur le Kurdistan irakien, voir Gareth Stansfield, *Iraqi Kurdistan : Political Development and Emergent Democracy* (Routledge, Londres, 2003) ; Brendan O'Leary, John McGarry et Khaled Salih (dir.), *The Future of Kurdistan in Iraq* (University of Pennsylvania Press, Philadelphia, 2005).

246. M. Hakan Yavuz et Nihat Ali Özcan, « The Kurdish Question in Turkey », in *Middle East Policy*, vol. XIII, n° 1, printemps 2006, p. 102-119 ; Henri J. Barkey et Graham Fuller, *Turkey's Kurdish Question* (Rowman and Littlefield, New York, 1998) ; Robert Olson (dir.), *The Kurdish Nationalist Movement in the 1990s : its Impact on Turkey and the Middle East* (University Press of Kentucky, Lexington, 1996) ; Robert Olson, *The Kurdish Question and Turkish-Iranian Relations. From World War I to 1998* (Mazda Publishers, Costa Mesa, 1998).

247. Voir Kaveh Bayat, « The Ethnic Question in Iran », *in Middle East Report*, n° 237, Hiver 2005, p. 42-5.

248. Voir Bernard Hourcade, « Iran's internal security challenges » *in* Posch, Walter (dir.), *Iranian Challenges*, *Cahiers de Chaillot* n° 89 (IES-UE, Paris, mai 2006), p. 41-59 ; voir également Marie Ladier-Fouladi, « Population et politique en Iran. De la monarchie à la république islamique », *Les Cahiers de l'INED*, n° 150 (Institut national d'études démographiques, Paris, 2003).

249. Voir le compte rendu du symposium « A Shia Crescent ? », *in Middle East Policy*, vol. XII, n° 4, hiver 2004, p. 1-27 ; Graham Fuller et Rend Rahim Francke, *The Arab Shi'a. The Forgotten Muslims* (New York, 1999) ; pour une bonne introduction au sujet, voir Heinz Halm, *Die Schia* (Wissenschaftliche Buchgesellschaft, Darmstadt, 1988) ; Rainer Brunner et Werner Ende (dir.), *The Twelver Shia in Modern Times. Religious Culture and Political History* (Brill, Leiden, 2001).

250. On trouvera une analyse concise de ce problème dans Vickie Langohr, « Experiments in Multi-Ethnic and Multi-Religious Democracy », *in Middle East Report*, n° 237, vol. 35, 4, p. 4-7.

251. C'est-à-dire 18 milliards de dollars en 2005. *Global Development Finance : The Development Potential of Surging Capital Flows* (Banque mondiale, Washington D.C., 2006).

252. En 2005, le pourcentage d'Africains vivant avec moins de 1 dollar par jour a atteint le record historique de 46 %. Ce chiffre peut être contesté, mais il fournit un élément de comparaison avec la situation des autres continents.

253. Le paludisme est la maladie qui fait actuellement le plus de ravages en Afrique. Les cas de paludisme pourraient augmenter ou reculer dans les vingt prochaines années, selon l'efficacité des traitements et les politiques de santé publique. Le VIH contamine 9 % de l'ensemble de la population africaine, ce qui représente 70 % des infections à VIH dans le monde. Des épidémiologistes ont toutefois tendance à considérer que l'épidémie a atteint son plus haut niveau en Afrique, alors qu'elle commence à peine à se propager en Asie – en particulier en Inde et en Chine.

254. À l'heure actuelle, l'aide publique au développement (APD) vers l'Afrique s'élève à 26 milliards de dollars, y compris l'allègement de la dette (qui représente 5 milliards de dollars pour le seul Nigeria) ainsi que les aides financières d'urgence et à la reconstruction.

255. World Investment Report (Conférence des Nations unies sur le commerce et le développement [CNUCED], 2004) ; *Economic Development in Africa, Rethinking the Role of Foreign Direct Investment* (CNUCED, 2005).

256. Perspectives économiques mondiales 2006 – Implications économiques des envois de fonds et de la migration (Banque mondiale, 2006).

257. Un chiffre qui n'est pas nettement plus élevé en Afrique que dans nombre de pays d'Asie et d'Amérique latine. Voir par exemple *Global Corruption Report 2006*, Transparency International, 2006. Consultable en ligne sur le site : http://www.transparency.org/publications/gcr. Voir également *The Africa in 2020 Workshop*, US National Intelligence Council, 16 mars 2004.

258. Les producteurs de pétrole africains représentent 28 % des importations chinoises et 15 % des importations américaines. Ces dernières pourraient atteindre 25 % d'ici à 2015.

259. *African Economic Outlook 2005/2006* (OCDE, Paris, 2006).

260. *Global Development Finance…*, *op. cit.*

261. À titre d'exemple, la politique de « Regard vers l'Est » menée par le président Mugabe au Zimbabwe encourage les importations de produits chinois et entraîne d'ores et déjà un affaissement de l'industrie manufacturière zimbabwéenne.

262. Au sein de l'appareil d'État, les forces de sécurité et les services de renseignements veillent à ce que l'économie de rente profite aux dirigeants. C'est le cas de l'Angola, du Soudan, du Congo, du Tchad, de la Guinée équatoriale et du Nigeria avec le pétrole ; de la Guinée, de la République démocratique du Congo (RDC) et du Gabon pour les minerais ; de la Côte d'Ivoire et du Rwanda pour les exportations agricoles, etc.

263. L'Afrique du Sud fait figure d'exception. Le pouvoir judiciaire indépendant du Zimbabwe a été finalement assujetti par la présidence.

264. Proverbe d'Afrique centrale (entre autres).

265. Comme le montre l'évolution de la situation au Nord-Soudan, en Éthiopie, en Côte d'Ivoire, en RDC, dans la région de production pétrolière du Nigeria, etc.

266. Ce problème est très ancien. Au début de la colonisation, les armées coloniales servaient souvent d'alliées dans les luttes de pouvoir africaines ; pendant la guerre froide, les alliances et les renversements d'alliances avec les puissances occidentales et l'URSS ont fourni les moyens nécessaires pour installer des régimes autoritaires dans la plupart des pays africains. À la fin des années 1980, les réformes économiques et les privatisations ont souvent été instrumentalisées par les luttes de pouvoir locales (comme en Côte d'Ivoire pour la filière cacao).

267. Voir entre autres James Ferguson, *The Anti-Politics Machine, « development », depoliticization and bureaucratic power in Lesotho* (University of Minneapolis Press, Minneapolis, 1994) et Peter Uvin, *Aiding Violence : The Development Entreprise in Rwanda* (Kumarian Press, West Hartford, 1998).

268. Rapporté à la même échelle démographique, le nombre de victimes en Côte d'Ivoire est inférieur à celui du sud de la Thaïlande. L'Ituri, la région de RDC qui connaît les plus violents combats, avait une population comparable à celle de la Bosnie, et les conflits y ont été jusqu'ici d'une durée similaire : le bilan est pourtant de trois à quatre fois inférieur.

269. C'est ainsi le cas du Zimbabwe, avec des mesures à l'encontre des ressortissants blancs. Des phénomènes semblables visent de plus en plus des Français blancs en Afrique de l'Ouest ou des Chinois dans les régions où leur présence s'est récemment accrue. L'Angola est l'un des rares pays qui parvient à éviter les tensions raciales. Dans les provinces africaines, un clivage existe souvent entre les « natifs » d'une province et les « non-natifs ».

270. Comme en RDC (Katanga, Kivu), au Soudan (Darfour, l'est et le sud du Soudan), en Côte d'Ivoire (à l'ouest du pays) ou au Zimbabwe avec son « clivage racial ».

271. Comme dans le cas du génocide rwandais en 1994, qui n'aurait pas pu avoir lieu sans des structures administratives très efficaces.

272. Il est à noter, cependant, que les trois quarts de la hausse de dépenses en R & D consentie par le gouvernement américain depuis 2001 a été affectée au secteur de la défense. Voir *Science, technologie et industrie – Tableau de bord de l'OCDE 2005 (OCDE,* 2005). Accessible en ligne sur : ttp ://caliban.sourceoecd.org/vl=10771102/cl=17/nw=1/rpsv/scoreboard/.

273. *Academic Rankings of World Universities 2005 (Classement académique des universités mondiales 2005)* publié par l'Institute of Higher Education, université Jiao Tong de Shanghai ; « Dynamic Sectors give global growth centres the edge », Deutsche Bank Research, octobre 2005.

274. John Williamson, « What Follows the USA as the World's Growth Engine ? », *India Policy Forum*, India Policy Forum Public Lecture, 25 juillet 2005.

275. William R. Cline, *The Case for a New Plaza Agreement*, Policy Briefs in International Economics, Institute for International Economics, décembre 2005, et *Études économiques de l'OCDE – États-Unis* – Volume 2005, OCDE, 2005.

276. Kevin Phillips, *American Theocracy : The Peril and Politics of Radical Religion, Oil, and Borrowed Money in the 21st Century* (Viking, New York, 2006).

277. Andrew Kohut et Bruce Stokes, *America Against the World : How We are Different* (Times Books, New York, 2006).

278. Voir le rapport, « Unauthorised Migrants : Numbers and Characteristics », Pew Hispanic Centre, 14 juin 2005.

279. Par exemple, 73,6 % des immigrants nés au Mexique ne maîtrisaient pas l'anglais et 43 % étaient « linguistiquement isolés ». La deuxième génération d'immigrants connaît également des difficultés linguistiques. Samuel P. Huntington, « The Hispanic Challenge », *Foreign Policy*, n° 141, mars-avril 2004.

280. « The Debate Over Immigration Reform », *The New York Times*, 9 juin 2006. « Bush's Speech on Immigration – Transcript », *The New York Times*, 15 mai 2006.

281. Thomas Piketty et Emmanuel Saez, « The evolution of top incomes : a historical and international perspective », *American Economic Review*, 2006, cité dans « Special report : Inequality in America », *The Economist*, 17 juin 2006.

282. Arthur B. Kennickell, « A rolling tide : changes in the distribution of wealth in the US, 1989-2001 », Levy Institute Working Paper 393, novembre 2003, cité par Jacques Mistral et Bernard Salzman dans « La préférence américaine pour l'inégalité », *En temps réel*, Cahier 25, 2006.

283. Pew Research Center for the People and the Press, *Survey of Religion*, juillet 2005.

284. Pew Research Center, *Survey of Foreign Policy*, juillet 2004 ; Kohut et Stokes, *op. cit.,* p. 115.

285. William Kristol et Robert Kagan, « Towards a Neo-Reaganite Foreign Policy », *Foreign Policy*, vol. 75, n° 4, juillet-août 1996, p. 18-32.

286. James A. Baker III et Lee H. Hamilton, *The Iraq Study Group Report* (Vintage Books, Random House, New York, décembre 2006).

287. « Bush offers Europe a defence of Iraq policy », *International Herald Tribune*, 22 juin 2006.

288. Kohut et Stokes, *op. cit.,* p. 30.

289. Pew Research Center for the People and the Press, *Foreign Policy Attitudes*, juillet 2005.

290. Marcin Zaborowski, « US China Policy : Implications for the EU », IES-UE, Paris, octobre 2005. Pierre-Antoine Braud, « La Chine en Afrique : Anatomie d'une nouvelle stratégie chinoise », IES-UE, octobre 2005. Accessible sur : http://www.iss.europa.eu/new/analysie.html.

291. Avant d'accéder au pouvoir puis pendant la première année de son mandat, le président George Bush préconisait une politique plus ferme vis-à-vis de la Chine et critiquait la « méthode plus douce » de son prédécesseur. Mais, par la suite, aucun changement notable de politique n'est intervenu. Pour un point de vue « anti-chinois » type, voir Edward Timperlake et William C. Triplett III, *Red Dragon Rising : Communist China's Military Threat to America* (Regnery, Washington D.C., 2002).

292. « President Bush Delivers State of the Union Address », la Maison Blanche, Office of the Press Secretary, 31 janvier 2006. Marcin Zaborowski, « Softer Bush Exports Foreign Policy Dilemma to Europe », *European Voice*, 9-15 février 2006.

293. Voir le rapport du *National Energy Policy Development Group* de 2001, qui mettait l'accent sur la nécessité de renforcer les liens économiques et politiques entre les États-Unis et l'Afrique, l'objectif étant d'installer un climat plus favorable au commerce et à l'investissement américains dans le secteur énergétique. Il est à noter, cependant, que le plus grand bénéficiaire des investissements américains – l'Afrique du Sud – n'est pas un pays doté de richesses pétrolières, mais un pays dont l'économie est en plein essor.

294. Certains éléments de cette forme de politique étrangère prospective sont exposés dans Francis Fukuyama, *After the Neocons : America at the Crossroads* (Yale University Press, 2006).

295. Philip H. Gordon, « America's Role in the World : Searching for Balance », in Marcin Zaborowski (dir.), *Friends Again ? EU-US Relations After the Crisis* (IES-UE, Paris, 2006).

296. En 2004, les stocks d'IDE en Chine et à Hong Kong s'élevaient à près de 700 milliards de dollars. Voir *World Investment Report : Transnational Corporations and the Internationalization of R & D* (CNUCED, Nations unies, 2005).

297. Andrew Small, *Preventing the Next Cold War : A View from Beijing* (The Foreign Policy Centre, Londres, 2005).

298. Philip Andrews-Speed, « China's energy policy and its contribution to international stability », *in* Marcin Zaborowski (dir.), *Facing China's Rise : Guidelines for an EU Strategy*, Cahiers de Chaillot n° 94 (IES-UE, Paris, décembre 2006).

299. Pour un bref récapitulatif de la quête dynamique menée par la Chine pour trouver de nouvelles ressources, voir *Energy Policy Act*, 2005, *op. cit.*

300. Ce projet vise à relier les grands bassins fluviaux aux régions consommatrices d'eau. Il a été envisagé de construire trois canaux reliant le fleuve Yangtze à la Chine de l'Ouest et du Nord, pour un coût approximatif de 61,6 milliards de dollars. Agence de presse Xinhua, 5 mars 2003.

301. Jim O'Neill, Sun Bae Kim et Mike Buchanan, *Globalisation and Disinflation – Can Anyone Else « Do a China » ?*, Goldman Sachs Economic Research Global Economics Paper, n° 147, 5 octobre 2007.

302. C. Fred Bergsten, Bates Gill, Nicholas R. Lardy, Derek J. Mitchell, *China : The Balance Sheet. What the World Needs to Know Now about the Emerging Superpower* (Center for Strategic and International Studies et Institute for International Economics, Public Affairs, New York, 2006).

303. *Étude économique de la Chine, 2005* (OCDE, Paris, 2005).

304. Minxin Pei, « The Dark Side of China's Rise », *Foreign Policy*, mars-avril 2006.

305. La restructuration du secteur bancaire est déjà bien engagée. Les entrées récentes d'IDE sont un élément positif pour les perspectives à long terme du secteur bancaire national. À l'inverse, la Chine connaît encore de graves problèmes de corruption. Selon Pei, en 2004, plus de 170 000 représentants et membres du Parti étaient impliqués dans des scandales de corruption, mais seuls 3 % d'entre eux faisaient l'objet de poursuites, ce qui entraînerait un fort taux d'impunité et un état de droit chancelant. Voir Guonan Ma, « Who Pays China's Bank Restructuring Bill ? », Document de travail du CEPII 2006-04, et Pei, *op. cit.*

306. Christopher J. Forster, *China's Secret Weapon ? Science Policy and Global Power* (The Foreign Policy Centre, 2006) et Joshua Cooper Ramo, *op. cit.*

307. Ross Terrill, *The New Chinese Empire* (Basic Books, New York, 2003).

308. Zhen Bijian, « "Peacefully Rising" to Great-Power Status », *Foreign Affairs*, vol. 84, n° 5, septembre-octobre 2005.

309. Cooper Ramo *(op. cit.)* a créé l'expression « consensus de Beijing » pour distinguer le modèle de développement chinois des modèles plus traditionnels recommandés par le FMI et la Banque mondiale. Selon l'auteur, le « consensus de Beijing » s'appuie sur trois « théorèmes » ayant trait respectivement à l'importance de l'innovation pour encourager le développement, la priorité accordée à la qualité de la vie et à la viabilité, ainsi que l'autodétermination.

310. Amartya Sen, « Contrary India », *in The Economist: The World in 2006.*

311. Dans ce secteur, l'Inde arrive en deuxième position derrière l'Irlande, *World Investment Report 2004* (Fonds monétaire international).

312. Sophie Chauvin et Françoise Lemoine, *L'Économie indienne : changements structurels et perspectives à long terme*, document de travail du CEPII, avril 2005. La part de la main-d'œuvre dans le secteur agricole devrait tomber à 45 % d'ici à 2020.

313. Les effectifs de la classe moyenne indienne divergent considérablement selon les estimations. Si l'on prend comme base un revenu annuel de 2 000 dollars ou plus, au moins 150 millions de personnes entrent dans cette catégorie. En revanche, si l'on définit la classe moyenne comme étant les foyers qui disposent d'un revenu annuel de 4 000 à 21 000 dollars, le National Council of Applied Economic Research (NCAER) a calculé que la classe moyenne ne comprenait que 10,7 millions d'individus en 2001-2002, et qu'elle devrait atteindre 28,4 millions en 2009-2010. Voir http://www.ncaer.org/.

314. *World Development Report 2006 : Equity and Development* (Banque mondiale et Oxford University Press, Washington D.C. et Oxford, 2005).

315. Entretien avec Sunil Khilnani, « La société indienne : tensions et transformations », *Questions internationales*, n° 15, La Documentation française, Paris, septembre-octobre 2005.

316. Max-Jean Zins, « La plus grande démocratie du monde ? », *Questions internationales*, n° 15, La Documentation française, Paris, septembre-octobre 2005.

317. Toutefois, selon l'indice de Gini qui mesure les inégalités de revenus, l'Inde est une société plus égalitaire que d'autres économies nouvelles et certains pays développés. En particulier, l'Inde obtient un coefficient de 33, tandis que les États-Unis obtiennent 41, la Chine 45 et le Brésil pas moins de 59. Voir Gurcharan Das, « The India Model », *Foreign Affairs*, vol. 85, n° 4, juillet-août 2006.

318. « Can India Fly ? », Special Report, *The Economist*, 1er juin 2006.

319. Selon une estimation plus prudente, la main-d'œuvre indienne, qui représentait 375 millions de personnes en 2002, doit augmenter de 7 à 8,5 millions d'individus par an, avec une hausse globale de 160 millions à 170 millions de travailleurs d'ici à 2020. Voir le Rapport du comité « India Vision 2020 » (gouvernement indien, Planning Commission, New Delhi, 2002).

320. Christophe Jaffrelot, « L'Inde, la puissance pour quoi faire ? », *Politique internationale*, octobre 2006.

321. Rapport du comité « India Vision 2020 », *op. cit.*

322. L'investissement indien dans les nanotechnologies devrait ainsi passer de 2 milliards de dollars en 2002 à 10 milliards d'ici à 2010. Parmi les autres priorités en matière de R & D figurent la génomique, la bioinformatique, les

technologies génétiques, les études cliniques et les cultures génétiquement modifiées. Voir le Rapport du comité « India Vision 2020 », *op. cit.*

323. Les hypothèses les plus pessimistes prévoient pas moins de 50 millions de victimes du sida entre 2015 et 2050. Mais une étude publiée récemment dans *The Lancet* fait apparaître depuis plusieurs années un recul à l'échelle régionale de la prévalence de l'infection à VIH, ce qui conduit à relativiser les scénarios les plus noirs. « Trends in HIV-1 in young adults in South India from 2000 to 2004 : a prevalence study », *The Lancet*, vol. 367, n° 9517, 8 avril 2006. Sur l'évolution et l'incidence de l'infection à VIH en Inde, voir également *HIV/AIDS. Country Profile : India* (ONUSIDA, Division de la population du Département des affaires économiques et sociales du Secrétariat des Nations unies, mars 2003) ; *World Population Prospects : The 2002 Revision. Highlights* (Nations unies, New York, février 2002) ; *The next wave of HIV/AIDS : Nigeria, Ethiopia, Russia, India and China* (The National Intelligence Council, septembre 2002).

324. Dans la mesure où le déficit budgétaire est déjà élevé, des investissements privés, notamment des IDE, seront nécessaires pour financer les grands projets d'infrastructures. La cession récente des aéroports de New Delhi et de Bombay à des consortiums privés semble confirmer cette tendance. Selon un rapport de la banque d'affaires Morgan Stanley, l'investissement total nécessaire pour revaloriser l'électricité, les routes, les aéroports, les ports maritimes et les télécommunications est beaucoup plus élevé. L'Inde va probablement augmenter progressivement ses dépenses pour atteindre 150 milliards de dollars par an en 2010 (soit une moyenne de 8 % de son PIB, contre un niveau de 3,5 % du PIB en 2004). Voir Chetan Ahya et Mihir Sheth, *India. Infrastructure : Changing Gears*, Rapport Morgan Stanley, 2005.

325. En 2003, l'Inde dépendait déjà à 70 % des importations de pétrole (AIE, *World Energy Outlook 2004*). Brahma Chellaney, « India's Future Security Challenge : Energy Security », *in India as a New Global Leader* (The Foreign Policy Centre, 2005).

326. Données recueillies sur le site Internet du ministère indien de l'Énergie, consultables sur http://powermin.nic.in/JSP_SERVLETS/internal.jsp.

327. *World Energy Outlook 2004* (Agence internationale de l'énergie, Paris, 2004).

328. À l'exception de l'accord 123, relatif à l'Atomic Energy Act de 1954, qui exige une ratification distincte, et qui reste en discussion du fait de certaines réticences indiennes.

329. C. Raja Mohan, « India and the Balance of Power », *Foreign Affairs*, vol. 85, n° 4, juillet-août 2006.

330. Christophe Jaffrelot, « Inde : un tropisme américain aux dépens de l'Europe ? », *Le Monde diplomatique*, septembre 2005.

331. Sunil Khilnani, « India as a Bridging Power », *in India as a New Global Leader*, *op. cit.*, et Gilles Boquérat, « Une puissance en quête de reconnais-

sance », *Questions internationales*, n° 15, La Documentation française, Paris, septembre-octobre 2005.

332. C. Raja Mohan, *op. cit.* : il convient toutefois de signaler qu'en 2006 l'image américaine en Inde s'est détériorée, le pourcentage d'opinions pro-américaines tombant à 56 %. Voir *Global Attitudes Survey 2002* (Pew Research Center for the People and the Press, avril 2002) et *15-Nation Pew Global Attitudes Survey* (Pew Research Center for the People and the Press, 2006).

333. Le TIPMF, en cours de négociation, prescrit l'interdiction de la production de matières fissiles pour des armes nucléaires.

334. Les proliférateurs horizontaux sont ceux qui disséminent des armes ou des technologies nucléaires destinées à des applications militaires auprès d'autres pays. Les proliférateurs verticaux sont ceux qui élaborent des programmes d'armement nucléaire dans leur propre pays.

335. Pour un point de vue américain sur les relations entre l'Inde et les États-Unis et sur l'importance de l'accord nucléaire dans ces relations, voir Ashton Carter, « America's New Strategic Partner ? », *Foreign Affairs*, vol. 85, n° 4, juillet-août 2006.

336. La pérennité de l'élan en faveur de la paix dépendra toutefois de l'évolution de la situation au Pakistan. La société pakistanaise reste imprégnée de sentiments hostiles à l'Inde (un important mouvement d'opposition à une réconciliation existe en Inde), et l'influence du fondamentalisme islamique est en hausse, ce qui met en question la viabilité du régime militaire actuel, pro-américain et orienté vers la stabilité. Voir Mariam Abou Zahab, « Pakistan : entre l'implosion et l'éclatement ? », *Politique étrangère*, 2, IFRI, Paris 2006. Voir également « Too much for one man, A Survey of Pakistan », *The Economist,* 8 juillet 2006.

337. Laurent Gayer, « Conflits et coopérations régionales en Asie du Sud », *Questions internationales*, n° 15, La Documentation française, Paris, septembre-octobre 2005.

338. Tercan Baysan, Arvind Panagariya, Nihal Pitigala, *Preferential Trading in South Asia*, Policy Research Working Paper 3813, Banque mondiale, janvier 2006.

339. C. Raja Mohan, *op. cit.*

340. Voir National Intelligence Council, « Latin America 2020 : discussing long-term scenarios », résumé des conclusions de la réunion de travail sur les tendances en Amérique latine, Santiago du Chili, 7-8 juin 2004.

341. Si ces projections de croissance se concrétisent, le PIB par habitant augmentera, mais pas très rapidement par rapport aux niveaux des États-Unis en PPP. L'Argentine et le Chili atteindraient 38 % du niveau des États-Unis en 2020 (contre respectivement 33 % et 30 % en 2005), le Brésil 22 % (contre 21 %) et le Mexique 23 % (contre 24 %). Voir *Foresight 2020 : Economic, Industry and Corporate Trends* (Economist Intelligence Unit, 2006).

342. Il convient cependant de préciser que l'étendue des infrastructures diffère grandement dans la région. Voir Marianne Fay et Mary Morrison, *Infrastructure in Latin America & the Caribbean : Recent Developments and Key Challenges* (Banque mondiale, Washington D.C., 2005.)

343. Global Development Finance : The Development Potential of Surging Capital Flows (Banque mondiale, Washington D.C., 2006).

344. Pour ces données, voir Christophe-Alexandre Paillard, « L'Amérique latine, nouvel acteur majeur du grand jeu énergétique mondial », *Défense nationale*, n° 4, avril 2006.

345. Cependant, le mauvais usage fait des recettes pétrolières par le gouvernement vénézuélien a détourné du secteur pétrolier des ressources financières d'une importance vitale. Il s'ensuit que la production de pétrole a stagné et privé l'État d'apports budgétaires considérables. La rente pétrolière est passée de 49 milliards de dollars en 2000 à 44 milliards de dollars en 2003. Voir Gustavo Coronel, « Oil, Bolivarist Fuel », *Heartland*, 1/2006.

346. Ces estimations ont été établies en prenant comme définition de la pauvreté un revenu inférieur à 2 dollars par jour. Kathy Lindert, Emmanuel Skoufias et Joseph Shapiro, *Redistributing Income to the Poor and the Rich : Public Transfers in Latin America and the Caribbean* (Banque mondiale, Washington D.C., 30 mars 2006). En outre, l'extrême pauvreté (les individus vivant avec moins de un dollar par jour) concerne 42 millions de personnes en 2002, soit 9,5 % de la population. Mais l'extrême pauvreté ne devrait plus toucher que 29 millions d'individus en 2015 (6,9 % de la population). Voir *Perspectives économiques mondiales 2006 – Implications économiques des envois de fonds et de la migration* (Banque mondiale, Washington D.C., 2006).

347. National Drug Control Strategy, FY 2006 Budget Summary, février 2006.

348. Le remplacement de la coca par d'autres cultures continue de poser d'énormes difficultés et on a observé des échecs récents dans ce domaine (en particulier au Pérou et en Bolivie). Selon l'US National Drug Intelligence Center, « le marché de gros de la drogue aux États-Unis dégage entre 13,6 et 48,4 milliards de dollars par an. Entre 8,3 et 24,9 milliards de dollars de gains provenant de la drogue sont sortis en contrebande des États-Unis par les organisations de trafiquants de drogue mexicaines et colombiennes *via* la frontière américano-mexicaine ». *National Drug Threat Assessment 2006*, National Drug Intelligence Center, janvier 2006, et Office des Nations unies contre la drogue et le crime, *Rapport mondial sur les drogues 2005, 1re partie,* 2005, Nations unies.

349. La région est harcelée par quatre grands groupes considérés comme terroristes par le Département d'État américain. On compte trois mouvements en Colombie – les Forces armées révolutionnaires de Colombie (FARC), l'Armée de libération nationale (ELN) et les Autodéfenses unies de Colombie (AUC) – et le Sentier lumineux est toujours en activité au Pérou. Mark P. Sullivan, *Latin America : Terrorism Issues*, Congressional Research Service, RS21049, 18 janvier 2006.

350. Juan Luis Londoño et Rodrigo Guerrero, « Violencia en America Latina : Epidemiología y Costos » (Banque interaméricaine de développement (BID) [Documento de Trabajo R-375], Washington D.C., 1999), cité par Paulo de Mesquitas Neto, *Crime, Violence and Democracy in Latin America*, Paper submitted for the Integration in the Americas Conference, 2 avril 2002.

351. Robert Ayres, *Crime and Violence as Development Issues in Latin America and the Carribean* (Banque mondiale, Washington D.C., 1998).

352. Voir la communication de la Commission européenne, « Pour un partenariat renforcé entre l'Union européenne et l'Amérique latine », 8 décembre 2005, COM (2005) 636 final.

353. Sans le Mexique, le commerce interrégional en Amérique latine représente 25 % de l'ensemble des échanges. Voir *Statistiques du commerce international OMC 2005* (Organisation mondiale du commerce, 2005).

354. « World Investment Report : Transnational Corporations and the Internationalization of R & D », Conférence des Nations unies sur le commerce et le développement, 2005.

355. Andrés Oppenheimer, *Cuentos chinos. El engaño de Washington, la mentira populista y la esperanza de América Latina* (Sudamericana, Buenos Aires, 2005).

356. « L'avenir de l'OMC : relever les défis institutionnels du nouveau millénaire », Rapport du Conseil consultatif de l'OMC à M. Supachai Panitchpakdi, directeur général, 2004.

357. Les différences dans la couverture médiatique de la guerre d'Irak (CNN contre Al-Jazira) en sont un exemple. Pour un tour d'horizon des tendances médiatiques mondiales : *Globalization of the Media Industry and Possible Threats to Cultural Diversity*, Final Study, Parlement européen – Directorate General for Research, juillet 2001.

358. Contraction de « globalisation » et de « localisation ». Ce terme a été forgé pour souligner que la mondialisation (ou « globalisation ») d'un produit a plus de chances de réussir s'il est adapté aux cultures des pays dans lesquels il est commercialisé. Voir : Mike Featherstone, Scott Lash et Roland Robertson, *Global Modernities* (Sage, Londres, 1995).

359. Philippe Legrain, « Cultural Globalization is not Americanization », *The Chronicle*, 9 mai 2003. Radley Balko, *Globalization and Culture : Americanization or Cultural Diversity ?,* avril 2003. (www.globalpolicy.org/globaliz/cultural/2003/03american.html). Voir également : Wendy Griswold, *Cultures and Societies in a Changing World* (Sage, Londres, 2003). Selon Griswold, « la pureté culturelle a disparu de la surface de la Terre, elle a probablement toujours été un mythe, mais aujourd'hui peu font seulement semblant d'y croire. Dorénavant, nous sommes tous hybrides ». « Rapport mondial sur le développement humain 2004 », *Cultural Liberty in Today's Diverse World* (PNUD, 2004). Voir

également : Mike Featherstone, *Global Culture : Nationalism, Globalisation and Modernity* (Sage, Londres, 1990).

360. Ulrich Beck, *Risk Society : Towards a New Modernity* (Sage, Londres, 1992).

361. Voir : Martin Marty et Scott Applebee, *Fundamentalisms and Society : Reclaiming the Sciences, the Family, and Education* (University of Chicago Press, Chicago, 1997), et Gregory F. Treverton *et al.*, *Exploring Religious Conflict* (RAND, 2005). Selon Marty, les principales caractéristiques des fondamentalistes sont les suivantes : (a) leur religion constitue leur identité ; (b) il n'y a qu'une vérité ; (c) ils cherchent délibérément à frapper l'opinion ; (d) ils se considèrent comme les éléments d'une lutte cosmique ; (e) ils interprètent les événements historiques comme faisant partie de ce combat ; (f) ils considèrent toute opposition à leur égard comme pernicieuse et immorale ; (g) ils ne mettent l'accent que sur certains éléments de la culture dont ils ont hérité ; (h) leurs dirigeants sont généralement des hommes ; (i) ils sont en lutte contre le pouvoir politique. Voir aussi Olivier Roy, *op. cit.*

362. Niall Ferguson, « A World Without Power », *Foreign Policy*, juillet-août 2004. Voir également, G.J. Ikenberry, « A Weaker World », *Prospect*, novembre 2005.

363. John Gerard Ruggie, *Multilateralism Matters : The Theory and Praxis of an Institutional Form* (Columbia University Press, New York, 1993) ; Stephen D. Krasner (dir.), *International Regimes* (Cornell University Press, New York, 1983). Hubert Védrine, *Face à l'hyperpuissance : textes et discours 1995-2003* (Fayard, Paris, 2003) et Charles Kupchan, *The End of the American Era : US Foreign Policy and the Geopolitics of the Twenty-First Century* (Random House, New York, 2002).

364. John J. Mearsheimer, *The Tragedy of Great Power Politics* (W.W. Norton and Company, New York, 2001).

365. Michael Dillon, *Global Security in the 21st Century. Circulation, Complexity and Contingency*, Chatham House Briefing Paper 05/02, octobre 2005.

366. Ward Thomas, « La légitimité dans les relations internationales : dix propositions », *in* Gilles Andréani, Pierre Hassner (dir.), *Justifier la guerre ? De l'humanitaire au contre-terrorisme* (Presses de Sciences Po, Paris, 2005).

367. Lawrence Freedman, « The Transformation of Strategic Affairs », IISS *Adelphi Paper* 379, 2006.

368. *Investir dans le développement : plan pratique pour réaliser les objectifs du Millénaire pour le développement.* Projet du Millénaire des Nations unies, 2005. Pour des informations sur les objectifs du Millénaire pour le développement, voir http://www.un.org/millenniumgoals/.

369. Après l'arrêt des hostilités, la probabilité qu'un nouveau conflit surgisse dans les cinq années suivantes atteint 15 % dans les pays dont le PIB par habitant est de 250 dollars par an et tombe à 1 % dans les pays dont le PIB par

habitant est d'environ 5 000 dollars. Voir The *Human Security Report* 2005 (Human Security Centre, The University of British Columbia, 2005).

370. David Held, *Global Covenant, The Social Democratic Alternative to the Washington Consensus*, (Polity Press, Cambridge, 2004). Voir également le débat connexe sur les « préférences collectives » qui dépassent le simple domaine commercial pour influer sur les choix politiques et sociaux fondamentaux qui sont à la base de la gouvernance mondiale. Pascal Lamy, « L'émergence des préférences collectives dans le champ de l'échange international : quelles implications pour la régulation de la mondialisation ? » (PROSES, Sciences Po, 2004). Une coordination horizontale renforcée entre l'Organisation mondiale du commerce et les institutions de Bretton Wood n'atteint pas le niveau requis pour une réponse concertée à l'assistance et à la mise en place d'infrastructures liées au commerce. Voir le Cadre intégré entre les secrétariats du FMI, du CCI, de la CNUCED, du PNUD, de la Banque mondiale et de l'OMC, qui facilite l'assistance technique liée au commerce et la mise en place d'infrastructures dans les pays les moins avancés. Mentionné dans « L'avenir de l'OMC : relever les défis institutionnels du nouveau millénaire », Rapport du Conseil consultatif de l'OMC à M. Supachai Panitchpakdi, directeur général, 2004.

371. Anne-Marie Slaughter, *A New World Order* (Princeton University Press, 2004). Les réseaux agissent dans des domaines aussi variés que l'architecture financière internationale, les règles antitrust, les droits de propriété intellectuelle et les normes internationales de travail. Voir également Jean-François Rischard, *Vingt défis pour la planète – Vingt années pour y faire face* (Actes Sud, Paris, 2003).

372. John Kirton, *The Future of the G8*, présenté au sommet de Gleneagles, 2005 ; John Kirton, *From Collective Security to Concert : The UN, G8 and Global Security Governance*, 2005 ; John Kirton, *From G7 to G20 : Capacity, Leadership and Normative Diffusion in Global Financial Governance*, 2005.

373. On trouvera des idées allant dans ce sens dans deux ouvrages collectifs importants : Mario Telo (dir.), *European Union and New Regionalism* (Ashgate, Aldershot, 2001) et Mary Farrell, Björn Hettne et Luk Van Langenhove (dir.), *Global Politics of Regionalism* (Pluto Press, Cambridge, 2004).

374. Richard Gowan, *The EU, Regional Organisations and Security : Strategic Partners or Convenient Alibis ?*, Egmont Paper 3, IRRI, 2004.

375. Benjamin Goldsmith, « Here there be Dragons : The Shanghai Cooperation Organisation », Centre for Defence Information, 2005.

376. *Freedom in the World 2006* (Freedom House, 2006).

377. Fareed Zakaria, *The Future of Freedom : Illiberal Democracy at Home and Abroad* (W.W. Norton & Company, New York, 2003).

378. Bruce Bueno de Mesquita et George Downs, « Development and Democracy », Foreign Affairs, septembre-octobre 2005.

379. Fareed Zakaria, *op. cit.*

380. Marc Abélès, *Politique de la survie* (Flammarion, Paris, 2006).

381. Ivo Daalder, Nicole Gnesotto et Philip H. Gordon (dir.), *Crescent of Crisis : US-European Strategies for the Greater Middle East* (Brookings Institution Press et Institut d'études de sécurité de l'Union européenne, 2006).

Bibliographie

La bibliographie cite une sélection d'ouvrages et de documents qui ont été consultés lors de la rédaction du présent texte. Pour en faciliter l'accès, ces sources ont été réparties en différentes listes selon le chapitre auquel elles se rapportent le plus. La bibliographie de la première partie renvoie notamment à des publications importantes des Nations unies, de l'Union européenne, de la Banque mondiale, de l'Agence internationale de l'énergie ainsi que d'autres organisations internationales. Les références des deuxième et troisième parties sont regroupées : y figurent un grand nombre des articles, documents de travail et ouvrages qui nous ont considérablement aidés dans notre recherche.

LES TENDANCES

Démographie

Alexandratos (Nikos), *Countries with Fast Growing Population in Midst of Global Demographic Slowdown : Issues of Food, Agriculture and Development*, Rome, « Working Paper, Organisation des Nations unies pour l'alimentation et l'agriculture (FAO) », mars 2005.

Baldwin-Edwards (Martin), *Migration in the Middle East and Mediterranean*, Université Panteion, « Étude régionale préparée pour la Commission mondiale sur les migrations internationales (CMMI), Observatoire méditerranéen des migrations, University research institute for urban environment and human resources », janvier 2005.

La Banque mondiale, *Environment Matters : Annual Review 2005*, Washington D.C., 2005.

La Banque mondiale, *Globalization, Growth and Poverty*, « Banque mondiale », Washington D.C., 2002.

La Banque mondiale, *Issues and Dynamics : Urban Systems in Developing East Asia* (non daté).

La Banque mondiale, *Middle East and North Africa Regional Water Initiative*, « Regional Water Initiative Report », printemps 2002.

La Banque mondiale, *The Economic Consequences of HIV in Russia*, « Banque mondiale, Russia Office », 10 novembre 2002.

La Banque mondiale, *Unlocking the Employment Potential in the Middle East and North Africa. Toward a New Social Contract*, Washington D.C., « Rapport sur le développement du Moyen-Orient et de l'Afrique du Nord, Banque mondiale », 2004.

Bongaarts (John) et Bulatao (Rodolfo A.) (dir.), *Beyond Six Billion : Forecasting the World's Population*, Washington, D.C., « National Academy Press », 2000.

Caldwell (John C.), « *The Contemporary Population Challenge* », Nations unies, New York, « Paper presented to the Expert Group Meeting on Completing the Fertility Transition, Division de la population », 11-14 mars 2002.

Centre d'études stratégiques et internationales, « Naming Names : Ageing and Vulnerability », *Programme CESI n° 3*, 2 décembre 2002.

Center of Health and the Global Environment, « Climate Change Futures : Health, Ecological and Economic Dimensions », *Harvard Medical School*, novembre 2005.

Central Intelligence Agency (CIA), « Growing Global Migration and its Implications for the United States (2000-2015) », *National Intelligence Council (NIC) Papers*, États-Unis, 2001.

Coleman (David A.), *Who's afraid of low support ratios ? A UK response to the UN Population Division Report on « Replacement Migration »*, document préparé pour la réunion du groupe d'experts des Nations unies, New York, 2000.

Commission européenne, *Livre vert – Face aux changements démographiques, une nouvelle solidarité entre les générations*, COM (2005) 94, mars 2005.

Commission européenne, *Les Incidences du vieillissement des populations sur les dépenses publiques des États membres en matière de retraites, de soins de santé, de soins de longue durée, d'éducation et de chômage (2004-2050)*, « Rapport spécial » n° 1, Comité de politique économique et Commission européenne, 14 février 2006.

Conseil économique et social des Nations unies (ECOSOC), *Suivi des programmes de population, consacré à la question « Migrations internationales et développement »*, « Rapport du Secrétaire général, Commission de la population et du développement », 25 janvier 2006.

Council on Foreign Relations and Milbank Memorial Fund, *Addressing the HIV / AIDS Pandemic : A US Global AIDS Strategy for the Long Term*, mai 2004.

Degli Innocenti (Nicol), « Virus Hits at the Country's Life Force », *Financial Times*, 26 septembre 2001.

Derr Mark, « New Theories on the Black Death », *International Herald Tribune*, 4 octobre 2001.

La Documentation française, « La grande menace démographique », *Problèmes économiques*, numéro spécial, n° 2.656-2.657, 2000.

The Economist, « Life Story », 29 juin 2000.

Ehrlich (Paul R.), *La Bombe p, 7 milliards d'hommes en l'an 2000*, Fayard, Paris, 1972.

Falcam (Leo A.), « An Early Warning by Pacific Islands to the Mighty », *International Herald Tribune*, 16 août 2001.

Faruqee (Hamid) et Mühleisen (Martin), « Japon : les finances publiques à l'épreuve du vieillissement de la population », *Finances et développement*, FMI, vol. 38, n° 1, mars 2001.

Feld S., « Active Population Growth and Immigration Hypotheses in Western Europe », *European Journal of Population*, n° 16, 2000.

Feshbach (Murray), « Dead Souls », *Atlantic Monthly*, janvier 1999.

Fonds mondial de lutte contre le sida, la tuberculose et le paludisme, *HIV / AIDS, Tuberculosis and Malaria : The Status and Impact of the Three Diseases*, Genève, 2005.

4e Forum mondial de l'eau, *African Regional Document : Water Resources Development in Africa*, Mexico, 16-22 mars 2006.

Friedman (Thomas), *The Lexus and the Olive Tree : Understanding Globalization*, Farrar, Straus & Giroux, New York, 1999.

Gallup (John Luke) et Sachs (Jeffrey D.), « The Economic Burden of Malaria », *CDI Working Paper 52*, Centre for International Development, Harvard University, Boston, 2000.

Glenn (Jerome C.), « The World in 2025 », *The Globalist*, 14 octobre 2001.

The Globalist, « The European Street – Le Pen, Muslims, and Europe », 2 mai 2002.

The Globalist, « Teenagers : The Globe's Future », 29 juin 2002.

Grant (Jonathan) *et al.*, *Law Fertility and Population Ageing : Causes, Consequences, and Policy Options*, MG-206-EC, Rand Corporation, Santa Monica, 2004.

Grant (Lindsey), « Replacement Migration : The United Nations Population Division on European Population Decline », *Population and Environment*, vol. 22, n° 4, 2001.

Harrison (Paul), *AAAS Atlas of Population and Environment*, American Association for the Advancement of Science, University of California Press, Los Angeles, 2001.

Haut-Commissaire des Nations unies pour les réfugiés, *Réfugiés – Tendances mondiales en 2004*, Section des données géographiques et démographiques, Division de l'appui opérationnel, HCR Genève, 17 juin 2005.

Heymann (David), *The Urgency of a Massive Effort Against Infectious Diseases*, Organisation mondiale de la santé, 2000.

Hille (Hubertus) et Straubhaar (Thomas), « The Impact of the EU Enlargement on Migration Movements and Economic Integration : Results of Recent Studies », *Migration Policies and EU Enlargement : The Case of Central and Eastern Europe*, Organisation de coopération et de développement économiques, Paris, 2001.

Huntington (Samuel), « Migration Flows Are the Central Issue of Our Time », *International Herald Tribune*, 2 février 2001.

Inada (Masakazu), Kozu (Takashi) et Sara (Yoshiko), « Demographic Changes in Japan and their Macroeconomic Effects », Rapport n° 04-E-6, Banque du Japon, septembre 2003.

Just (Tobias) et Korb (Magdalena), *International Migration : Who, Where and Why ?* « Current Issues : Demography Special, Deutsche Bank Research », Francfort, 1er août 2003.

Livi-Bacci (Massimo), *A Concise History of World Population*, Blackwell Publishers, Oxford, 1997.

Lutz (Wolfgang) *et al.*, « China's Uncertain Demographic Present and Future », *Interim Report IR-05-043*, International Institute for Applied Systems Analysis, Autriche, 5 septembre 2005.

Lutz (Wolfgang), Sanderson (Warren) et Scherbov (Sergei), « The End of World Population Growth », *Nature*, n° 412, 2 août 2001.

Lutz (Wolfgang), Vaupel (James W.) et Ahlburg (Dennis A.) (dir.), « Frontiers of Population Forecasting », *Population and Development Review*, supplément au volume 24, 1998.

Macura (Miroslav), MacDonald (Alphonse L.) et Haug (Werner), *The New Demographic Regime : Population Challenges and Policy Responses*, Commission économique des Nations unies pour l'Europe (CEE-ONU) et le Fonds des Nations unies pour la population (FNUAP), 2005.

McNeil (Donald), « Demand for Antibiotic May Alter US Patent Policies », *International Herald Tribune*, 18 octobre 2001.

Meyerson (Frederick A.B.), « Replacement migration : a questionable tactic for delaying the inevitable effects of fertility transition », *Population and Environment*, vol. 22, n° 4, 2001.

Misikhina S., Pokrovsky V., Mashkilleyson N. et Pomazkin D., « A model of social policy costs of HIV/AIDS in the Russian Federation », Analyse de recherche et politique, Bureau international du travail, Genève (sans date).

Monitoring the AIDS Pandemic (MAP) Network, *AIDS in Asia : Face the Facts, A Comprehensive Analysis of the Aids Epidemics in Asia*, Washington D.C., 2004.

Monnier (Alain), « Les évolutions démographiques de l'Union européenne », *Questions internationales*, n° 18, La Documentation française, Paris, mars-avril 2006.

National Intelligence Council, *The Next Wave of HIV/AIDS : Nigeria, Ethiopia, India, Russia and China*, Washington, D.C., septembre 2002.

National Intelligence Estimates, *The Global Infectious Disease Threat and Its Implications for the United States*, NIE 99-17D, janvier 2000.

Nations unies, *Migration de remplacement : est-ce une solution pour les populations en déclin et vieillissantes ?*, Division de la population, Département des affaires économiques et sociales, 21 mars 2000.

Nations unies, *Migration de remplacement. – Version révisée et abrégée*, Division de la population, Département des affaires économiques et sociales, 20 décembre 2000.

Nations unies, *World Population Ageing : 1950-2050*. (Résumé disponible en français.) Division de la population, Département des affaires économiques et sociales, 2002.

Nations unies, *World Population Prospects : The 2002 Revision Highlights, (Perspectives démographiques mondiales. La révision de 2002.* Résumé en français.) Division de la population, Département des affaires économiques et sociales, février 2002.

Nations unies, *Levels and Trends of International Migration to Selected Countries in Asia*, Division de la population, Département des affaires économiques et sociales, 2003.

Nations unies, *Community Realities & Responses to HIV / AIDS in Sub-Saharian Africa*, juin 2003.

Nations unies, *World Economic and Social Survey : International Migration. (Situation et perspectives de l'économie mondiale 2006.* Résumé en français.) Division de la population, Département des affaires économiques et sociales, 2004.

Nations unies, *World Population Prospects : The 2004 Revision. (Perspectives démographiques mondiales. La révision de 2004.* Résumé en français.) Affaires économiques et sociales, ONU, New York, 2005.

Nations unies, *Trends in Total Migrant Stock : The 2005 Revision*, Division de la population, Département des affaires économiques et sociales, février 2006.

Organisation de coopération et de développement économiques, *Des réformes pour une societé vieillissante*, OCDE, Paris, novembre 2000.

Organisation de coopération et de développement économiques, *Tendances des migrations internationales*, SOPEMI (Système d'observation permanente des migrations), 2004.

Organisation mondiale de la santé, *Emerging Issues in Water and Infectious Diseases*, Genève, 2003.

Organisation mondiale de la santé, *Millennium Ecosystem Assessment. Ecosystems and Human Well-Being : A Health Synthesis*, Genève, 2005.

Passel (Jeffrey S.), *Estimates of the Size and Characteristics of the Undocumented Population*, Pew Hispanic Center, Washington D.C., 2005.

Peterson (Erik R.), « SARS, Lessons for the Longer Term », Center for Strategic and International Studies, n° 9, avril 2003.

Peterson (Peter G.), *Gray Dawn : How the Coming Age Wave Will Transform America and the World*, Crown Publishing Group, New York, 2000.

Postrel (Virginia), *The Future and lts Enemies*, Free Press, New York, 1998.

Programme commun des Nations unies sur le VIH/sida, *HIV/AIDS. Country Profile : India,* Division de la population, Département des affaires économiques et sociales, mars 2003.

Programme commun des Nations unies sur le VIH/sida, *Rapport sur l'épidémie mondiale de sida 2004, 4e rapport mondial*, ONUSIDA, Genève, 2004.

Programme commun des Nations unies sur le VIH/sida, *Le sida en Afrique : Trois scénarios pour l'horizon 2025*, ONUSIDA, Genève, 2005.

Programme commun des Nations unies sur le VIH/sida et de l'Organisation mondiale de la santé, *Le Point sur l'épidémie de sida*, Rapport spécial sur la prévention du sida, décembre 2005.

Programme des Nations unies pour l'environnement, *Global Environment Outlook Year Book : an Overview of our Changing Environment 2004/5, 2005.*

Regling (Klaus), « How Ageing Will Torpedo Europe's Growth *Potential* », *Europe's World,* printemps 2006.

Rincon (Paul), « Faster emergence for diseases », *BBC News*, 20 février 2006.

Roudi-Fahimi (Farzaneh), Creel (Liz) et De Souza (Roger-Mark), *Finding the Balance : Population and Water Scarcity in the Middle East and North Africa*, Population Reference Bureau, Washington D.C., juillet 2002.

Tian Xiang Vue *et al.*, « Surface Modelling of Human Population Distribution in China », *Ecological Modelling*, n° 181, 2005.

Turner (Mark), « The Shadow of AIDS is Casting a Pall of Darkness over the Heart of Africa », *Financial Times*, 1er juillet 2000.

United States Census Bureau, *US. Interim Projections by Age, Sex, Race, and Hispanic Origin*, Washington D.C., 18 mars 2004.

Wallander (Celeste A.), *The Impending AIDS Crisis in Russia : The Shape of the Problem and Possible Solutions*, Conférence du groupe de travail du CSIS sur le sida, Centre d'études stratégiques et internationales (CSIS), 14 avril 2004.

Wolf (Martin), « The Low Cost of Better Health », *Financial Times*, 9 janvier 2002.

Économie

Agence internationale de l'énergie, *Analysis of the Impact of High oil Prices on the Global Economy*, mai 2004.

Archibugi (Daniele) et Coco (Alberto), « Is Europe becoming the most dynamic knowledge economy in the world ? », *Journal of Common Market Studies*, vol. 43, n° 3, septembre 2005.

Asian Development Bank, *Asian Development Outlook 2006 : Routes for Asia's Trade*, 2006.

Asuncion-Mund (Jennifer), *India Rising : A Medium-Term Perspective*, Deutsche Bank Research, Francfort, mai 2005.

L'Atlas du Monde diplomatique, « Mondialisation, gagnants et perdants. Derrière les mythes du libre-échange », 2005.

L'Atlas du Monde diplomatique, « Une nouvelle géopolitique. Afrique, miroir du monde », 2005.

Attali (Jacques), *Une brève histoire de l'avenir*, Fayard, Paris, 2006.

Aykut (Dilek), Ratha (Dilip), « South-South FDI flows : how big are they ? », *Transnational Corporations*, vol. 13, n° 1, avril 2004.

La Banque mondiale, *Finance for Growth : Policy Choices in a Volatile World*, Working Paper 22239, A World Bank Policy Research Report, La Banque mondiale et Oxford University Press, avril 2001.

La Banque mondiale, *Trade, Investment, and Development in the Middle East and North Africa. Engaging with the World*, MENA Development Report, Washington D.C., août 2003.

La Banque mondiale, *Middle East and North Africa. Oil Booms and Revenue Management : Economic Developments and Prospects 2005*, Washington D.C., 2005.

La Banque mondiale, *Unlocking the Employment Potential in the Middle East and North Africa – Towards a new Social Contract*, MENA Development Report, Washington D.C., 2005.

La Banque mondiale, *A Time to Choose : Caribbean Development in the 21st Century*, Rapport n° 31725, Caribbean Country Management Unit, Poverty

Reduction and Economic Management Unit, Latin America and the Caribbean Region, 7 avril 2005.

La Banque mondiale, *Global Development Finance : The Development Potential of Surging Capital Flows*, Washington D.C., 2006.

La Banque mondiale, *Global Economic Prospects : Economic Implications of Remittances and Migration*, Washington D.C., 2006.

La Banque mondiale, *Where is the Wealth of Nations ? Measuring Capital for the 21st Century*, Banque internationale pour la reconstruction et le développement (BIRD) et la Banque mondiale, Washington D.C., 2006.

La Banque mondiale, *Rapport sur le développement dans le monde 2006. Équité et développement*, Washington D.C., 2006.

Toshida (Seiichi) et Nakamura (Yoichi), *Long-Term Economic Forecast of the Japanese Economy (2001-2025)*, Japan Center for Economic Research, mars 2001.

Beck (Roland) et Schularick (Moritz), *Russia 2010 : Scenarios for Economic Development*, Deutsche Bank Research, Francfort, mars 2003.

Bergheim (Stefan), *Global Growth Centres 2020*, Current Issues, Deutsche Bank Research, Francfort, 23 mars 2005.

Bergheim (Stefan), *Global Growth Centres 2020 : A Guide for Long-Term Analysis and Forecasting*, American Institute for Contemporary German Studies, Washington D.C., 23 juin 2005.

Bergheim (Stefan), *Global Growth Centres : Human Capital is the Key to Growth : Success Stones and Policies for 2020*, Deutsche Bank Research, Francfort, 1er août 2005.

Bhalla (G. S.), Hazell (Peter) et Kerr (John), « Les perspectives de l'offre et de la demande de céréales en Inde à l'horizon 2020 », *Vision 2020 pour l'alimentation, l'agriculture et l'environnement*, Institut international de recherche sur les politiques alimentaires (IFPRI), novembre 1999.

Borg (Scott), « Economically Complex Cyberattacks », *IEEE Security and Privacy*, vol. 3, n° 6, IEEE Computer Society, 2005.

Braüninger (Dieter), *More Jobs for Older Workers – Against Unemployment and Early Retirement*, Current Issues, Deutsche Bank Research, Francfort, 14 octobre 2005.

Brooks (Robin), *Population Ageing and Global Capital Flows in a parallel Universe*, IMF Staff Papers, vol. 50, n° 2, FMI, 2003.

Bruyas (Pierre), « Visage socio-économique du Maghreb », *Statistiques en bref*, Eurostat, avril 2005.

Centre d'études prospectives et d'informations internationales (CEPII), *L'Insertion de l'industrie européenne dans la division internationale du travail : situation et perspectives*, Rapport preparé pour la Direction générale du commerce de la Commission européenne, 15 juillet 2004.

Chauvin (Sophie) et Lemoine (Françoise), *L'Économie indienne : changements structurels et perspectives à long terme.* Document de travail du CEPII n° 2005-04, avril 2005.

Christidis (Panayotis), Hernandez (Hector) et Lievonen (Jorma) (dir.), *Impact of Technological and Structural Change on Employment : Prospective Analysis 2020, Background Report*, Étude effectuée pour la Commission de l'emploi et affaires sociales du Parlement européen, IPTS/ESTO, mars 2002.

Citrin (Daniel), Wolfson (Alexander), « Japan's Back », *Finance and Development*, vol. 43, n° 2, juin 2006.

Clark (Greg), *Emerging Local Economic Development Lessons from Cities in the Developed World, and Their Applicability to Cities in Developing and Transitioning Countries*, « World Bank Urban Forum : Tools, Nuts, and Bolts », Washington D.C., avril 2002.

Clemens (Jr Walter C.), « Alternative Futures AD 2000-2025 », *The OECD Observer*, n° 221-222, été 2000.

Cohen (Daniel), *La Mondialisation et ses ennemis*, Grasset, Paris, 2004.

Cohen (Daniel), *Nos Temps modernes*, Flammarion, Paris, 2000.

Commission économique pour l'Afrique. *Rapport économique sur l'Afrique – Relever le défi posé par le chômage et la pauvreté en Afrique*, CEA-ONU, 2005.

Commission européenne, *Créer une Europe innovante*, Rapport du groupe d'experts indépendant sur la R & D et l'innovation créé à la suite du sommet de Hampton Court, janvier 2006.

Commission européenne, *EU Sectoral Competitiveness Indicators*, Enterprise and Industry Directorate-General, « Competitiveness and economic reforms », 2005.

Commission européenne, *Towards a European Research Area : Science, Technology and Innovation : Key Indicators 2005.*

Conférence des Nations unies sur le commerce et le développement, *Le Développement économique en Afrique. Repenser le rôle de l'investissement étranger direct,* CNUCED, 2005.

Conférence des Nations unies sur le commerce et le développement, *World Investment Report : The Shift Towards Services, 2004. (Rapport sur l'investissement dans le monde 2004. La montée en puissance du secteur des services,* CNUCED, 2004. Vue d'ensemble en français.)

Conférence des Nations unies sur le commerce et le développement, *World Investment Report 2005 : Transnational Corporations and the Internationalization of R & D*, CNUCED, 2005.

Conférence des Nations unies sur le commerce et le développement (CNUCED), *Enhancing the Contribution to Development of the Indigenous Private Sector in Africa : Challenges and Opportunities for Asia-Africa Cooperation*, Strategic framework for the AFRASIA Business Council, Investment and Enterprise Competitiveness Branch and the AFRASIA Business Council Executive Support Group, 2003.

Congressional Budget Office, *CBO's Current Economic Projections*, Congrès des États-Unis, août 2005.

Congressional Budget Office, *The Budget and Economic Outlook : An Update*, Congrès des États-Unis, août 2005.

Congressional Budget Office, *Global Population Ageing in the 21st Century and Its Economic Implications*, Congrès des États-Unis, décembre 2005.

Congressional Budget Office, *The Long-Term Budget Outlook*, Congrès des États-Unis, décembre 2005.

Crawford (Jo-Ann), Fiorentino, Roberto V., *The Changing Landscape of Regional Trade Agreements*, Discussion Paper n° 8, Organisation mondiale du commerce, 2005.

Dasgupta (Susmita), Wang (Hua) et Wheeler (David), *Surviving Success : Policy Reform and the Future of Industrial Pollution in China*, China's National Environmental Protection Agency and The World Bank's Country Department, mars 1997.

Dosi (Giovanni), Uerena (Patrick) et Sylos (Labini Mauro), *Evaluating and Comparing the Innovation Performance of the United States and the European Union*, Expert report prepared for the Trend Chart Policy Workshop 2005, 29 juin 2005.

Dussel (Peters Enrique) et Dong (Xue Liu), « Economic Opportunities and Challenges posed by China for Mexico and Central America », *DIE Studies*, n° 8, Deutsche Institut für Entwicklungspolitik, Bonn, 2005.

Economist Intelligence Unit, *Foresight 2020 : Economic, Industry and Corporate Trends*, mars 2006.

Eichengreen Barry, « The Blind Men and the Elephant », *Issues in Economic Policy* n° 11, The Brookings Institution, janvier 2006.

Elmeskov Jürgen et Scarpetta Stefano, *New Sources of Economic Growth in Europe ?*, 28e Conférence économique 2000 : « The New Millennium – Time for a new economic paradigm ? », Banque nationale d'Autriche, Vienne, 15-16 juin 2000.

Exxon (Mobil), *A Report on Energy Trends, Greenhouse Gas Emissions and Alternative Energy*, février 2004.

Fay (Marianne), Morrison (Mary), *Infrastructure in Latin America & the Caribbean : Recent Developments and Key Challenges*, Banque mondiale, Washington D.C., 2005.

Federal Reserve Board, « Major Foreign Holders of Treasury Securities », ministère des Finances des États-Unis, janvier 2006.

Fonds monétaire international, *2005 World Economic Outlook : Building Institutions*, septembre 2005.

Fonds monétaire international, *World Economic Outlook : Advancing Structural Reforms*, A survey by the Staff of the IMF, avril 2004.

Fontagné (Lionel) et Lorenzi (Jean-Hervé), *« Désindustrialisation, délocalisations »*, Rapport du Conseil d'analyse économique (55), 2005.

Gaulier (Guillaume), Lemoine (Françoise) et Ünal-Kesenci (Deniz), *China's Emergence and the Reorganisation of Trade Flows in Asia*, Document de travail du CEPII, n° 2006-05.

Geithner (Timothy F.), *Policy Implications of Global Imbalances*, Intervention à Chatham House, Londres, 23 janvier 2006.

Gelauff (Georges M.) et Lejour (Arjan M.), *The New Lisbon Strategy : An estimation of the economic impact of reaching five Lisbon Targets*, Industrial Policy and Economic Reforms Papers n° 1, Commission européenne, janvier 2006.

Gesellschaft für Technische Zusammenarbeit (GTZ), *Innovation Policy Trends in Selected Asian, MENA, Eastern and Western European Countries*, Eschborn, juillet 2005.

Gist (John R.) et Verma (Satyendra), *Entitlement Spending and the Economy : Past Trends and Future Projections*, MRP Public Policy Institute, 12 septembre 2002.

Glaessner (Thomas C.), Kellermann (Tom) et McNevin (Valerie), *Electronic Safety and Soundness : Securing Finance in a New Age*, World Bank Working Paper n° 26, Banque mondiale, Washington D.C., février 2004.
Gouvernement indien, Planning Commission, *Report of the Committee on India Vision 2020*, New Delhi, 2002.
Hara (Yonosuke) (président), *Asian Dynamism and Prospects for Technical Cooperation Policies*, Rapport préliminaire, groupe d'étude du ministère de l'Économie, du Commerce et de l'Industrie sur la coopération technique en économie, commerce et industrie, Japon, mars 2004.
Herring (Richard), Johnson (Suzanne N.) et Litan (Robert E.), *The Top Ten Financial Risks to the Global Economy*, Résumé de conférence, Global Markets Institute, Goldman Sachs, septembre 2005.
Heymann (Eric), *Dynamic sectors give global growth centres the edge*, Deutsche Bank Research, Francfort, 31 octobre 2005.
Holz (Carsten A.), *China's Economic Growth 1978-2025 : What We Know Today about China's Economic Growth Tomorrow*, Working Paper n° 8, université de Science et de Technologie de Hong Kong, Center on China's Transnational Relations, 3 juillet 2005.
Hunt (Benjamin), *Oil Price Shocks : Can They Account for the Stagflation in the 1970s ?*, IMF Working Paper, Fonds monétaire international, novembre 2005.
Izraelewicz (Erik), *Quand la Chine change le monde*, Grasset, Paris, 2005.
Just (Tobias), *Adapting to Demographic Trends : Major and Minor Challenges*, Deutsche Bank Research, Francfort, 7 juillet 2005.
Kan (Suyin) et Hubbard (Claire V.M.) (dir.), *Latin America Consensus Forecasts*, Consensus Economics Inc., 2005.
Karoly (Lynn A.), Constantijn (Panis W.A., *The 21st Century at Work : Forces Shaping the Future Workforce and Workplace in the United States*, préparé pour le ministère du Travail des États-Unis, RAND Labor and Population, 2004.
Levy (Frank) et Murnane (Richard J.), *How Computerized Work and Globalization Shape Human Skill Demands*, MIT, septembre 2005.
Ministère britannique du Commerce et de l'Industrie, *Trade and Investment Implications of EU Enlargement*, Europe and World Trade Directorate, avril 2004.
Ministère britannique du Commerce et de l'Industrie, *Creating a Low Carbon Economy*, Second Annual Report on the Implementation of the Energy, Livre blanc, juillet 2005.
Ministère italien de l'Économie et des Finances, *Sixty Years After Bretton Woods : Developing a Vision for the Future*, Rome, 22-23 juillet 2004.
Ministère des Finances des États-Unis, *The Debt to the Penny and Who Holds It*, Bureau de la dette publique, dernière mise à jour 24 mars 2006.
Walter (Norbert), *Globalization : The World Economy in the Year 2025*, Deutsche Bank Group, 24 juin 2005.
Mistral (Jacques) et Salzman (Bernard), « La préférence américaine pour l'inégalité », *En temps réel*, cahier n° 25, 2006.
Murray (Justin) et Labonte (Marc), *Foreign Holdings of Federal Debt*, Congressional Research Service (CRS), Rapport pour le Congrès, 23 novembre 2005.

National Intelligence Council, 2020 Project : *« Africa in 2020 »*, Summary of Discussion by Select Panel of US Experts, 9 janvier 2004.

National Intelligence Council, 2020 Project : *Mapping Sub-Saharan Africa's Future*, mars 2005.

Nations unies, Commission économique pour l'Afrique (CEA), *Rapport économique sur l'Afrique 2005 – Relever le défi posé par le chômage et la pauvreté en Afrique*, CEA, novembre 2005.

Neuhaus (Marco), *Opening economies succeed. More trade boosts growth*, Current Issues, Deutsche Bank Research, Francfort, 11 novembre 2005.

Oliveira (Martins Joaquim), Gonand (Frédéric), Antolin (Pablo), de la Maisonneuve (Christine) et Yoo Kwang-Yeol, *Effets du vieillissement sur la demande, les marchés des facteurs de production et la croissance*, Document de travail du Département des affaires économiques 420, OCDE, 29 mars 2005.

Organisation de coopération et de développement économiques, *Développement durable. Les grandes questions*, Synthèse, septembre 2001.

Organisation de coopération et de développement économiques, *Études économiques de l'OCDE – États-Unis – vol. 2005.*

Organisation de coopération et de développement économiques, *Études économiques de la Chine 2005.*

Organisation de coopération et de développement économiques, *Études économiques de l'OCDE – Japon – vol. 2005*, mars 2006.

Organisation de coopération et de développement économiques, *Science, technologie et industrie – Tableau de bord de l'OCDE 2005*, décembre 2005.

Organisation de coopération et de développement économiques, *Les échanges et l'ajustement structurel – Les enjeux de la mondialisation*, septembre 2005.

Organisation de coopération et de développement économiques, *Perspectives économiques en Afrique 2005-2006*, mai 2006.

Pei (Minxin), « The Dark Side of China's Rise », *Foreign Policy*, mars-avril 2006.

Perlitz (Uwe), *Chemical Industry in China : Overtaking the Competition*, Deutsche Bank Research, Francfort, 25 octobre 2005.

Piketty (Thomas) et Saez (Emmanuel), « The evolution of top incomes : a historical and international perspective », *American Economic Review*, vol. 6, n° 2, mai 2006.

Pitigala (Nihal), *What Does Regional Trade in South Asia Reveal about Future Trade Integration ? Some Empirical Evidence*, World Bank Policy Research Working Paper, Banque mondiale, février 2005.

Porter (Michael E.) et Van Opstal (Debra), « U.S. Competitiveness 2001 : Strengths, Vulnerabilities and Long-Term Priorities », *World Economic Situation and Prospects 2006*, Nations unies, New York, 2001.

Pravda, « Russia's economy to develop steadily during the current decade, German experts say », Interview dans la *Pravda* avec Norbert Walter, économiste en chef du groupe Deutsche Bank, Royaume-Uni, 19 septembre 2005.

Reinaud (Julia), *Emission Trading and its Possible Impact on Investment Decisions in the Power Sector*, Document d'information, Agence internationale de l'énergie, 2003.

Richards (Alan), « The Global Financial Crisis and Economic Reform in the Middle East », *Middle East Policy Council Journal*, vol. VI, n° 3, février 1999.

Richardson (Pete) (dir.), *Mondialisation et interdépendance : défis et opportunités sur le plan macrostructurel*, Document de travail n° 181, Département des affaires économiques de l'OCDE, Paris, 1997.

Roland-Holst (David), Verbiest (Jean-Pierre) et Zhai (Fan), *Growth and Trade Horizons for Asia : Long-Term Forecasts for Regional Integration*, ERD Working Paper n° 74, Asian Development Bank, novembre 2005.

Ryan P. *Global Competitiveness : U.S. Firms Emerge*, Global Strategic Research Team, Marubeni Research Institute, août 2002.

Scapolo (Fabiana), Geyer (Anton), Boden (Mark), Döry (Tibor) et Ducatel (Ken), *The Future of Manufacturing in Europe 2015-2020 : The Challenge for Sustainability*, Institute for Prospective Technological Studies (IPTS), Joint Research Centre, Commission européenne mars 2003.

Schaffer (Teresita C.), Mitra (Pramit), *India as a Global Power ?*, Deutsche Bank Report, 16 décembre 2005.

Schwab (Klaus), Porter (Michael E.), Lopez-Claros (Augusto) et Sala i (Martin Xavier), *Rapport sur la compétitivité globale 2005*, Forum économique mondial, New York, 2005.

Shukla (Priyadarshi), *Economic Environment Modeling : Policy Insights for India*, Economic and Environmental Modeling Workshop, New Delhi, 19-20 janvier, 2004.

Strecker Downs (Erica), *China's Quest for Energy Security* (RAND Corporation, Santa Monica, 2000).

Nations unies, *Situation économique mondiale et perspectives 2006.*

Weyant (John), « India, Sustainable Development, and The Global Commons », *in* Janardhan Rao, N. (dir.) India : *An Emerging Economic Powerhouse*, The ICFAI University Press, avril 2005.

Williamson (John), *« What Follows the USA as the World's Growth Engine ? »*, India Policy Forum Public Lecture, 2005.

Wilson (Dominic) et Purushothaman (Roopa), *Dreaming with BRICs : The Path to 2050*, Global Economics Paper n° 99, Goldman Sachs, octobre 2003.

Wilson (Dominic), Purushothaman (Roopa) et Fiotakis (Themistoklis), *The BRICs and Global Markets : Crude, Cars and Capital*, Global Economics Paper n° 118, Goldman Sachs, 14 octobre 2004.

Zedillo (Ernesto), Messerlin (Patrick) et Nielson (Julia), *Trade for Development*, Projet objectifs du Millénaire, Groupe de travail des Nations unies pour le commerce, 2005.

Zhihong (Wei), *Chine : une trajectoire accélérée problématique*, Agence internationale de l'énergie atomique (AIEA), bulletin 46/1, juin 2004.

Énergie

Aden (Nathaniel), Sinton (Jonathan), Stern (Rachel) et Levine (Mark), *Evaluation of China's Energy Strategy Options*, Rapport préparé pour le Programme chinois pour l'énergie durable, 16 mai 2005.

BIBLIOGRAPHIE

Agence européenne pour l'environnement, *Energy and Environment in the European Union*, Environmental Issue Report n° 31, mai 2002. (*L'énergie et l'environnement dans l'Union européenne,* Résumé en français, 19 août 2002.)

Agence européenne pour l'environnement, *Impact of Europe's Changing Climate*, Rapport AEE 2/2004, août 2004.

Agence européenne pour l'environnement, *Sustainable Use and Management of Natural Resources*, Rapport AEE 9/2005, janvier 2005.

Agence européenne pour l'environnement, *How Much Bioenergy Can Europe Produce Without Harming the Environment ?*, Rapport AEE, 7/2006, juin 2006.

Agence européenne pour l'environnement, *Using the Market for Cost-Effective Environmental Policy*, Rapport AEE 1/2006, janvier 2006.

Agence internationale de l'énergie atomique, *Energy, Electricity and Nuclear Power Estimates for the Period up to 2030*, Vienne, juillet 2005.

Agence internationale de l'énergie, *India – A Growing International Oil and Gas Player*, AIE, Paris, 2000.

Agence internationale de l'énergie, *Curbing Energy Demand in India ? Where to Start ?* Findings from an IEA Feasibility Study, AIE, Paris, 2002.

Agence internationale de l'énergie, *Energy for 2050 : Scenarios for a Sustainable Future*, AIE/OCDE, Paris, 2003.

Agence internationale de l'énergie, *World Energy Investment Outlook 2003,* 2003.

Agence internationale de l'énergie, *Key World Energy Statistics*, 2004.

Agence internationale de l'énergie, *World Energy Outlook 2004*, 2004.

Agence internationale de l'énergie, *Findings of Recent IEA Work*, 2005.

Agence internationale de l'énergie, *World Energy Outlook 2005 : Middle East and North Africa Insights*, 2005.

Agence internationale de l'énergie, Réunion de travail de l'OPEP, *Oil Outlook and Investment Prospects*, 2004.

Alameddine (Chirine H.), *Le Développement urbain au Moyen-Orient et en Afrique du Nord*, Note sectorielle, La Banque mondiale, août 2005.

Auer (Josef), *Energy Prospects after the Petroleum Age*, Deutsche Bank Research, 2 décembre 2004.

Baily (Martin Neil) et Kirkegaard (Jacob F.), *The US Economic Outlook*, Institute For International Economics, Washington D.C., 15 septembre 2004.

Baker (Murl) *et al.*, *Conflict Timber : Dimensions of the Problem in Asia and Africa*, Rapport final présenté à l'Agence américaine pour le développement international (USAID), ARD, 2003.

La Banque mondiale, *Middle East and North Africa Regional Water Initiative*, Regional Water Initiative Report, printemps 2002.

Bhalla (G.S.) *et al.*, *Prospects for India's Cereal Supply and Demand to 2020*, Discussion Paper 29, International Food Policy Research Institute (IFPRI), Washington D.C., novembre 1999.

British Petroleum, *RP Statistical Review of World Energy 2002*, Londres, juin 2002.

British Petroleum, *Putting Energy in the Spotlight : RP Statistical Review of World Energy 2005*, Londres, juin 2005.

British Petroleum, *Quantifying Energy : BP Statistical Review of World Energy 2006*, Londres, juillet 2006.

Cambridge Energy Research Associates, *Dawn of a New Age : Global Energy Scenarios*, Conférence du CERA, Cambridge, Massachusetts, 6 décembre 2005.

The Brookings Institution, *Energy Security : Responding to the Challenge*, Brookings Briefing, Washington, 29 novembre 2005.

Chellaney (Brahma), « India's Future Security Challenge : Energy Security », *in India as a New Global Leader*, The Foreign Policy Centre, Londres, 2005.

Cleutinx (Christian), *Le Dialogue énergétique UE-Russie*, Direction générale de l'énergie et des transports, Commission européenne, Vienne, décembre 2003.

Climate Change, Energy and Sustainable Development : How to Tame King Coal ?, Document traduit par la suite en français sous le titre *Charbon propre : mythe ou réalité ?*, Rapport du Groupe de travail sur le charbon du délégué interministériel au Développement durable, 2006.

Commission européenne, *European Union Energy Outlook 2020, Energy in Europe : Special Issue,* novembre 1999.

Commission européenne, *Vers une stratégie européenne d'approvisionnement énergétique*, Livre vert (COM (2000) 769 final), 29 novembre 2000.

Commission européenne, *European Energy and Transport Trends to 2030*, DG Transport et Énergie, janvier 2003.

Commission européenne, *Livre vert sur l'efficacité énergétique ou comment consommer mieux avec moins*, (COM 20(15) 265 final), Bruxelles, 22 juin 2005.

Commission européenne, *Une stratégie européenne pour une énergie sûre, compétitive et durable,* Livre vert, COM (2006) 105 final, {SEC (2006) 317}, Bruxelles, 8 mars 2006.

Commission européenne, *A European Strategy for Sustainable, Competitive and Secure Energy : What is at Stake*, document de fond, Document du groupe de travail de la Commission, Annexe au Livre vert *Une stratégie européenne pour une énergie sûre, compétitive et durable* {COM (2006) 105 final}, SEC (2006) 317/2, Bruxelles, 2006.

Committee on the Science of Climate Change, *Climate Change Science* (National Academy Press, Washington D.C., 2001).

Congressional Research Service (CRS), *Caspian Oil and Gas : Production and Prospects*, 4 mars 2005.

Congressional Research Service (CRS), *Rising Energy Competition and Energy Security in Northeast Asia : Issues for US Policy*, 14 juillet 2004.

Connors (Stephen R.) et Schenler (Warren W.), *Climate Change and Competition – On a Collision Course*, Proceedings of the 60th American Power Conference, Chicago, 14-16 avril 1998.

Conseil mondial de l'Énergie, *Énergie et changement climatique*, Document de travail, juillet 2004.

Conseil mondial de l'Énergie, *The World Energy Book*, 2005.

Deffeyes (Kenneth S.), *Hubbert's Peak :* The *Impending World Oil Shortage* (Princeton University Press, NJ, 2001).

Delgado (Christopher) *et al., Livestock to 2020* – The *Next Food Revolution* (ILRI, Addis-Ababa, Éthiopie, 1999).

Deutch (John M.), *Future United States Energy Security Concerns*, Rapport n° 115, MIT Joint Program on the Science and Policy of Global Change, septembre 2004.

Deutch (Philip J.), « Energy Independence », *Foreign Policy*, novembre-décembre 2005.

Diamond (Rick), « A lifestyle-based scenario for US buildings : Implications for energy use », *Energy Policy*, vol. 31, 2003.

Discours sur l'état de l'Union prononcé par le président George W. Bush, Le Capitole, Washington D.C., 2006.

Energy Information Administration, *International Energy Outlook 2005*, Département de l'énergie des États-Unis, juillet 2005.

Energy Information Administration, *Petroleum Supply Annual 2004*, vol. 1, Office of Oil and Gas, Département de l'énergie des États-Unis, juin 2005.

Energy Information Administration, *Annual Energy Outlook 2006*, Département de l'énergie des États-Unis, février 2006.

Energy Information Administration, *International Energy Outlook 2006*, Département de l'énergie des États-Unis, juin 2006.

EURACTIV, *Géopolitique des approvisionnements énergétiques de l'UE*, 20 juillet 2005.

EUROGOLFE, *An EU-GCC Dialogue for Energy Stability and Sustainability*, Rapport de recherche (présenté lors de la conférence de bilan du Forum sur l'énergie au Koweït, 2-3 avril 2005), Réf. : 4.1041/D/02-008-S07 21089, 2005.

European Council for Automotive R & D (EUCAR), Conservation of Clean Air and Water in Europe (CONCAWE) and joint Research Centre, Commission européenne, *Well-to-Wheels Analysis of Future Automotive Fuels and Powertrains in the European Context*, Well-to-Wheels Report, Version 1b, janvier 2004.

European Policy Centre, *Energy Security : A European Perspective*, 18 février 2005.

Eurostat, *Énergie : Statistiques annuelles 2006.*

Évaluation de l'impact du climat sur l'Arctique (ACIA), *Impacts of a Warming Arctic* (Cambridge University Press, 2004).

Exxon (Mobil), *Future Energy Trends and Development*, février 2004.

Exxon (Mobil), *Greenhouse Gas Emissions and Alternative Energy*, février 2004, 1 Exxon (Mobil), *The Outlook for Energy. A 2030 View,* 2005.

4e Forum mondial de l'eau de Mexico, *African Regional Document : Water Resources Development in Africa*, Mexico, 16-22 mars 2006.

Gouvernement canadien, *Action on Climate Change : Considerations for an Effective International Approach*, Discussion Paper for the Preparatory Meeting of Ministers for Montreal 2005, Conférence des Nations unies sur le changement climatique, 2005.

Groupe d'experts intergouvernemental sur l'évolution du climat (GIEC), *Climate Change 2001, Synthesis Report* 2001, (Changements climatiques 2001 : rapport de synthèse. Résumé à l'intention des décideurs).

Guterl (Fred), « Another Nuclear Dawn », *Newsweek*, 6 février 2006.

Hill (Fiona), *Energy Empire : Oil, Gas and Russia's Revival*, The Foreign Policy Centre, Londres, septembre 2004.

Khatib (Hisham), *Energy Considerations – Global Warming Perspectives*, Energy Permanent Monitoring Panel of the World Federation of Science, 19 août 2004.

Kim (Marina), « Russian Oil and Gas : Impacts on Global Supplies to 2020 », *Australian Commodities*, vol. 12, n° 2, juin 2005.

Larson (Alan), « Geopolitics of oil and Natural Gas », *Economic Perspective*, vol. 9, n° 2, mai 2004.

Lee (Julian), *Future Russian Oil Production : The CGES View*, Centre for Global Energy Studies, CERI 2004 Oil Conference, 28-30 mars 2004.

Le-Huu (Ti), « Natural Disasters : overview of recent trends in natural disasters in Asia and the Pacitic », *Water Resources*, décembre 2005.

Leijonhielm (Jan), Larsson (Robert), *Russia's Strategic Commodities : Energy and Metals as Security Levers*, Swedish Defence Research Agency, novembre 2004.

Luft (Gal), *Fueling the dragon : China's race into the oil market*, Institute for the Analysis of Global Security (IAGS), Washington D.C.

Lynch (Dov) (dir.), « Le Sud-Caucase : un défi pour l'UE », *Cahiers de Chaillot* n° 65, IES-UE, Paris, décembre 2003.

Massachusetts Institute of Technology, *The Future of Nuclear Power*, MIT Press, 2003.

Milov (Vladimir) (dir.), *Deepening the integration between energy producing and consuming nations*, Institute of Energy Policy (Moscou), 25 janvier 2006.

Ministère du Commerce et de l'Industrie du Royaume-Uni, *Our Energy Future – Creating a Low Carbon Economy*, UK Energy White Paper, Londres, mars 2003.

Ministère du Commerce et de l'Industrie du Royaume-Uni, *The Energy Challenge, Energy Review Report 2006*, DTI, juillet 2006.

Muttit (Greg), *Crude Designs. The Rip-Off of Iraq's Oil Wealth*, Platform, 2005.

Nations unies, *World Urbanization Prospects : The 2003 Revision*, Département des affaires économiques et sociales, Division de la population, 2003.

Nations unies, The *Energy Challenge for Achieving the Millennium Development Goals*, Département des affaires économiques et sociales et de l'énergie, 2005.

Organisation des pays exportateurs de pétrole, *Annual Statistical Bulletin*, 2004.

Organisation des pays exportateurs de pétrole, *Oil Outlook to 2025*, Document du Secrétariat de l'OPEP, 10e Forum international sur l'énergie, Doha, 22-24 avril 2006.

Paillard (Christophe-Alexandre), « L'influence des prix du pétrole sur l'économie mondiale », *Questions internationales* n° 18, La Documentation française, Paris, mars-avril 2006.

Paillard (Christophe-Alexandre), *Strategies for Energy : Which Way Forward for Europe ?*, Fondation Robert Schuman, Paris, février 2006.

Philibert (Cédric), *The Present and Future Use of Solar Thermal Energy*, Agence internationale de l'énergie, The Inter Academy Council, 2005.

RAND Corporation, *E-vision 2000 : Key Issues That Will Shape our Energy Future*, Science and Technology Policy Institute, Rand, Santa Monica, juin 2001.

Rempel. (H.), *Will the Hydrocarbon Era Finish Soon ?*, Federal Institute for Geosciences and Natural Resources, Hanover, 23 mai 2000.

Royal Commission on Environmental Pollution, *Biomass as a Renewable Energy Source*, Royaume-Uni, mai 2004.

Russ (Peter), Ciscar (Juan Carlos) et Szabo (Laszlo), *Analysis of Post-2012. Climate Poliry Scenarios with Limited Participation*, Institute for Prospective and Technological Studies (IPTS), 2005.

Russian Academy of Science, *Review of Long-term Energy Scenarios :* Commission européenne *Implications for Nuclear Energy*, Moscou, 25-26 avril 2002.

Saghir (Jamal), *Energy and Poverty : Myths, Links and Policy Issues*, Energy Working Notes, Energy and Mining Sector Board, La Banque mondiale, mai 2005.

Simmons (Matthew R.), *Twilight in the Desert : The Coming Saudi Oil Shock and the World Economy* (John Wiley & Sons Inc., New Jersey, 2005).

Titus (James G.), Narayanan (Vinjay), The *Probability of Sea Level Rise*, US Environmental Protection Agency, Washington D.C., 1995.

True (Warren), « WGC : Growth in gas trade faces range of challenges », *Oil and Gas Journal*, 12 juillet 2006.

Von (Braun Joachim) *et al.*, *New Risks and Opportunities for Food Security. Scenario Analyses for 2015 and 2050*, Discussion Paper n° 39, International Food Policy Research Institute, Washington D.C., 2005.

Willenborg (Robert) *et al.*, *Europe's Oil Defences. An Analysis of Europe's Oil Supply Vulnerability and its Emergency Oil Stockholding Systems*, The Clingendael Institute, La Haye, 2004.

Wiser (Ryan), Bolinger (Mark), *An Overview of Alternative Fossil Fuel Price and Carbon Regulation Scenarios*, Environmental Energy Technologies Division, Lawrence Berkeley National Laboratory, octobre 2004.

« The Year Ahead », *Oil and Gas Journal*, 2 janvier 2006.

Yergin (Daniel), « Questions of Oil », *The Economist : The World in 2006*, 2005.

Zittel (Werner) et Schindler (Jörg), « The Countdown for the Peak of Oil Production Has Begun – But What are the Views of the Most Important International Energy Agencies ? », *Energy Bulletin.net/EnergieKrise.de*, 14 octobre 2004.

Environnement

African Development Bank *et al.*, *Poverty and Climate Change : Reducing the Vulnerability of the Poor through Adaptation.* Contribution à la 8e conférence des parties à la Convention-cadre des Nations unies sur les changements climatiques (CCNUCC), octobre 2002.

Agence de protection de l'environnement des États-Unis (USEPA), *Analysis of Costs to Abate International Ozone-Depleting Substance Substitute Emissions*, USEPA, Office of Air and Radiation, juin 2004.

Agence européenne pour l'environnement, *Energy and Environment in the European Union*, Environmental Issue Report n° 31/2002, mai 2002.

Agence européenne pour l'environnement, *Europe's Environment : The Third Assessment*, AEE, Rapport n° 10/2003, mai 2003. *(L'Environnement en Europe. Troisième évaluation.* Résumé en français.)

Agence européenne pour l'environnement, *Impact of Europe's Changing Climate*, AEE, Rapport n° 2/2004, août 2004.

Agence européenne pour l'environnement, *European Environment Outlook*, AEE, Rapport n° 4/2005, septembre 2005.

Agence européenne pour l'environnement, *L'Environnement en Europe : état et perspectives 2005*, AEE, Rapport n° 1/2005, novembre 2005.

Agence européenne pour l'environnement, *Vulnerability and adaptation to climate change in Europe*, Technical Report n° 7/2005, décembre 2005.

Agence européenne pour l'environnement, *Sustainable Use and Management of Natural Resources*, AEE, Rapport n° 9/2005, janvier 2005.

Agence européenne pour l'environnement, *Using the Market for Cost-Effective Environmental Policy*, AEE, Rapport n° 1/2006, janvier 2006.

Agence internationale de l'énergie, *Deploying Climate-friendty Technologies through Collaboration with Developing Countries*, IEA Information Paper, novembre 2005.

Agence internationale de l'énergie, *World Energy Outlook 2002.*

Agence internationale de l'énergie, *World Energy Outlook 2005.*

Alameddine (Chirine H.), *Le Développement urbain au Moyen-Orient et en Afrique du Nord*, note sectorielle, La Banque mondiale, août 2005.

Andersen (Stephen o.) *et al.* (dir.), *Special Report on Safeguarding the Ozone Layer and the Global Climate System : Issues Related to Hydrofluorocarbons and Perfluorocarbons*, Cambridge University Press, avril 2005.

Arctic Climate Impact Assessment (ARCIA), *Impacts of a Warming Arctic*, Cambridge University Press, 2004.

Asia-Pacific Regional Document, 4e Forum mondial de l'eau, Mexico, 16-22 mars 2006.

Asian Development Bank, *Handbook on Environment Statistics, Development Indicators and Policy Research Division*, Economics and Research Department, Asian Development Bank, avril 2001.

Baker (Murl) *et al.*, *Conflict Timber : Dimensions of the Problem in Asia and Africa*, Final Report Submitted to the United States Agency for International Development, ARD, 2003.

Barreto (Leonardo), Turton (Hal), *Impact Assessment of Energy-related Policy Instruments on Climate Change and Security of Energy Supply*, Interim Report, International Institute for Applied Systems Analysis, Austria, 18 janvier 2005.

Bhalla (G.S.) *et al.*, *Prospects for India's Cereal Supply and Demand to 2020*, International Food Policy Research Institute, Discussion Paper 29, Washington D.C., novembre 1999.

Biermann (Frank), *Between the United States and the South : Strategic Choices for European Climate Policy*, Global Governance Working Paper, n° 17, juin 2005.

Black (Richard), *Environmental Refugees : Myth or Reality ?*, Working Paper n° 34, New Issues in Refugee Research, University of Sussex, mars 2001.

Blanchard (Odile), *L'Administration Bush et le changement climatique : rhétorique et réalité.* Document de travail du CFE, Institut français des relations internationales (IFRI), Paris, mars 2003.

Boberg (Jill), *Liquid Assets : How Demographic Changes and Water Management Policies Affect Freshwater Resources* (MG-358, Rand Corporation, Santa Monica, 2005).

Brown (Lester R.), *Plan B : Rescuing a Planet under Stress and a Civilization in Trouble* (W.W. Norton, New York, septembre 2003).

Bruinsma (Jelle) (dir.), *Agriculture mondiale : horizon 2015/2030*, Organisation des Nations unies pour l'alimentation et l'agriculture, Rome, 2005.

Center for Health and the Global Environment (Harvard Medical School), *Climate Change Futures : Health, Ecological and Economic Dimensions*, novembre 2005.

Centre d'études stratégiques et internationales (CSIS), *The Future of Water*, CSIS Program, n° 7, 25 février 2003.

Chenggui (Li) et Hongchun (Wang), « China's Food Security and International Trade », *China & World Economy*, n° 4, 2002.

« China's Development and the Environment », Entretien avec Elizabeth Economy, *Harvard Asia Quarterly*, vol. VII, n° 1, hiver 2003.

Clay (Jason), *World Agriculture and the Environment : A Commodity-by-Commodity Guide* (Island Press, Washington D.C., mars 2004).

Commission européenne, *Progress Towards Achieving the Community's Kyoto Target*, {COM (2005) 655 final}, Bruxelles, 15 décembre 2005.

Commission européenne, *A European Strategy for Sustainable, Competitive and Secure Energy, What is at Stake*, Background document, Annex to the Green Paper, {COM (2006) 105 final}, SEC (2006) 317/2, Bruxelles, 2006.

Committee on the Science of Climate Change, *Climate Change Science*, National Academy Press, Washington D.C., 2001.

Connors (Stephen R.), Schenler (Warren W.), *Climate Change and Competition : On a Collision Course ?* (MIT, 1999).

Cooper (Ramo Joshua), *The Beijing Consensus*, The Foreign Policy Centre, 2004.

Curry (Ruth), Mauritzen (Cecilie), « Dilution of the Northern North Atlantic Ocean in Recent Decades », *Science,* vol. 308, 2005.

Darwin (Roy), Tsigas (Marinos), Lewandrowski (Jan) et Raneses (Anton), « Climate change, world agriculture and land use », chapitre 9 de *Global Environmental Change and Agriculture : Assessing the Impacts*, Frisvold (George), Kuhn (Betsey) (dir.) Edward Elgar Publishing Ltd, Cheltenham, UK, 1999.

Delgado (Christopher) *et al.*, *Livestock to 2020 – The Next Food Revolution*, ILRI, Addis-Ababa, Ethiopia, 1999.

Département d'État des États-Unis, *White House Climate Change Review*, Rapport intermédiaire, 11 juin 2001.

Dlugolecki (Andrew), *Climate Change and Mounting Financial Risks : What are the Options ?*, Document de travail pour la Conférence de La Haye sur l'environnement, la sécurité et le développement durable, 9-12 mai 2004.

Economy (Elizabeth C.), « Will China Face an Environmental Meltdown ? », *The Globalist*, 15 juin 2004

Economy (Elizabeth C.), « Can China go green ? », *The Globalist*, 18 juin 2004.

Energy Information Administration (EIA), *China : Environmental Issues*, EIA Country Analysis Brief, US Department of Energy, juillet 2003.

Fischer (Gunther), Shah (Mahendra) et Van Velthuizen (Harrij), *Climate Change and Agricultural Vulnerability*, Special Report by the International Institute for Applied Systems Analysis, as a contribution to the World Summit on Sustainable Development, Johannesburg, 2002.

Ford (Runge C.), « Food Security and Globalization », *The Globalist*, 17 janvier 2004.

Ford (Runge C.) *et al.*, *Ending Hunger in Our Lifetime : Food Security and Globalization*. Johns Hopkins University Press/International Food Policy Research Institute, août 2003.

Gleick (Peter) (dir.), *The World's Water 2004-2005*, Island Press, Washington D.C., novembre 2004.

Glover (Linda K.) et Earle (Sylvia A.) (dir.), *Defying Ocean's End : An Agenda for Action*, Island Press, Washington D.C., octobre 2004.

Groupe d'experts intergouvernemental sur l'évolution du climat (GIEC), *Strategies for Adaptation for Sea Level Rise*, 1991.

Groupe d'experts intergouvernemental sur l'évolution du climat (GIEC), *Bilan 2001 des changements climatiques : conséquences, adaptation et vulnérabilité* GIEC, 2001. (En français : résumé à l'intention des décideurs et résumé technique).

Grübler (Arnulf) *et al.*, « Emissions Scenarios : A Final Response », *Energy & Environment*, vol. 15, n° 1, 2004.

Halsnres (Kirsten) et Shukla (Priyadarshi R.), *Mainstreaming International Climate Agenda in Economic and Development Policies*, World Meteorological Organisation, 2005.

Hatun (Hjalmar) *et al.*, « Influence of the Atlantic Subpolar Gyre on the Thermocline circulation », *Science*, vol. 309, 2005.

Houghton (John), *Global Warming : The Complete Briefing* (Cambridge University Press, août 2004).

Houghton (John), Ding (Yihui), Griggs (David J.), Noguer (Maria), Van der Linden (Paul J) et Xiaosu (Dai) (dir.), *Bilan 2001 des changements climatiques : les éléments scientifiques*, Rapport du GIEC (Cambridge University Press, UK, 2001 en anglais ; en français : résumé à l'intention des décideurs et résumé technique sur le site du GIEC).

Hurell (James W.), Kushnir (Yochanan), Ottersen (Geir) et Visbeck (Martin), « The North Atlantic Oscillation : Climate Significance and Environmental Impact », *Geophysical Monograph* n° 134, American Geophysical Union, 2003.

Institut des ressources mondiales, *Guide de lecture de ressources mondiales ; Richesse des pauvres : Gérer les écosystèmes pour combattre la pauvreté*, Institut des ressources mondiales (WRI) en collaboration avec le PNUD, le PNUE et la Banque mondiale, 2005. (Résumé en français.)

Institute for Prospective Technological Studies (IPTS), *Analysis of Post 2012 Climate Policy Scenarios with Limited Participation*, EUR 21758 EN, 2005.

The International Climate Change Task Force, *Meeting the Climate Challenge*, janvier 2005.

Kent (Mary M.) et Yin (Sandra), « Controlling Infectious Diseases », *Population Bulletin*, vol. 61, n° 2, juin 2006.

Lang (Tim) et Heasman (Michael), *Food Wars : The Global Battle for Mouths, Minds, and Markets*, Earthscan, Londres, septembre 2004.

Larsen (Janet), « Toward Global Meltdown ? », *The Globalist*, 16 février 2004.

Liu (Yingling), *Shrinking Arable Land jeopardizing China's Food Security*, Worldwatch Institute, 18 avril 2006.

La Maison-Blanche, *Global Climate Change Policy Book*, États-Unis, février 2002.

Meadows (Donella H.), Randers (Jorgen) et Meadows (Dennis L.), *Limits to Growth : The 30-Year Update* (Chelsea Green, Vermont, mai 2004).

Meckling (Jonas), *Transatlantic Interdependence in US Climate Change Policy. Cross-Border State-Business Relations Challenging State Autonomy*, Global Governance Working Paper n° 16, mai 2005.

Messer (Ellen), Cohen (Marc J.) et D'Costa (Jashinta), *Food, Agriculture, and the Environment. Food from Peace, Breaking the Links between Conflict and Hunger*, Working Paper n° 24, International Food Policy Research Institute, juin 1998.

Metz (Bert), Davidson (Ogunlade), de Connick (Heleen), Loos (Manuela) et Meyer (Leo) (dir), *Piégeage et stockage du dioxyde de carbone, Rapport spécial du GIEC*, Cambridge University Press, septembre 2005 (résumé en français sur le site du GIEC).

Metz (Bert), Davidson (Ogunlade), Swart (Rob) et Pan (Jiahua) (dir.), *Bilan 2001 des changements climatiques : mesures d'atténuation*, Rapport spécial du Groupe d'experts intergouvernemental sur l'évolution du climat (GIEC). (Cambridge University Press et résumé en français sur le site du GIEC).

Ministère chinois de l'environnement, *Report on the State of the Environment in China*, 2004.

Myers (Norman), *Environmental Refugees : an Emergent Security Issue*, 13e Forum économique, Session 111 – Environment and Migration, Prague, 23-27 mai 2005.

Nakicenovic (Nebojsa) et Swart (Rob) (dir.), *Scénarios d'émissions (2000)*, Rapport spécial du Groupe d'experts intergouvernemental sur l'évolution du climat (GIEC), Cambridge University Press et résumé en français sur le site du GIEC.

Nankivell (Nathan), « The National Security Implications of China's Emerging Water Crisis », *China Brief*, vol. 5, n° 17, The Jamestown Foundation, 2 août 2005.

National Research Council, *Abrupt Climate Change : Inevitable Surprises*, National Academy Press, Washington D.C., mai 2002.

Nations unies, *World Urbanization Prospects : The 2003 Revision*, Division de la population, Département des affaires économiques et sociales, Nations unies, 2003.

Nations unies, *Report of the Workshop on New Emissions Scenarios*, PNUE/OMM/GIEC, 1er juillet 2005.

Ohlsson Leif, *Arguing the Case for an Environmental Marshall Plan*, Document de travail pour la conférence de La Haye sur l'environnement, la sécurité et le développement durable, 9-12 mai 2004.

Organisation de coopération et de développement économiques, *Perspectives de l'environnement de l'OCDE*, mai 2001.

Organisation de coopération et de développement économiques, *Organic Agriculture : Sustainability, Markets and Policies*, mai 2003.

Organisation de coopération et de développement économiques, *Catastrophes de grande ampleur – les leçons du passé*, Rapport préparé par une équipe pluridisciplinaire d'experts de l'OCDE et d'autres organisations, 15 septembre 2003.

Organisation de coopération et de développement économiques, *Approaches for Future International Cooperation*, 14 juin 2005.

Organisation des Nations unies pour l'alimentation et l'agriculture, *Évaluation des ressources forestières mondiales 2005*.

Organisation des Nations unies pour l'alimentation et l'agriculture, *Situation des forêts du monde 2001*.

Organisation des Nations unies pour l'alimentation et l'agriculture, *Situation des forêts du monde 2003*.

Organisation des Nations unies pour l'alimentation et l'agriculture, *Situation des forêts du monde 2005*.

Organisation des Nations unies pour l'alimentation et l'agriculture, *World Agriculture : Towards 2015/2030*, juillet 2003. (Agriculture mondiale : Perspectives pour 2015-2030, Rapport abrégé.)

Organisation mondiale de la santé, « Vagues de chaleur : risques et interven tions », *Health and Global Environmemal Change Series* n° 2, 2004.

Organisation mondiale de la santé, *Millennium Ecosystem Assessment, Ecosystems and Human Well-Beimg : A Health Synthesis,* 2005.

Parry (Martin), Rosenzweig (Cynthia), Iglesias (Ana), Fischer (Günther) et Livermore (Matthew), « Climate Change and World Food Security : A New Assessment (1990-2080) », *Global Environmental Change*, vol. 9, supplément n° 1,1999.

Pirages (Dennis) et DeGeest (Theresa), *Ecological Security : An Evolutionary Perspective on Globalization*, Rowman & Littlefield, Lanham, Maryland, septembre 2003.

Postel (Sandra L.), « Water for food production : will there be enough in 2025 ? », *Bioscience*, vol. 48, n° 8, 1998.

Programme des Nations unies pour le développement, *World Resources 2002-2004 : Decisions for the Earth : Balance, Voice and Power*, PNUD et PNUE en collaboration avec La Banque mondiale et l'Institut des ressources mondiales, juin 2003.

Programme des Nations unies pour le développement, *Sustainable Difference : Energy and Environment to Achieve the Millennium Development Goals*, PNUD, 2005.

Programme des Nations unies pour l'environnement, *Assessing Human Vulnerability to Environmental Change. Concepts, Issues, Methods and Case Studies*, PNUE, 2002.

Programme des Nations unies pour l'environnement, *L'avenir de l'environnement mondial 3 – GEO-3*, PNUE, 2002.

Programme des Nations unies pour l'environnement, *The Asian Brown Cloud : Climate and Other Environmental Impacts*, Center for Clouds, Chemistry and Climate, PNUE, 2002.

Programme des Nations unies pour l'environnement, *Annuaire de l'avenir de l'environnement mondial (GEO) 2004-2005*, PNUE, 2005.

Programme des Nations unies pour l'environnement, *Challenges to International Waters – Regional Assessments in a Global Perspective*, PNUE, 2006.

Querquin (François) *et al.*, *World Water Actions : Making Water Flow for All* (Earthscan, Londres, décembre 2003).

Rosegrant (Mark W.), Paisner (Michael S.), Meijer (Siet) et Witcover (Julie), 2020 *Global Food Outlook. Trends, Alternatives, and Choices. A 2020 Vision for Food, Agriculture, and the Environment Initiative*, International Food Policy Research Institute, Washington, D.C., août 2001.

Sarofin (Marcus S.), Forest (Chris E.), Reiner (David M.) et Reilly (John M.), *Stabilisation and Global Climate Policy*, Report 116 of the Massachusetts Institute of Technology (MIT), Joint Program on The Science and Policy of Global Change, juillet 2004.

Scherr (Sara J.), *Soil Degradation : A Threat to Developing-Country Food Security by 2020 ?* Discussion Paper n° 27, International Food Policy Research Institute, Washington D.C., 1999.

Schwartz (Peter) et Randall (Doug), *An Abrupt Climate Change Scenario and Its Implications for the United States' National Security*, Massachusetts Institute of Technology (MIT), octobre 2003.

Shaefer (Olivier), *Integrating Renewable Energy Sources : Targets and Benefits of Large-Scale Deployment of Renewable Energy Sources.* Document de travail pour la conférence de La Haye sur l'environnement, la sécurité et le développement durable, 9-12 mai 2004.

Siebenhüner (Bernd), *The Changing Role of Nation States in International Environmental Assessments : The Case of the IPCC*, Global Governance Project Working Paper n° 7, Global Governance Project, juillet 2003.

Silva (Patricio), *Evaluating US States' Climate Change Initiatives*, Prepared for the Meeting : Federalism and US Climate Change Policy, Business and Policy Implications of US States' Climate Actions, CFE-IFRI, Paris, 24 mai 2004.

Speth (James Gustave), *Red Sky at Morning : America and the Crisis of the Global Environment*, Yale University Press, New Haven, mars 2004.

Strauss (Steven) et Bradshaw (H. A. David) (dir.), « The Bioengineered Forest : Challenges for Science and Society », *Resources for the Future*, août 2004.

Swedish International Development Cooperation *Agency, Let it Reign : The New Water Paradigm for Global Food Security*, Stockholm International Water Institute (SIWI), 2005.

Swedish (Water House), *Investing in the Future : Water's Role in Achieving the Millennium Development Goal, 2005.*

Ti (Le-Huu), « Natural Disasters : overview of recent trends in natural disasters in Asia and the Pacific », *Water Resources, Journal 217*, Commission économique et sociale de l'ONU pour l'Asie et le Pacifique (CESAP-ONU), décembre 2005.

Titus (James G.) et Narayanan (Vinjay), *The Probability of Sea Level Rise*, US Environmental Protection Agency, Washington D.C., 1995.

TOTAL, *Notre énergie en partage, Rapport sociétal et environnemental 2004*, TOTAL, 2004.

Van der Gaag (Nicole), Van Imhoff (Evert) et Van Wissen (Leo), « Internal migration scenarios and regional population projections for the European Union », *International Journal of Population Geography*, vol. 6, n° 1, 2000.

Victor (David G.), *Climate Change : Debating America's Policy Options – A Council Policy Initiative* (The Council on Foreign Relations Press, USA, 2004).

Von Braun (Joachim) *et al.*, *New Risks and Opportunities for Food Security : Scenario Analyses for 2015 and 2050*, Discussion Paper n° 39, International Food Policy Research Institute, Washington D.C., 2005.

Watson (Robert T.) et the Core Writing Team (dir.), *Troisième rapport d'évaluation du GIEC – Changements climatiques 2001 : rapport de synthèse*, GIEC, Genève, Suisse.

Yande (Dai), Yuezhong (Zhu) et Sint Jonathan (E.), « China's Energy Demand Scenarios to 2020 », *The Sinosphere Journal*, vol. 7, n° 1, mai 2004.

Zhi Dong (Li), *Energy and Environmental Problems Behind China's High Economic Growth – A Comprehensive Study of Medium-and Long-term Problems, Measures and International Cooperation*, The Institute of Energy Economics, Japon, mars 2003.

Science et technologie

Altmann (Jürgen), « Military Uses of Nanotechnology : Perspectives and Concerns », Security Dialogue, vol. 35, n° 1, pp. 61-79, mars 2004.

Anton (Philip S.) *et al.*, *The Global Technology Revolution*, RAND MR-1307 (Santa Monica, Californie, 2001).

Coates (Joseph F.) *et al.*, 2025 : *Scenarios of US and Global Society Reshaped by Science and Technology* (Oakhill Press, Greensboro, 1998).

Commission européenne, *Créer une Europe innovante*, Rapport du groupe d'experts indépendants sur la R & D et l'innovation créé à la suite du sommet de Hampton Court, janvier 2006.

Dubash (Manek), « Moore's Law is dead says Gordon Moore », *Techworld*, 13 avril 2005.

Fisher (Brian S.) *et al.*, *Technological development and economic growth*, Abare Research Report, janvier 2006.

Foster (Lan), « The Grid : Computing without Bounds », *Scientific American*, vol. 288, n° 4, avril 2003.

The Freedonia Group, « Nanotechnology in Health Care », mai 2005, consultable sur *Nanotechnology Now* : http://www.nanotech-now.com/news.cgi?story_id=09445 (30 janvier 2006).

Holz (Carsten A), « China's Economic Growth 1978-2025 : What We Know Today about China's Growth Tomorrow », Centre on China's Transnational Relations, Working Paper n° 8, université de science et de technologie de Hong Kong, juillet 2005.

Hundley (Richard O.) *et al.*, *The Global Course of the Information Revolution : Recurring Themes and Regional Variations*, RAND MR-1680-NIC (Santa Monica, California, 2003).

Institute of Higher Education, université de Shanghaijiao Tong. *Academic Rankings of World Universities 2005*, 2005.

Intel Corporation. « Platform 2015 : Intel Processor and Platform Evolution for the Next Decade », Intel White Paper, 2005.

Kanellos (Michael), « Intel sketches out nanotechnology road map », *news.com*, 25 octobre 2005.

Lerner (Preston), « Robots go to war », *Popular Science*, vol. 268, n° 1, janvier 2006.

Nanotechnologies, societal implications – maximizing benefits for humanity, Report of the National Nanotechnology Initiative Workshop, 2-3 décembre 2003.

National Nanotechnology Initiative, accessible sur : http://www.nano.gov/htmi/res/faqs.htmi

New Zealand Ministry of Research, Science and Technology, « Biotechnologies to 2025 », Report prepared for the New Zealand Agencies by the Ministry of Research, *Science and Technology*, janvier 2005.

Pollack (Andrew), « Genetically-engineered Crops : The Next Generation », *International Herald Tribune*, 15 février 2006.

Rader (Michael) *et al.*, « Key Factors Driving the Future Information Society in the European Research Area », Technical Report Series, European Commission, Institute for Prospective Technological Studies, Joint Research Centre, septembre 2004.

Teresko (John), « Get Ready for the Age of Nanotechnology », *Forbes.com*, octobre 2003.

« The National Nanotechnology Initiative : Research and Development Leading to a Revolution in Technology and Industry », Supplement to the President's FY 2006 Budget, mars 2005.

UNESCO, *Rapport de l'UNESCO sur la science 2005*, Paris, 2005.

World Intellectual Property Organization, « Exceptional Growth from North East Asia in Record Year for International Patent Filings », Press Release 436, Genève, 3 février 2006.

Zhou (Ping) et Leydesdorff (Loet), *The Emergence of China as a Leading Nation in Science*, Document directif à paraître.

LES RÉGIONS

Une Europe sûre dans un monde meilleur, Stratégie européenne de sécurité, 12 décembre 2003 (accessible sur http://www.iss.europa.eu/solana/solanae.html).

Abélès (Marc), *Politique de la survie*, Flammarion, Paris, 2006.

Abou Zahab (Mariam), « Pakistan : entre l'implosion et l'éclatement ? », *Politique étrangère*, n° 2, IFRI, Paris, 2006.

Achcar (Gilbert), *Maxime Rodinson on Islamic « Fundamentalism »*, Middle East Report, vol. 34, n° 233, hiver 2004.

Ahya (Chetan) et Sheth (Mihir), *India. Infrastructure : ChangingGears*, Morgan Stanley Report, 2005.

Alam (Asad) et al., *Growth, Poverty and Inequality in Eastern Europe and the Former Soviet Union*, Rapport de la Banque mondiale, octobre 2005.

Amato (Giuliano) (with Lucia Pazzi), *Un altro monda è possible* (Arnoldo Mondadori Editore, Milan, 2006).

Andrews-Speed (Philip), « China's energy policy and its contribution to international stability », *in* Zaborowski Marcin (dir.), *Facing China's Rise : Guidelines for an EU Strategy*, Cahiers de Chaillot n° 94 (IES-UE, Paris, décembre 2006).

Ayres (Robert), *Crime and Violence as Development Issues in Latin America and the Carribean* (La Banque mondiale, Washington D.C., 1998).

La Banque mondiale, *Russian Economic Report*, Bureau de Moscou, Unité économie, avril 2006.

Barisitz (Stephan), *Distorted Incentives Fading ? The Evolution of the Russian Banking Sector since Perestroika*, Banque centrale, république d'Autriche, 2004.

Barkey (Henri J.) et Fuller (Graham), *Turkey's Kurdish Question*, Rowman and Littlefield, New York, 1998.

Bayat (Kaveh), *The Ethnic Question in Iran*, Middle East Report, n° 237, hiver 2005.

Beck (Ulrich), *Risk Society : Towards a New Modernity*, Sage, Londres, 1992.

Bergen (Peter), *Holy War Inc. : Inside the Secret World of Osama bin Laden,* Free Press, New York, 2002.

Bergsten (C. Fred) *et al.*, *China : The Balance Sheet. What the World Needs to Know Now about the Emerging Super Powe*r, Center for Strategic and International Studies and Institute for International Economics (Public Affairs, New York, 2006).

Bertrand (Gilles), Michalski (Anna), Pench (Lucio), *Scénarios Europe 2010. Cinq avenirs possibles pour l'Europe*, Éditions Apogée, Office des publications officielles des Communautés européennes, Les cahiers de la cellule de prospective, 1999.

Bijian (Zhen), « "Peacefully Rising" to Great-Power Status », *Foreign Affairs*, vol. 84, n° 5, septembre-octobre 2005.

Biscop (Sven), The *European Security Strategy : A Global Agenda for Positive Power*, Ashgate, Aldershot, 2005.

Boquérat (Gilles), « Une puissance en quête de reconnaissance », *Questions internationales*, n° 15, La Documentation française, Paris, septembre-octobre 2005.

Bozarslan (Hamit), *La Question kurde. États et minorités au Moyen-Orient*, Presses de Sciences Po, Paris, 1997.

Braud (Pierre-Antoine), « La Chine en Afrique : Anatomie d'une nouvelle stratégie chinoise », IESUE, Paris, octobre 2005.

Brunner (Rainer), Ende (Werner) (dir.), *The Twelver Shia in Modern Times. Religious Culture and Political History*, Brill, Leiden, 2001.

Buenode Mesquita Bruce, Downs, George, *« Development and Democracy », Foreign Affairs*, vol. 84, n° 5, septembre-octobre 2005.

« Can India Fly ? », Rapport spécial, *The Economist*, 1er juin 2006.

Carter (Ashton), « America's New Strategic Partner ? », *Foreign Affairs*, vol. 85, n° 4, juillet-août 2006.

Chaliand (Gérard) (dir.), *A People Without a Country. The Kurds and Kurdistan*, Zed Books, Londres, 1980, plusieurs rééditions.

Chauvin (Sophie), Lemoine (Françoise), *L'Économie indienne : changements structurels et perspectives à long terme,* CEPII, Document de travail n° 2005-04, avril 2005.

Chellaney (Brahma), « India's Future Security Challenge : Energy Security », in *India as a New Global Leader*, The Foreign Policy Centre, 2005.

Cleutinx (Christian), *Le Dialogue énergétique UE-Russie* (Direction générale de l'énergie et des transports, Commission européenne, Vienne, décembre 2003).

Cline (William R.), *The Case for a New Plaza Agreement, Policy Briefs in International Economics*, Institute for International Economics, décembre 2005.

Commission européenne, *A Stronger Partnership between the European Union and Latin America*, 8 décembre 2005, COM (2005) 636 final.

Cooper (Robert), *La Fracture des nations : ordre et chaos au XXIe siècle*, Paris, Denoël, 2004.

Council on Foreign Relations (CFR), *Russia's Wrong Direction : What the United States Can and Should Do*, mars 2006.

Daalder (Ivo H), Gnesotto (Nicole), Gordon (Philip H.) (dir.), *Crescent of Crisis : US-European Strategies for the Greater Middle East,* Brookings Institution Press et Institut d'études de sécurité de l'Union européenne, 2006.

Das (Gurcharan), « The India Model », *Foreign Affairs*, vol. 85, n° 4, juillet-août 2006.

De Mesquitas (Neto Paulo), *Crime, Violence and Democracy in Latin America*, Paper submitted for the Integration in the Americas Conference, 2 avril 2002.

Dean (Andrew), *Challenges for the Russian Economy*, OCDE, Département des affaires économiques, Moscou, 7 juillet 2004.

Deutsche Bank Research, *Dynamic Sectors Give Global Growth Centres the Edge*, Current Issues, octobre 2005.

Dillon (Michael), *Global Security in the 21st Century. Circulation, Complexity and Contingency*, Chatam House Briefing Paper 05/02, octobre 2005.

Economist Intelligence Unit, *Foresight 2020 : Economic, Industry and Corporate Trends*, 2006.

« Energy Policy Act 2005, Section 1837 : National Security Review of International Energy Requirements », US Department of Energy, février 2006.

Energy Research Institute, *China National Energy Strategy and Policy to 2020, Subtitle* 2 : *Scenario Analysis on Energy Demand*, National Development and Reform Commission, China Sustainable Energy Program, mai 2004.

Entretien avec Sunil Khilnani, « La société indienne : tensions et transformations », *Questions internationales*, n° 15, La Documentation française, Paris, septembre-octobre 2005.

Esposito (John L.), *Unholy Wars : Terror in the Name of Islam* (Oxford University Press, New York, 2002).

European Round Table of Industrialists, *Seizing the Opportunity : Taking the EU-Russia Relationship to the Next Level*, ERT, mai 2006.

Faath (Sigrid) (dir.), *Politische und gesellschaftliche Debatten in Nordafrika, Nah-und Mittelost. Inhalte, Träger, Perspektiven*, DOI Mitteilungen 72, Hambourg, 2004.

Farrell (Mary) *et al.*, (dir.) *Global Politics of Regionalism*, Pluto Press, Cambridge, 2004.

Fay (Marianne) et Morrison (Mary), *Infrastructure in Latin America & the Caribbean : recent Developments Developments and Key Challenges*, La Banque mondiale, Washington D.C., 2005.

Featherstone (Mike) *et al., Global Modernities*, Sage, Londres, 1995.

Featherstone (Mike), *Global Culture : Nationalism, Globalisation and Modernity*, Sage, Londres, 1990.

Ferguson (James), *The Anti-Politics Machine : « Development », Depoliticization and Bureaucratic Power*, University of Minneapolis Press, Minneapolis, 1994.

Ferguson (Niall), « A World Without Power », *Foreign Policy*, juillet-août 2004.

Foreign Investment Advisory Council, *Russia : Investment Destination*, mars 2005.

Forster (Christopher J.), *China's Secret Weapon ? Science Policy and Global Power*, The Foreign Policy Centre, 2006.

Freedman (Lawrence), *The Transformation of Strategic Affairs*, Adelphi Paper 379, International Institute for Strategic Studies (IISS), 2006.

Freedom House, *Freedom in the World 2006*, 2006.

Friedman (Thomas), *La terre est plate – Une brève histoire du XXIe siècle*, Saint-Simon, 2006.

Fukuyama (Francis), *After the Neocons : America at the Crossroads* (Yale University Press, New Haven, 2006).

Fuller (Graham E.) et Rahim (Francke Rend), *The Arab Shi'a. The Forgotten Muslims*, St. Martin's Press, New York, 1999.

Galeotti (Mark) (dir.), *Russian and Post-Soviet Organized Crime*, Ashgate, Aldershot, 2002.

Gayer (Laurent), « Conflits et coopérations régionales en Asie du Sud », *Questions internationales*, n° 15, La Documentation française, Paris, septembre-octobre 2005.

Gerges (Fawaz A.), *The Far Enemy : Why Jihad Went Global* (Cambridge University Press, New York, 2005).

Globalization of the Media Industry and Possible Threats to Cultural Diversity, Final Study, Parlement européen – Directorate General for Research, juillet 2001.

Gnesotto (Nicole) (dir.), *La Politique de sécurité et de défense de l'UE – Les cinq premières années (1999-2004)*, IES-UE, Paris, 2004.

Goldsmith (Benjamin), *Here there be Dragons : The Shanghai Cooperation Organisation*, Centre for Defence Information, 2005.

Gordon (Philip H.), « America's Role in the World : Searching for Balance », *in* Zaborowski (Marcin) (dir.), *Friends Again ? EU-US relations after the crisis*, IES-UE, Paris, 2006.

Gowan (Richard), *The EU, Regional Organisations and Security : Strategic Partners or convenient alibis ?*, Egmont Paper 3, Royal Institute for International Relations (IRRI-KIIB), 2004.

Greenberg (Karen J.), *Al Qaeda Now. Understanding Today's Terrorists*, Cambridge University Press, New York, 2005.

Griswold (Wendy), *Cultures and Societies in a Changing World*, Sage, Londres, 2003.

Halliday (Fred.), *The Middle East in International Relations : Power, Politics and Ideology*, Cambridge University Press, New York, 2005.
Halm (Heinz), *Le Chiisme*, Presses universitaires de France, Paris, 1995.
Held (David), *Un nouveau contrat mondial : Pour une gouvernance social-démocrate,* Presses de Sciences-Po, Paris, 2005.
Hourcade (Bernard), « Iran's internal security challenges », *in* Posch (Walter) (dir.) *Iranian Challenges, Cahiers de Chaillot*, n° 89, IES-UE, Paris, mai 2006.
Human Security Centre, *Human Security Report 2005 : War and Peace in the 21st Century*, HSC, The University of British Columbia, 2005.
Huntington (Samuel P.), « The Hispanic Challenge », *Foreign Policy*, mars-avril 2004.
Ilkenberry (G.J.), « A Weaker World », *Prospect*, novembre 2005.
International Crisis Group, *Youth in Central Asia : Losing the New Generation*, Asia Report n° 66, octobre 2003.
International Crisis Group, *Is Radical Islam inevitable in Central Asia ? Priorities for Engagement*, Asia Report n° 72, décembre 2003.
Jaffrelot (Christophe), « Inde : un tropisme américain aux dépens de l'Europe ? », *Le Monde diplomatique*, septembre 2005.
Jaffrelot (Christophe), « L'Inde, la puissance pour quoi faire ? », *Politique internationale*, octobre 2006.
Kaldor (Mary), *Global Civil Society : An Answer to War*, Polity Press, Cambridge, 2003.
Kepel (Gilles) et Milleli (Jean-Pierre), *Al-Qaida dans le texte*, Presses universitaires de France, Paris, 2005.
Kepel (Gilles), *Fitna : Guerre au cœur de l'islam*, Gallimard, Paris, 2004.
Kepel (Gilles), *Jihad – Expansion et déclin de l'islamisme*, Gallimard, Paris, 2000.
Kirton (John), *From Collective Security to Concert : The UN ; G8 and Global Security Governance*, document présenté lors de la conférence « Security Overspill ; Between Economic Integration and Social Exclusion », Montréal 2005.
Kirton (John), *From G7 to G20 : Capacity, Leadership and Normative Diffusion in Global Financial Governance*, document présenté lors de la Convention annuelle de l'International Studies Association, Hawaii, 1er-5 mars 2005.
Kirton (John), *The Future of the G8*, document présenté lors du sommet de Gleneagles, Écosse, juillet 2005.
Kohut (Andrew) et Stokes (Bruce), *America Against the World : How We are Different*, Times Books, New York, 2006.
Krasner (Stephen D.) (dir.), *International Regimes*, Cornell University Press, New York, 1983.
Kristol (William) et Kagan (Robert), « Towards a Neo-Reaganite Foreign Policy », *Foreign Policy*, juillet-août 1996.
Kupchan (Charles), *The End of the American Era : US Foreign Policy and the Geopolitics of the Twenty-First Century*, Random House, New York, 2002.
« L'energia al potere », *Aspenia*, n° 32, 2006.
Ladier-Fouladi (Marie), « Population et politique en Iran. De la monarchie à la République islamique », *Les Cahiers de l'INED*, n° 150, Institut national d'études démographiques, Paris, 2003.

Laïdi (Zaki), *La Norme sans la force. L'énigme de la puissance européenne*, Presses de Sciences Po, Paris, 2005.

Lamy (Pascal), « L'émergence des préférences collectives dans le champ de l'échange international : quelles implications pour la régulation de la mondialisation ? », PROSES, Sciences Po, 2004.

Langohr (Vickie), *Experiments in Multi-Ethnic and Multi-Religious Democracy*, Middle East Report, vol. 35, n° 237, hiver 2005.

Leijonhielm (Jan) et Larsson (Robert L.), *Russia's Strategic Commodities : Energy and Metals as Security Levers*, Swedish Defence Research Agency, novembre 2004.

Leonard (Mark) : *Pourquoi l'Europe dominera le XXe siècle*, Plon, 2006.

Lieven (Anatol) : *Le Nouveau nationalisme américain*, Lattès, 2005.

Lindert (Kathy), Skoufias (Emmanuel) et Shapiro (Joseph), *Redistributing Income to the Poor and the Rich : Public Transfers in Latin America and the Caribbean*, La Banque mondiale, Washington D.C., 30 mars 2006.

Luciani (Giacomo), « Oil and Political Economy in the International Relations of the Middle East » *in* Fawcett (Louise) (dir.), *International Relations of the Middle East*, Oxford University Press, 2005.

Lynch (Dov), *Engaging Eurasia's Separatist States. Unresolved Conflicts and De Facto States*, United States Institute of Peace, Washington D.C., 2004.

Lynch (Dov) (dir.), *What Russia Sees*, Cahiers de Chaillot n° 74, IES-UE, Paris, janvier 2005.

Marat (Erica), « Impact of Drug Trade and Organized Crime on State Functioning in Kyrgyzstan and Tajikistan », *China and Eurasia Forum Quarterly*, vol. 4, n° 2, 2006.

Marty (Martin) et Applebee (Scott), *Fundamentalisms and Society : Reclaiming the Sciences, the Family, and Education*, University of Chicago Press, Chicago, 1997.

McDowall (David), *A Modern History of the Kurds*, I.B. Tauris, Londres, 1997.

Mearsheimer (John), *The Tragedy of Great Power Politics*, W.W. Norton and Company, New York, 2001.

Ministère chinois de l'environnement, *Report on the State of the Environment In China*, 2004.

Mistral (Jacques) et Salzman (Bernard), « La préférence américaine pour l'inégalité », *En temps réel*, Cahier 25, 2006.

Mitchell (Richard P.), *The Society of the Muslim Brotherhood*, Oxford University Press, 1969, réédition 1993.

Mohan (C. Raja), « India and the Balance of Power », *Foreign Affairs*, vol. 85, n° 4, juillet-août 2006.

Mousalli (Ahmad S.), *Islamic Fundamentalism : Myths and Realities*, Ithaca, Reading, 1998.

Myers (Norman), *« Environmental refugees : an emergent security issue »*, 13e Forum économique, Session 111 – Environment and Migration, Prague, 23-27 mai 2005.

Nankivell (Nathan), *The National Security Implications of China 's Emerging Water Crisis*, China Brief, vol. 5, n° 17, The Jamestown Foundation, 2 août 2005.

Nasr (Mamdouh), « Assessing Desertification in the Middle East and North Africa : Policy Implications », *in* Brauch (Hans Günter) *et al.* (dir.), *Security and the Environment in the Mediterranean : Conceptualising Security and Environmental Conflicts*, Springer Verlag, Berlin-Heidelberg, 2003.

National Drug Control Strategy of the United States, FY 2006 Budget Summary, février 2005.

National Drug Intelligence Center, *National Drug Threat Assessment 2006*, NDIC, Washington D.C., janvier 2006.

National Intelligence Council, *Comment sera le monde en 2020 ?* Présenté par Alexandre Adler, Paris, Pocket, 2006.

Nations unies, *Objectifs du Millénaire pour le développement*, Disponible sur : http://www.un.org/french/millennium goals/index.shtml.

Nations unies, Étude sur la situation économique et sociale dans le monde : *World Economic and Social Survey : International Migration*, Division de la population, Département des affaires économiques et sociales, 2004.

Nye (Jr. Joseph S.), *Soft Power : The Means to Success in World Politics*, Public Affairs, New York, 2004.

Office des Nations unies contre la drogue et le crime, *Rapport mondial sur les drogues 2005, 1re partie*, 2005.

O'Leary (Brendan) *et al.* (dir.), *The Future of Kurdistan in Iraq*, University of Pennsylvania Press, Philadelphia, 2005.

Olson (Robert) (dir.), *The Kurdish Nationalist Movement in the 1990s : Its Impact on Turkey and the Middle East*, University Press of Kentucky, Lexington, 1996.

Olson (Robert), *The Kurdish Question and Turkish-Iranian Relations, From World War I to 1998*, Mazda Publishers, Costa Mesa, 1998.

ONUSIDA, *VIH/SIDA*, *Country Profile : India*, Division de la population, Département des affaires économiques et sociales, Nations unies, mars 2003.

Oppenheimer (Andrés), *Cuentos chinos. El engaño de Washington, la mentira populista y la esperanza de America Latina*, Sudamericana, Buenos Aires, 2005.

Organisation de coopération et de développement économiques, *Science, technologie et industrie – Tableau de bord de l'OCDE. Vers une économie fondée sur le savoir, Édition 2005*, OCDE, octobre 2005.

Organisation des Nations unies pour l'alimentation et l'agriculture, *Poverty Alleviation and Food Security in Asia : Lessons and Challenges*, Bureau régional Asie-Pacifique de la FAO, décembre 1998.

Organisation mondiale du commerce, *L'avenir de l'OMC : relever les défis institutionnels du nouveau millénaire*, Rapport du Conseil consultatif de l'OMC à M. Supachai Panitchpakdi, directeur général, Genève, 2004.

Organisation mondiale du commerce, *Statistiques du commerce international 2005*, OMC, Genève, 2005.

Ortega (Martín) (dir.), *Global Views on the European Union*, *Cahiers de Chaillot*, n° 72, IES-UE, Paris, novembre 2004.

Ortega (Martín) (dir.), *The EU and the UN : Partners in Effective Multilateralism*, *Cahiers de Chaillot*, n° 78, IES-UE, Paris, juin 2005.

Ortega Carcelén (Martín), *Cosmocracia, Política global para el siglo XXI*, Editorial Sintesis, Madrid, 2006.

Paillard (Christophe-Alexandre), « L'Amérique latine, nouvel acteur majeur du grand jeu énergétique mondial », *Défense nationale*, n° 4, avril 2006.

Pei (Minxin), « The Dark Side of China's Rise », *Foreign Policy*, mars-avril 2006.

Pew Research Center for the People and the Press, *2002 Global Attitudes Survey*, Washington D.C., avril 2002.

Pew Research Center for the People and the Press, *Survey of Foreign Policy*, Washington D.C., juillet 2004.

Pew Hispanic Center, « Unauthorized Migrants : Numbers and Characteristics », Washington D.C., 14 juin 2005.

Pew Research Center for the People and the Press, *Survey of Religion*, Washington D.C., juillet 2005.

Pew Research Center for the People and the Press, *Foreign Policy Attitudes*, Washington D.C., juillet 2005.

Pew Research Center for the People and the Press, *15-Nation Pew Global Attitudes Survey*, Washington D.C., juin 2006.

Phillips (Kevin), *American Theocracy : The Peril and Politics of Radical Religion, Oil, and Borrowed Money in the 21st Century* (Viking, New York, 2006).

Posch (Walter) (dir.), *Looking into Iraq, Cahiers de Chaillot*, n° 79, IES-UE, Paris, juillet 2005.

Poulton (Hugh), *Top Hat, Grey Wolf and Crescent : Turkish Nationalism and the Turkish Republic*, New York University Press, New York, 1997.

Programme des Nations unies pour le développement, *La liberté culturelle dans un monde diversifié, Rapport mondial sur le développement humain*, 2004.

Programme des Nations unies pour le développement, *Rapport mondial sur le développement humain 2005*, 2005.

Ramo (Joshua Cooper), *The Beijing Consensus*, The Foreign Policy Centre, Londres, 2004.

Richards (Alan), « Democracy in the Arab Region : Getting There from Here », *in Middle East Policy*, vol. XII, n° 2, été 2005.

Rischard (Jean-François), *Vingt défis pour la planète – Vingt années pour y faire face*, Actes Sud, Paris, 2003.

Roy (Olivier), *L'Islam mondialisé*, Le Seuil, Paris, 2002.

Ruggie (John Gerard), *Multilateralism Matters : The Theory and Praxis of an Institutional Form*, Columbia University Press, New York, 1993.

Sachs (Jeffrey D.) (dir.), *Investir dans le développement : plan pratique pour réaliser les objectifs du Millénaire pour le développement*, Projet du Millénaire des Nations unies, 2005.

Sageman (Marc), *Le Vrai Visage des terroristes : psychologie et sociologie des auteurs du djihad*, Denoël, Paris, 2005.

Salamé (Ghassan) (dir.), *Democracy Without Democrats ? The Renewal of Politics in the Muslim World*, I.B. Tauris, Londres-New York, 1994.

Sander (Cerstin) et Munzele Maimbo (Samuel), *Migrant Labor Remittances in Africa : Reducing Obstacles to Developmental Contributions*, Africa Region Working Paper Series n° 64, Banque mondiale, Washington D.C., 2003.

Schwedler (Jillian) et Chomiak (Laryssa), *And the Winner is... Authoritarian Elections in the Arab World*, Middle East Report, vol. 36, n° 238, printemps 2006.

Sen (Amartya), « Contrary India », *in The Economist : The World in 2006*, The Economist Newspaper Limited, Londres, 2005.

Seufert (Günter), *Politischer Islam in der Türkei. Islamismus als Symbolische Representation einer sich modernisierenden muslimischen Gesellschaft*, Beiruter Texte und Studien 67/Türkische Welten 5, Istamboul/Stuttgart, 1997.

Silverstein (Paul), *State and Fragmentation in North Africa*, Middle East Report, n° 237, hiver 2005.

Slaughter (Anne-Marie), *A New World Order*, Princeton University Press, New Jersey, 2004.

Small (Andrew), *Preventing the Next Cold War : A View from Beijing*, The Foreign Policy Centre, Londres, 2005.

« Special Report : Inequality in America », *The Economist*, 17 juin 2006.

Stansfield (Gareth), *Iraqi Kurdistan : Political Development and Emergent Democrary*, Routledge, Londres, 2003.

Strohmeier (Martin) et Yalçin-Heckmann (Laie), *Die Kurden. Geschichte, Politik, Kultur*, C.H. Beck, Munich, 2000.

Sullivan (Mark P.), *Latin America : Terrorism Issues*, CRS Report for Congress RS21049, Congressional Research Service, Washington D.C., 18 janvier 2006.

Symposium notes : « A Shia Crescent ? What Fallout for the US ? », *Middle East Policy*, vol. XII, n° 4, hiver 2005.

Table ronde : « Democracy : Rising Tide or Mirage ? », *Middle East Policy*, vol. XII, n° 2, été 2005.

Telo (Mario) (dir.), *European Union and New Regionalism*, Ashgate, Aldershot, 2001.

Telo (Mario), *Europe : A Civilian Power ? European Union, Global Governance, World Order*, Palgrave Macmillan, Basingstoke, 2006.

Terrill (Ross), *The New Chinese Empire*, Basic Books, New York, 2003.

Thomas (Ward), « La légitimité dans les relations internationales : dix propositions », Andréani (Gilles) et Hassner (Pierre) (dir.), *Justifier la guerre ? De l'humanitaire au contre-terrorisme*, Presses de Sciences-Po, Paris, 2005.

Timperlake (Edward), Triplett III (William C.), *Red Dragon Rising : Communist China's Military Threat to America*, Regnery, Washington D.C., 2002.

Transparency International, *Global Corruption Report 2006.*

Treverton (Gregory F.) *et al.*, *Exploring Religious Conflict*, RAND, Santa Monica, 2005.

US National Intelligence Council, *Latin America 2020 : Discussing Long-Term Scenarios*, (résumé des conclusions de la réunion de travail sur les tendances en Amérique latine), Santiago du Chili, 7-8 juin 2004.

Uvin (Peter), *L'Aide complice ? Coopération nationale et violence au Rwanda*, L'Harmattan, Paris, 1999.

Van Bruinessen (Martin), *Agha, Sheikh and State, The Social and Political Structures of Kurdistan*, Zed Books, Londres, 1992.

Védrine (Hubert), *Face à l'hyperpuissance : textes et discours 1995-2003*, Fayard, Paris, 2003.

Williamson (John), « What Follows the USA as the World's Growth Engine ? », *India Policy Forum Public Lecture*, 25 juillet 2005.
Yavuz (M. Hakan) et Özcan (Nihat Ali), « The Kurdish Question in Turkey », *Middle East Policy*, vol. XIII, n° 1, printemps 2006.
Zaborowski (Marcin), « US China Policy : Implications for the EU », IES-UE, Paris, octobre 2005.
Zakaria (Fareed), « The Rise of Illiberal Democracy », *Foreign Affairs*, vol. 76, n° 6, novembre-décembre 1997.
Zakaria (Fareed), *L'Avenir de la liberté – La démocratie illibérale aux États-Unis et dans le monde*, Odile Jacob, Paris, 2003.
ZhiDong (Li), *Energy and Environmental Problems behind China's High Economic Growth – A Comprehensive Study of Medium – and Long-term Problems, Measures and International Cooperation, Institute of Energy Economics (IEEJ)*, Japon, mars 2003.
Zins (Max-Jean), « La plus grande démocratie du monde ? », *Questions internationales*, n° 15, La Documentation française, Paris, septembre-octobre 2005.

L'équipe

Le présent rapport a été rédigé sous la direction de Nicole Gnesotto, alors directrice de l'Institut d'études et de sécurité de l'Union européenne (IES-UE), par l'équipe de recherche de l'Institut et un groupe de chercheurs associés et d'assistants de recherche.

Burkard Schmitt, directeur adjoint de l'Institut, a supervisé la première phase du projet de Vision à long terme, entre la fin de 2005 et mars 2006, avec la participation de Giovanni Grevi et de Gustav Lindstrom, chargés de recherche. Sa contribution et son dynamisme ont permis de définir la portée de l'exercice, de rédiger la première version du rapport destiné à l'Agence européenne de défense (ADE) et de diriger l'équipe. Il a ensuite quitté l'Institut pour occuper un poste à la Commission européenne, mais son nom restera associé à cet ouvrage.

Giovanni Grevi, chargé de recherche à l'Institut, a pris la tête de la deuxième phase de l'exercice : sans sa détermination et son investissement à plein temps, ce projet n'aurait pu aboutir. Il a révisé entièrement et étoffé la première version du rapport et rédigé une multiplicité de nouveaux chapitres, tout en dirigeant une équipe d'assistants de recherche. Il a assumé la révision finale de l'ouvrage et l'édition française avec la directrice.

Stéphane Delory a participé au projet depuis le début en tant qu'assistant de recherche, et sa contribution décisive mérite d'être soulignée.

La plupart des chargés de recherche de l'Institut ont également participé directement au projet, auquel leurs compétences régionales particulières ont apporté une grande valeur ajoutée. Ils ont notamment éclairé certaines questions fondamentales relatives au développement futur, à l'intérieur et vers l'extérieur, de pays et régions clés. Leur travail mérite à cet égard une mention particulière :

Dov Lynch pour la Russie et l'Eurasie ;

Walter Posch pour le Moyen-Orient et la Méditerranée ;

Pierre-Antoine Braud pour l'Afrique subsaharienne ;

Marcin Zaborowski pour les États-Unis ;

Martin Ortega pour l'Amérique latine ;

et Gustav Lindstrom pour les sciences et technologies.

Une équipe d'assistants de recherche a travaillé pendant tout le printemps et l'été 2006 pour rassembler et étudier les documents pertinents, ainsi que pour vérifier, compléter et analyser tous les chiffres et données qui constituent la base de ce texte. Vincent Vicard, qui a rejoint l'équipe au printemps, s'est chargé de la dimension économique de l'étude. Christian Burckhardt, Johan Edqvist, Sophie de Laboulaye, Bastien Nivet, Patrizia Pompili, Andras Roth, Nathalie Stanus et Daniel Steinvorth ont également contribué au projet. Enfin et surtout, Gearóid Cronin, réviseur anglophone de l'Institut, a réalisé un excellent travail de polissage de la version finale anglaise du rapport, et Béatrice Bocard une impeccable traduction française.

Table

Cet ouvrage a été imprimé par

FIRMIN DIDOT

GROUPE CPI

Mesnil-sur-l'Estrée

pour le compte des Éditions Robert Laffont
24, avenue Marceau, 75008 Paris
en octobre 2007

Composé par Nord Compo
à Villeneuve-d'Ascq

Imprimé en France
N° d'édition : 47930/01 – N° d'impression : 86124
Dépôt légal : octobre 2007